大 学 问

始 于 问 而 终 于 明

继往以为序章

中国宪法的制度展开

田雷 著

USING PAST AS PROLOGUE

THE INSTITUTIONAL LANDSCAPE OF
CONSTITUTIONAL POLITICS IN CHINA

广西师范大学出版社
·桂林·

继往以为序章：中国宪法的制度展开
JIWANG YIWEI XVZHANG: ZHONGGUO XIANFA DE ZHIDU ZHANKAI

图书在版编目（CIP）数据

继往以为序章：中国宪法的制度展开 / 田雷著. -- 桂林：广西师范大学出版社，2021.12（2022.4重印）
ISBN 978-7-5598-4308-1

Ⅰ．①继… Ⅱ．①田… Ⅲ．①宪法－研究－中国 Ⅳ．①D921.04

中国版本图书馆CIP数据核字（2021）第197112号

广西师范大学出版社出版发行

（广西桂林市五里店路9号　邮政编码：541004）

　网址：http://www.bbtpress.com

出版人：黄轩庄

全国新华书店经销

湛江南华印务有限公司印刷

（广东省湛江市霞山区绿塘路61号　邮政编码：524002）

开本：880 mm ×1 240 mm　1/32

印张：8.75　　字数：200千

2021年12月第1版　　2022年4月第3次印刷

定价：88.00元

如发现印装质量问题，影响阅读，请与出版社发行部门联系调换。

你已经看了这么长的时间,
你怎么还不发言?
是谁出的题这么的难?
到处全都是正确答案。
　　——何勇:《钟鼓楼》

有些岁月,播种问题;
有些岁月,收获答案。
　　——佐拉·尼尔·赫斯顿:《他们眼望上苍》

序　言

一

凡是过往,皆为序章。

一本书,也有它的"过往"。收入本书的9篇文章,就写作的时间跨度而言,于今已经整10年。《重新发现中国宪法》,作为全书打头的第一篇,也是最早完成的,写作此篇,是在2010年的春夏之交,我当时还是一名学生,在耶鲁大学法学院读书,终日所忙的,是阿克曼和阿玛的宪法课。当年隔洋观火,眼看国内同行燃起规范宪法学和政治宪法学之争,动笔写作,属于"忍不住的关怀"。此刻面对书稿,我不敢说这是十年磨一剑。书中9篇,是一篇篇地写出来的:作文有顺产,也有难产;有蓄谋已久,也有随感而发;写出来的,发表后成为铅字,就算不堪回首也要文责自负,还有更多的却没能写出来,有些想法曾在脑海中酝酿多时,但最终却缓慢消失,不着痕迹;当初写作第一篇时,我也未曾想到若干年后会有一本书积累而成。现在回头去看,从写作到最后的出版,都如同"摸着石头过河"。

编辑书稿时,我把文章分为两类,构成这本书的"方法篇"和"实践篇"。"方法篇"在前,共有5篇文章,它们篇幅较短,严格说算不上论文,更接近学术随笔。这5篇聚在一起,构成"方法篇",由始至终都围绕着一个核心问题而展开:作为中国的宪法学者,我们应当如何研究中国的宪法？回头读自己前些年的文章，初出茅庐不知深浅，无知无畏妄谈方法，但也正是在这些"童言无忌"的表达中，隐藏着我做宪法研究的一颗"初心"，在此结集成书，立此存照，将那些幼稚的文字及天真的设想认领在名下，以10年为期，权当一次阶段性的总结，以图重新出发。"实践篇"在后，从原计划中删去了一篇，还余4篇。这4篇，算是独立研究的论文，各有各的骨髓和皮囊。之所以将其统称为"实践"，是从整本书的结构逻辑上来讲的，这4篇论文，虽然所讨论的问题各不相同，但作为独立研究，它们并行串联，用心是一以贯之的："方法篇"倡议重新发现中国宪制，"实践篇"则身体力行，要亲手解剖一只麻雀，亲口尝一尝梨子的滋味。整本书读下来，从方法到实践，记录下一位青年学者10年来的学术探索。

二

这10年，于我个人而言，从一名学生变为一位老师。如今教宪法课，讲台下已经是00后的新新一代。第一堂课我就讲，我们国家的现行宪法，颁行于1982年，而我自己，出生在80头，故而算是这部宪法的同龄人——我和我的宪法，都成长在这个改革开放的历史阶段，如歌中所唱，属于"八十年代的新一辈"。读一本书，尤其是以当代中国宪制为题的著述，不仅要关照作者个人的学术背景，还要走进其写作所处的历史行程。若如是观，则本书写作所历经的10年，从2010年到2020年，大致对应着我国现行宪法施行的第四个10年。"一个民族的生活创造它的法制，而法学家创造的仅仅是关于法制的理论","八二宪法"既已"三十而立",那么讲述它的"而立"故事,就是我们这一辈宪法学者注定要承担起的任务。具体到本书的写作,从"方法篇"到"实践篇",为什么要重新发现中国宪制,其何以必要,又如何可能,也都根源于"三十而立"的问题意识。

还记得当年吧,那段虽并不遥远,却恍如隔世的学术岁月。新世纪之初,宪法学界弥漫着一种悲观的失败论,"它没宪法"。齐玉苓案好像号角吹响,为中国宪法学送来了"宪法司法化"的先进理论,自此后,"学术洋务运动"浩浩荡荡,要替中国在"世界宪政体系"的版图上谋求一席之地,学者们打着"送法下乡"的旗号,但所做的不过是"教鱼游泳"而已,归根究底,这番欧风美雨的学术努力从一开始就搞错了方向,颠倒了理论和实践的逻辑,用现在时髦的话来说,就是没有把论文写在祖国大地上。本书的写作,拒绝挟洋自重,在当时的环境内反而是反潮流的;人微言轻却非要逆流而动,后生难免心生惶恐,担心被打入另册,甚至被贴上某某"一小撮"的标签。但生于80后,写作在"八二宪法""三十而立"的历史时刻,我们这一辈无法继续视而不见,面对着"八二宪法",困惑不可避免,但探索也责无旁贷。所谓重新发现中国宪制,要求我们思考:作为中国的宪法研究者,在研究我们的宪法时,我们要立足在何处,眼光要往哪里看,外向还是内转,瞻前抑或顾后?而在眼界廓定出视野之后,我们又能看到些什么,在宪制研究的眼力界内,我们能发现什么?如果在观察上有所见,那么我们能否进而在理论上有所得?看见了,我们能否讲出来,知其然,也知其所以然,还是会因现存语料库的不适配而失语?关于上述疑惑,本书在"方法篇"谈了些主义,又在"实践篇"埋头扎根于三五道问题,若是要展示本书的理论贡献,也就在于这点微小的工作。

"继往以为序章",是在书稿编定后,我经过反复斟酌所选定的书名。严格说,这六个字之于全书,多少有"以偏概全"之嫌,它无法担当起整本书的理论主线,从始至终贯穿起各个章节。现在回头看,本书写作时,关于何谓宪制,我的理解大多是在空间/地理维度内展开的,研究案例各不相同,但宪制之用,却不离其宗:之所以要宪制,是为了实现寓多元于一体的政治统合,而在中国,宪制不仅有其需求,而且是必需的,宪制所规定的,是中国这个政治共同体的根本存在方式,是非如此不可的必然之法。相较而言,宪制在时间/历史进程内的展开,也即政治是如何在立宪架构内起承转合的,并不是整本书的焦点所在。在动笔写作之初,我并没有自觉意识到"时间","时间都去哪儿了",对当时的我来说并不是个问题,只是到了将文章结集时,我才发现,"原来你也在这里",简言之,宪制的时间性,于我而言,有一个从自为到自觉的思考过程。

为什么要认真对待"时间"? 因为对于任何一个国家的宪制秩序来说,"时间"都并不是简单的尺度、苍白的背景、空空如也的过程。当我们在讨论"时间"时,它不是说时迟那时快,一个当下过去,又一个当下随之而来,宪制就其生成而言,是延展在时间之流中的。任何一个国家的宪制,都可以在其历史叙事中捕捉到它的时间韵律,都有自己的起承转合、轻重缓急、抑扬顿挫,具体去分析,它们是各美其美的,并不是天下一家。比如说,在一个国家的政治时间中,"新"与"旧"之间如何形成关联?"新"从何而来,"旧"何以告终? 若聚焦于不同历史阶段之间的承转,正统叙事是如何讲述新旧之间的,究其主旨基调,是意在构建连续的继往开来,还是为了凸显断裂的破旧立新?以上所问,都属于国之大事,事关宪制根本,如要做历史性的决议,能下定论的唯有政治斗争及共识一途,无关乎学术争鸣。

以案说法:在中华人民共和国成立70周年的时间序列中,改革开放作为一个具体的历史阶段,是以1978年12月的党的十一届三中全会作为起点——"自党的十一届三中全会以来";而要理解这一阶段同此前30年之间的关联,答案必定存在于新时期在其开启之初所做出的政治决议。也就是说,何以"团结一致向前看",改革开放这条"新路"是如何打开的,改革者在一开始就要给出权威的说法。据此而论,什么所开创出的"新",以及何为要革除的"旧",原本就是一体两面,"新"和"旧"之间的故事如何讲,不可脱离改革开放总设计师的历史叙述,若要找白纸黑字,那就是以政治共识所写就的历史决议,否定这个正统版本,就是历史虚无主义。追根溯源,《关于建国以来党的若干历史问题的决议》在前,"八二宪法"在后,没有1981年这份《决议》让"新"和"旧"各归其位,也就不会有作为历史新时期之根本法的1982年《宪法》。如此分析,也就在时间维度内见到了社会主义宪制的"中国特色"。

每一部宪法的背后,都有一篇史诗:书名以"时间"置换"空间",就是为了申明宪制的时间生成或历史根据——没有空间维度的多元一体,共同体就可能陷入四分五裂,以至于"国将不国";但政治若无法随着时间流变而走过自己的起承转合,宪法叙事在新旧是非的问题上总是众声喧哗,那么这样的共同体必定是苍白空洞的,它不会讲述自己的故事,共同体的存续也就不可脱离暴力和偶然。事实上,"八二宪法"的起草者比我们更明白历史之于宪制的意义,所以他们在序言开篇就宣布:"中国是世界上历史最悠久的国家之一。中国各族人民共同创造了光辉灿烂的文化,具有光荣的革命传统。"整部宪法的基调就在于此——历史·文化·传统。

三

"岁月不居,时节如流"。本书的写作,数一数篇数,主要完成于改革开放这一历史阶段的第四个10年,而结集出版,正逢国家政治生活走入"新时代"之际。时节之流转,正在改造着宪法学在中国的研究,其程度之深和范围之广,远非学科和学术的指挥棒所能及。

写作本书时,我们观察改革开放以来的宪制,势必要处在一种"只缘身在此山中"的格局内,因为这一段历史的进程仍在继续,任谁也无法抽身而去,在时间之河中,我们不可能抽刀断水,为自己的观察找到一种可置身于其外的旁观位置。在此意义上,本书关于"八二宪法"及中国宪制模式的所有论断,在当年都是基于一个还未讲完的故事,一段正在进行的历史过程,与时俱进,不舍昼夜。如此说来,本书的研究曾一度存在"欲知后事如何"的风险,所谓结论,当然要先有实践做结,才能学术有论,而一段具体的历史行程尚未完成其使命,一切烟消云散的东西还没有坚固起来,曾是我们研究"八二宪法"的要命瓶颈,即便再小心的求证,也有可能被即将到来的未知所"打脸"——conclusion,还没有到来。

但此一时,彼一时。当"新时代"自改革开放40年的历史基础上应运而起,对于宪法学者来说,八二宪制及其在改革开放历史阶段的展开,终于到了它的"下回分解"时刻了。"新时代"路在脚下,反过来也就意味着,"改革开放"以40年为期,走过了它起承转合的周期,这40年,往前看,可谓是"新时代"的序章,而再回首,却构成了共和国历史中一段"过往",尘埃正在落定。故此可以说,以党的十一届三中全会为历史起点,这40年来以"八二宪法"为剧本的政治实践,也就"封存"在这段过往之内了,现在,它们已经从锋芒毕露走到了坚固成型,终于成为我们可以观察并加以理论化的"对象"。距离产生美,八二宪制在"改革开放"时代的历史生成及展开,可谓是专属我们这一辈宪法研究者的一座富矿,就在这里挖下去吧。

问题于是摆在面前:"八二宪法",作为改革开放历史时期的国家根本法,它在文本上确认并规定了什么,追根溯源,社会主义制度,作为宪法第一条所言称的根本制度,到底规定了什么?作为一部法律,"八二宪法"又是如何实施的?在四个10年接续而成的历史行程中,它确立了何种形态的政治秩序?不变的立宪规范和能动的民主政治,在这个秩序中,是如何对立统一的?究竟应如何理解这个以"八二宪法"为剧本,又在改革开放的与时俱进中所形成的宪制?改革开放40年,什么是所改和所放的,又有什么是改革却不能改,开放也不可放的?回答这些法学问题,打开宪法研究必要的历史纵深,是我们当前的时不我待。

说到底,本体决定方法,我们如何理解宪制,决定了我们如何进行宪法学的研究。本书认为:宪法是国家的根本大法,宪制是由根本法所规定的国家根本制度,以八二宪制为例,从穷则变、变则通,再到通则久,非一个长期的历史阶段是不可能完成的,而宪制的规范性也就在于它的长久,根源于它的轻易不可变。站在上一个历史新时期的起点,邓小平同志告诉我们,所谓宪制,就是"不因领导人的改变而改变,不因领导人的看法和注意力的改变而改变"的"制度和法律",在此意义上,"继往以为序章"是一语双关的:一方面是在本体论意义上的,如前所述,这六个字表达出改革开放和新时代在宪制上的连续性,"八二宪法"还是那部宪法,经历了五次修改,名正言顺事成;另一方面则是方法论的感悟,我们当下的宪法研究要"有关怀,识时务,讲方法",时代在告别,八二宪制的拼图也由此得以完整起来,水面浮出后,才能看到哪些是坚硬的石头,这是由时务所催生出的新方法,打开历史的纵深后,宪法研究所能关怀的问题,非但不是越来越少,反而是一时间涌来,研究无禁区,挑战在于我们有没有做好准备,如何接招。

  犹记得本书写作之初,我在方法论上的矛头所指,首先的对手就是西化的傲慢和偏见,但 10 年之后,宪法学的研究可谓今时不同往日,再揪住洋务运动的天真不放,反而是在专拣软柿子来捏。如是讲,那么宪法学研究的未来,路又在何方呢?"继往以为序章",就此而言,就是要找到宪法研究的根,在我看来,这需要留住的根,就是"历史",具体到本书的论述脉络中,则是一段已成过往的改革开放 40 年历史。历史,也只有"历史",才是我们论文写作所能扎根的"祖国大地"。

2020 年 3 月 3 日

目 录

方法篇

重新发现中国宪法——我们所追求的宪法理论 3
与其改造宪法,不如改造我们的宪法观 24
文化内战与宪法信仰 53
写在"八二宪法"而立之年的思考——我们到底做对了什么? 63
言论自由的另一种"比较" 72

实践篇

"差序格局"、反定型化与未完全理论化合意
　　——中国宪制模式的一种叙述纲要 83
最坏的政体——古德诺的隐匿命题及其解读 132
微山湖上静悄悄?——论中央集权的简约治理 170
"五十年不变"的三种面孔——并论香港基本法的时间观 207

后记 253

方法篇

重新发现中国宪法
——我们所追求的宪法理论①

> 我们必须追求一种即便现实主义都会认同的法律理念。
> ——本杰明·卡多佐

1921年,卡多佐法官在耶鲁大学法学院的斯托尔思讲座中告诉听众:"我们必须追求一种即便现实主义都会认同的法律理念。"②回归这句话的语境,其时的美国法学依然处于形式主义的时代。即便是在11年后,卡多佐来到联邦最高法院的九人世界内,现实主义者依然是这个最高法律殿堂内的少数派。在围绕新政革命的宪法斗争中,欧文·罗伯茨大法官在1936年推翻罗斯福农业

---

① 本章原刊于《政治与法律评论》第一辑(2010年卷),北京:北京大学出版社,2010年。
② 该讲座整理出版后即《司法过程的性质》;卡多佐法官的这句话,可参见 Benjamin Cardozo, *The Nature of the Judicial Process*, University of Michigan Library, 1921, p. 127。

改革的司法意见中还写道,最高法院在宪法诉讼内"仅有一个义务——那就是将所涉之宪法条款与被挑战之制定法并置在一起,然后决定后者是否符合前者"。①

回到正题,借用卡多佐法官的句式,我在此倡议:我们必须追求一种政治立法者和实践者都可以认同的宪法理论。由此展开以下三个有关宪法学研究的命题:首先,国内的宪法学研究近年来逐渐走入一种"宪法宾语化"的误区;其次,中文语境内的研究者长期以来未能自觉区分 constitution 与 constitutional law 这对范畴及由此所衍生的宪法理论与司法审查理论;最后,宪法学者努力的方向之一在于"重新发现宪法"与"重新定义宪法经典"。

一、宪法的宾语化

让我们还是从宪法司法化第一案开始。自 2001 年齐玉苓案后,有关宪法司法化的讨论构成了这十年来中国宪法学发展的第一推动力。② 时至今日,虽然曾经激起这场大讨论的最高法院批复已经不复存在,但宪法学理论已经不可能再回到当初的原点。无需所谓的文献综述,只要一个简单的线索就可以表明齐玉苓案在宪法学领域内推动的大跨越。2000 年第 2 期的《中外法学》曾经刊

---

① United States v. Butler, 297 U.S. 1, 62 (1936).
② 说一点或许具有普遍意义的个人经验。对一位在 2002 年进入研究生阶段的青年学子而言,齐玉苓案及随后出现的公共讨论构成了思考中国宪法问题的基点。而且我相信这一经验并不限于我个人,其或多或少适用于在新世纪前后开始宪法学研习的学子们。

载马歇尔大法官在马伯里诉麦迪逊案中的意见书的中译文。① 十年之后,我无法想象2010年第2期的《中外法学》还会刊载美国法官意见书的译文。其实,仅仅是十年之间,马伯里诉麦迪逊案就由法学界的前沿知识变成法学院入学新生的学前教育,甚至普法教育的内容。我们生活在其间可能习以为常,但宪法学的理论发展可谓经历了一个黄金十年。

马伯里虽然已经成为法学院内的老生常谈,但宪法学内却出现了"马伯里迷思"。② 事实上,马伯里的迷思不仅成为中国宪法学理解美国宪制发展历史的主要范式,而且成为学者们建构中国宪制未来的理论基点。在1803年的马伯里诉麦迪逊案中,马歇尔大法官用他的政治智慧与法律技艺一手建立起司法审查制度;从此之后,联邦最高法院的九老就成为宪法的守护者,构成美国宪制民主得以延续两百余年的根基。在此意义上,中国宪法发展的必由之路就是要找到自己的"马伯里"。当然,马伯里只是一个迷思,而不是一个共识。宪法司法化的道路也不乏挑战者与反思者。举凡美国司法审查模式与欧陆宪法法院模式的比较研究,司法宪制主义与政治宪制主义的本土辩论,从一开始,宪法学界就少有人主张中国的宪

---

① 《马伯里诉麦迪逊案》,黎军译,载《中外法学》2000年第2期。
② 马伯里迷思的起源并不是正文所要探讨的内容。当然,黄松有在齐玉苓案当日的《人民法院报》署名文章在一定程度上塑造了学术讨论的议程,因此可以说是马伯里之迷思的根源之一。参见黄松有《宪法司法化及其意义——从最高人民法院今天的一个〈批复〉谈起》,《人民法院报》2001年8月13日第5版。当然,马伯里迷思不仅是一个中国宪法问题,它在美国甚至于世界宪制内同样存在。有关马伯里迷思之讨论,可参见 Mark Tushnet, *Arguing Marbury v. Madison*, Stanford Law and Politics, 2005。

法审查应该照抄照搬美国模式。但是,马伯里的迷思却从未消退。

或许马伯里的迷思从一开始就不是一个好的诊断书。事实上,宪法学者在马伯里的范式中陷入了一个根本的误区:这就是我所说的"宪法的宾语化"。无论是司法化的鼓吹者还是批判者,无论是接轨论者还是本土论者,这场大讨论的参与者所探索的是在中国实施宪法的道路。自齐玉苓案以来,唯一未曾破裂的共识或许就是"宪法必须被执行,被落实,否则形同虚设"。宪法学者的辩论集中在"由谁来解释和执行宪法":究竟是普通的司法机关,还是特别设立的宪法法院/委员会,抑或是人民的代表机关……没有谁质疑"＿＿＿解释/执行/落实宪法"内的动宾组合,分歧在于句子的主语,究竟由谁来解释、执行与落实。①

宪法当然可以成为"宾语"。只要宪法是法,那么它就必须得到执行,必须成为现实政治的规范,必须成为在日常生活内看得见也摸得着的东西。但问题在于宪法不能被"宾语化"。在制宪者的世界内,宪法被落实从来都不是一部成文宪法的全部。不要忘记,《联邦党人文集》也只是从第 78 篇开始才讨论法院问题。因此,宾语化的问题在于其背后所隐含的一种宪法观。简而言之,宪法是法,是同刑法、民法并无不同的普通法律,而所谓宪制或依宪执政、

---

① 翟小波博士是宪法学界批判宪法司法化道路的代表,他的观点可参见翟小波《代议机关至上,还是司法化?》,《中外法学》2006 年第 4 期;《代议机关至上的人民宪政》,《清华法学》2007 年第 2 期。但正如第二篇论文的副标题所表明的,翟小波所做的工作的正是"我国宪法实施模式的解释性建构"。在这一意义上,无论是司法化的支持者还是反对者,他们大多是在宪法实施的意义上进行理论建构的工作,这多少证明了正文内宾语化误区的存在,还可参见翟小波《论我国宪法的实施制度》,北京:中国法制出版社,2009 年。

依宪治国,就是要落实宪法,由宪法来约束政治。更形象一点,宪法只是一把有刻度的标尺,或者一道有高度的堤坝,所以我们要找到适当的主体用宪法标尺测度现实政治的运作,用宪法堤坝抵御现实政治的浊流。这些当然都没有问题,但宾语化的问题在于它们对宪制的想象却是仅此而已。事实上,宪法与政治的关系并不是通常所预设的可以截然分开的两个领域。宪法不仅是作为宾语而存在的,它在有些时候还应该成为主语。宪法不仅是对政治的一种有形约束,更是对政治的一种无形之建构(a constituting)。全面阐释宪法与政治之间的关系不构成此处的目标①,但需要警惕的则是宪法被宾语化。

事实上,马伯里诉麦迪逊案并没有体现出马歇尔真正的宪法理念。马歇尔的立场可见之于他在1819年的麦克洛克诉马里兰州案内的那句经典:"我们永远不应忘记,我们正在解释的乃是一部宪法。"②可惜的是,这句话在今天也往往遭到误读。学者们大都借用后半句来证明法官可以解释宪法;但马歇尔却是在提醒他的同事们,宪法是国家的根本大法,是一部有别于普通法律的根本法,因此,"我们永远不应忘记"我们正在解释的乃是一部宪法。

二、回到宪法理论

但成文化、司法化、宾语化或许是现代宪法的命运。即便是在

---

① 关于以"政-法"概念理解宪法与政治的关系,可参见 Larry Kramer, *The People Themselves: Popular Constitutionalism and Judicial Review*, Oxford University Press, 2004。

② McCulloch v. Maryland, 17 U.S. 316 (1819).

今日的美国法学院内,马歇尔在美国银行案内的那句格言也经常遭到阉割,仅留下后半句供学子们凭吊与瞻仰。吊诡的是,马歇尔本人及他在马伯里诉麦迪逊案内的经典意见或许正是宪法宾语化的源头。试想,有几所美国法学院的宪法课不是以马伯里案开始的呢?① 因此,在宾语化的世界内,重现一个作为根本法的宪法理念并不是那么容易。我在这里不妨现身说法一下。

就在前几天,阿玛教授(Akhil Amar)在课堂上提出了一个问题:"在1803年的美国,最重要的宪法决策是什么?"答案肯定不是马伯里诉麦迪逊,那太简单。我身边的一位同学给出了阿玛需要的答案:"路易斯安那购买。"1803年,美国从拿破仑执政的法国那里以1200万美元的代价购买了路易斯安那领地(请不要将其同今日的路易斯安那州混同,该领地实际上包括今日美国的13个州),一举将美国的国土面积扩大一倍,美国由此控制了密西西比河,沟通起阿巴拉契亚山脉东西部的贸易。而做出这一宪法决策的不是

---

① 在美国法学院内,最主流的案例教科书或许是冈瑟与苏利文所编著的《宪法》,该教科书即以马伯里诉麦迪逊案开始。参见 Kathleen Sullivan & Gerald Gunther, *Constitutional Law*, Foundation Press, 16th edition, 2007。而另一本主流教科书则是由布莱斯特等人所编的《宪法决策的过程:案例与材料》。虽然该教材的特色是强化法院以外的宪法,但该书的后半部分"现代世界的宪法裁决"仍是以法院的判例法与学说为结构组织起来的。参见 Paul Brest, et al, *Processes of Constitutional Decision Making: Cases and Materials*, Aspen Law & Business, 5th edition, 2006。

别人,正是马伯里诉麦迪逊案中的实际被告,杰斐逊总统。①

阿玛教授的这门课是"Reading the Constitution: Substance and Method";而这门课首先阅读的材料也是教授的 *America's Constitution: A Biography*。② 简单地说,这门课所讨论是 constitution,而不是 constitutional law。③ 由于翻译的关系,constitution 与 constitutional law 这一对概念在中文世界内都被译为"宪法"。④ 这样的翻译当然没有错,但在语言转换之间失去了一种关键的区分。在英语世界中,constitution 既可以指美国宪法的文

---

① 路易斯安那购买的决策过程就是一个经典的宪法问题,但也是司法化与宾语化的理论所无法理解的宪法问题。其中的关键在于联邦政府是否有权从外国政府购买领土并将之纳入合众国。而由于政治利益的冲突,杰斐逊总统这位州权论者向来主张联邦宪法严格解释,但在路易斯安那购买上却变为联邦权的主张者;而他的政治对手联邦党人却因为主张同英帝国亲善而反对这笔生意。若干年后,杰斐逊在信中写道:"严格遵守成文法无疑是每位良好公民的义务,但它并不是最高的。绝境之法、自我生存之法、在危机中挽救我们国家的法律是更高的职责。因为对于成文法律的亦步亦趋,而失去我们的国家,其实是失去法律及生命、自由、财产……因此是荒唐的为手段而牺牲目的。"关于路易斯安那购买的一个基本评注,可参见 Paul Brest, et al, *Processes of Constitutional Decisionmaking: Cases and Materials*, Aspen Pub, 2005, p. 64-67。

② Akhil Amar, *America's Constitution: A Biography*, Random House, 2005.

③ 而我在这学期所选修的另一门课则是阿克曼教授的 The Constitution: Philosophy, History and Law。课程名称或许可以更清楚地体现出,law 只是 the Constitution 的一个维度而已。

④ 最近有学者明确提出要区别 constitution 和 constitutional law 的中文翻译,例如任东来教授主张将 constitutional law 译为"宪法法",强世功教授将 constitution 译为"政制",区别于 constitutional law 的"宪法律",参见任东来《宪法法和宪法学:一字之差,本质之异》,《法制早报》2006 年 12 月 1 日;强世功:《中国宪法中的不成文宪法:理解中国宪法的新视角》,《开放时代》2009 年第 12 期。但问题在于 constitution 也有多个维度,可能更好的做法还是根据语境不同而翻译为不同对应中文。

9

本（阿玛的课程与著作正是带领学生从美国宪法的序言读到第二十七修正案），也可以指宪法文本所建立的宪制（例如三权分立、两院制、联邦制、文官政府与军队的关系），以及宪制所塑造的宪法行为（例如林肯总统在内战期间中止人身保护令状，或杰斐逊总统的路易斯安那购买）；而 constitutional law 则主要是指由联邦最高法院所形成的宪法判例、原则与学说。比如，宪法审查基准（严格审查、合理性审查、中度审查）就是 constitutional law 的内容，虽然它在美国宪法体系内的地位无法否认，但是我们无法从美国宪法文本内发现其蛛丝马迹。

在宪法学界，constitution 与 constitutional law 则分别构成宪法理论与司法审查理论的研究对象。例如，伊莱教授的宪法学名著《民主与不信任》，很多人并没有留意这本书的副标题是"A Theory of Judicial Review"。[①] 作者讲得很清楚，这是一本关于司法审查的理论著作，因此他的研究对象是 constitutional law。事实上，伊莱就将这本书献给他曾经的上司沃伦大法官（献词为"如果你仔细选择，你并不需要很多英雄"）。而这本书的经典之处在于其为沃伦法院的司法能动提供了经典解释。换句话说，《民主与不信任》的研究对象是沃伦法院的司法行为，而不是美国宪法本身，因此，它是一种司法审查的理论。

这一区分并不要在两者之间制造出一种高低之别：宪法理论并不一定就是高阶的大理论，而司法审查理论也不必然是低阶的小格局。只要宪法是法，还存在着法律的那个维度，那么司法审查

[①] John Hart Ely, *Democracy and Distrust: A Theory of Judicial Review*, Harvard University Press, 1980.

理论(或更广义的宪法解释/执行理论)就是不可或缺的一个部分。例如,耶鲁大学法学院这学期开设的两门研究 constitution 的课就不约而同地将《民主与不信任》指定为必读材料。而且,自20世纪90年代中期后,伊莱的这本书就一直高居美国法学中引证率第一的宝座。① 但是,我们的问题在于,无论是在美国宪法学的译介,还是中国宪法理论的建构中,我们大都混同了宪法理论与司法审查理论,甚至将司法审查理论视为宪法理论的全部(而不只是其中的一维)。当然,这一误解既可以理解为宪法之宾语化的原因,也可以理解为宾语化的结果。但无论如何,我们不难看到,在我们引入的美国宪法学著作中,无论是主张法院的司法能动还是司法节制,绝大多数都是以最高法院为中心的研究。简单地说,如果司法审查理论是以法院为中心的宪法研究,那么宪法理论就是以宪法体制(constitutional regime)为中心的宪法研究,我们务必自觉地做出这一区分。

三、重新发现宪法

"(重新)发现宪法(Discovering the Constitution)",是耶鲁大学法学院阿克曼教授在1984年斯托尔思讲座的题目,后来也构成了其名著《我们人民》第一卷理论部分的标题。② 虽然《我们人民》

---

① 参见 Fred Shapiro, The Most-Cited Legal Books Published Since 1978, 29 *J. Legal Stud.*(2000), p. 397. 夏普罗的相关评论即"在宪法内,司法审查的议题贡献出了这一阶段最多引证的法律著作,伊莱的《民主与不信任》"。
② Bruce Ackerman, *We the People: Foundations*, Harvard University Press, 1991; *We the People: Transformations*, Harvard University Press, 1998.

前两卷的中译本均有不尽如人意之处,但这基本上没有阻止阿克曼宪法理论在国内的流行。宪法政治、宪法时刻与二元民主都成为我们时常挂在嘴边、写在文中的概念;而更多的时候,我们运用这些概念,不是去理解美国宪法的历史,而是解释我们自己的宪法。而这里的危险之处不仅是阿克曼被误译,更在于阿克曼被误用。

事实上,《我们人民》的理论雄心在于发展出一套具有美国特色的宪法理论。在阿克曼看来,美国宪法理论已经沦为欧洲概念的殖民地,这种植根于欧洲政治历史的宪法概念遮蔽了美国人对自己宪法的理解。因此,二元民主论(当然也包括宪法政治、宪法时刻这些次级概念)是美国宪制历史的产物(大致可以这样说,在阿克曼的理论体系内,一元民主论更符合英国宪法的经验,权利本位论则符合战后德国基本法的实践)。[1] 正是在二元民主论的理论视野下,阿克曼要引领美国读者"重新发现宪法"。

《我们人民》开篇第一段话就是"美国是一个世界大国,但它是否有能力理解它自己? 时至今日,它是否还满足于自己作为智识上的殖民地,借用欧洲的概念来破译自己民族身份的意义?"在阿克曼看来,要发现美国的宪法,从亚里士多德、西塞罗以至于孟德斯鸠、洛克,这些欧洲先贤们的思想体系都没有提供门锁的钥匙。"美国人曾经从这些思想者那里借鉴良多,但他们自己也已经建构起一个真正独特的宪法思想与实践的模式。"因此,如要实现宪法理论的去欧洲化,宪法理论家的注意力"要从洛克转向林肯,从卢

---

[1] Bruce Ackerman, *We the People: Foundations*, Harvard University Press, 1991, p. 6–16.

梭转向罗斯福"。阿克曼亦指出,宪法理论的殖民化并非美国宪法所面对的一个问题。"当美国还是一个地处欧洲边缘的军事经济弱国时,它曾站在宪法思想的最前沿;而当它将自身改造为西方的动力后,它的主要宪制理论家则愈加寄生。两个世纪后,美国宪法的研究被那些来自欧洲经验、而不是美国经验的范畴所主宰。"正是在这一理论去殖民化与重新发现宪法的过程中,我们才可能理解《我们人民》第二部分的标题"Neo-Federalism":如何在新时代复兴并转化当年曾站在宪法理论最前沿的联邦党人的学说。①

因此,阿克曼的理论对我们的启示与其说是那些舶来的概念,不如说是上面所引的诘问。我们中国宪法学者是否有勇气、能力与想象力去发现我们自己的宪法?不仅是阿克曼的二元民主理论,也包括反多数难题、原旨解释、人民宪制等,难道我们真的可以在这些舶来概念内直接发现解读中国宪制的资源?甚至在欧风美雨的宪法世界内,探讨中国宪法的理论和实践如何可以为世界做出大国应有的贡献?当然,这些问题的答案绝对不在于故步自封与闭关自守。我们所反对的只是不加区别的拿来主义。西方的经验与理论当然要学习,甚至也可以借用外来的概念工具去理解我们的理论与实践。但是,我们必须杜绝的是接轨心态。② 如果连阿克曼本人都认为其宪法理论在于发现美国的宪法,那在未经反思之前,宪法政治或宪法时刻这些套模式的说法与做法又有什么

---

① 本段所引用的阿克曼言论,可见 Bruce Ackerman, *We the People: Foundations*, Harvard University Press, 1991, p. 3–5。
② 关于中国政治研究"接轨"与"拿来"的探索,可参见王绍光《祛魅与超越》,北京:中信出版社,2010年,第2—22页。

意义?

从哪里发现中国的宪法呢?① 我们当然不能忘记我们的宪法文本,从五四宪法到"八二宪法",甚至是新中国成立前的宪法文本。我们不应该将我们的制宪者简单地脸谱化,而要相信在这些文本内有着理解中国宪制的钥匙。我们更不应该对我们的宪法政治视而不见。事实上,只要我们超越宾语化的视野,那么我们应该看到,从1978年开始的改革开放难道不是一次宪制转型吗?经济改革的政治策略难道不是中国的宪法实践吗?"一国两制"不是中国政治家的宪制探索吗?而网上论坛上时常出现的"谢绝跨省追捕"难道没有体现出中国宪法的言论自由逻辑吗?若干年后,也许我们会说齐玉苓案是宪法司法化的第一案,但绝不应说它是宪法实践的第一案。

四、重新定义宪法经典

重新发现中国宪法绝不意味着在宪法理论上的闭关自守。事实上,只有在全球的视野下,我们才可能得以真正发现中国宪法。② 其中的原因不仅在于比较宪法学所可能提供的分析性概念与框

---

① 事实上,我们的宪法学者已经开始了"发现宪法"的努力,在这方面最成功的理论探索,不妨参见苏力《当代中国的中央与地方分权:重读毛泽东〈论十大关系〉第五节》,《中国社会科学》2004年第2期;张千帆:《宪法变通与地方试验》,《法学研究》2007年第1期;强世功:《中国宪法中的不成文宪法:理解中国宪法的新视角》,《开放时代》2009年第12期。

② 关于世界宪制的一个分析框架,可参见 Bruce Ackerman, "The Rise of World Constitutionalism," 83 *Virginia Law Review* (1997), p. 771。

架,更在于中国宪法本身就是中国重新纳入世界体系与开始现代国家建设的产物。因此,本部分将介绍有关的美国宪法理论,以求实现宪法学适度的"拨乱反正"。

自齐玉苓案以来,美国宪法学的引入一直是中国宪法学研究的理论增长点之一。但回过头看,这场"知识上的洋务运动"却呈现出一种不平衡的状态。部分由于中文语境内由"宪法司法化"范式所塑造的理论需求,部分由于英文语境内"司法审查"的主导供给,美国宪法研究在我们看来就只是在讲述最高法院的故事。虽然不是全知全能,不是无往而不利,但最高法院总是宪法故事里的英雄:在人民自己陷入危机状态下的歇斯底里时,在华盛顿的政治家计算着日常政治内的私人得失时,当宪法舞台上需要高级法的守护者时,联邦最高法院就是救世主。我在这里不希望讨论这一叙事的历史真实性,而是希望指出在理解美国宪制时这种以法院为中心的宪法叙述的局限性。

举例说明,美国联邦宪法的第二条规定合众国总统必须年满35岁。在以法院为中心的司法审查理论看来,这一白纸黑字的条款自然不可能成为什么宪法问题。35岁就是35岁,一天都不能差!这正如马歇尔大法官在马伯里诉麦迪逊案内提出的经典例子:美国宪法第三条规定,叛国罪的确定要求至少两位证人的证词,那么如果国会通过一部法律,规定一位证人的证词即可判处叛国罪,法律是不是违宪的?但如果抛开宾语化、司法化的宪法思维,那么我们不仅需要讨论宪法规范应该如何执行,更要考察这一规范与现实政治的相互塑造作用。回到制宪者的原初意图内,35岁的要求体现着共和主义的一个基本理念:预防王朝政治。因为在 18 世纪的北美大陆,最有可能在 35 岁前就享有全国范围声望的政治家,要么是在战争中出现的国家英雄,要么就是来自名门望族的"太子党人"(favorite sons)。华盛顿成为美国开国总统,不仅因为他是大陆军的领袖,也因为他膝下无子,"他成为国家之父,因为他不是任何王朝继承者的父亲"。① 在亚当斯与杰斐逊的总统竞选期间就有报纸警告,杰斐逊更值得信任,因为他只有女儿。事实上,在美国头五位总统内,仅有亚当斯一人膝下有子,而也就是这唯一的例外,约翰·昆西·亚当斯也在其父卸任四分之一世纪后当选为合众国的总统!这样一个不入司法审查之法眼的宪法条款,实际上却体现着极其关键的宪制原理。而这样的宪法条款又何止上面的这一条?②

那么如何突破司法审查范式的桎梏呢?首先的选择自然是从

---

① 当时曾有汉密尔顿是华盛顿私生子的传闻,汉密尔顿在独立战争时曾是华盛顿的副官,在华盛顿总统任内担任财政部长。甚至在 1798 年,亚当斯总统曾邀请退休的华盛顿重掌美国军队以备战,华盛顿重新出山的条件即为由汉密尔顿出任军队的第二号人物。私生子的传闻不太可能属实(虽然华盛顿确实曾在汉密尔出生两年前到过西印度群岛),却表现出时人对王朝政治的担忧。参见 Akhil Amar, *America´s Constitution: A Biography*, Random House, 2005, p. 161。
② 今天的我们已经很难想象在美国建国之初共和政体的不确定性。美国宪法的第二条还规定总统必须在出生时就是美国公民或者在宪法通过时已经成为美国公民。如果说后者是为了给出生在西印度群岛的汉密尔顿留下一个例外,那么前者的一个目的就是防止来自欧洲的王室通过武装威胁或经济激励而被选举为美国总统。事实上,历史学者已经发现证据,就在费城会议的数月之前,邦联执法长官就曾写信给普鲁士的亨利王子(弗里德里希大帝的弟弟),询问他是否有可能跨越大西洋来美国出任立宪君主。而当时还有一个流行的传闻,英王乔治三世的次子将被邀请成为合众国的国王。参见 Akhil Amar, *America´s Constitution: A Biography*, Random House, 2005, p. 165。

法院的学说(doctrine)回到制宪者的宪法(document)。① 但是,回归宪法文本并不是鼓吹简单的文本主义。单纯地列举由鲍比特教授提出的宪法解释形态在这里毫无意义。② 宪法文本是宪法研究的起点,因为我们应当相信,宪法文本是"增一字则多,减一字则少"。例如,阿玛教授曾在课上提醒学生,美国宪法第一修正案规定国会不得立法限制"the freedom of speech",既然用"the"来修饰"言论自由",则说明言论自由是一种先在的权利。因此第一修正案只是确认(而不是创造)了言论自由。可以证明言论自由之先在的,当然不仅这一个"the"。如果突破文本之本身,由 text 过渡到 deed,那么催生第一修正案的宪法批准与辩论过程正是言论自由的最好例证。这一全国范围内宪法大讨论的逻辑不是成王败寇。无论联邦党人还是反联邦党人,他们都是美国的建国之父。在新宪法通过、新政府建立后,反联邦党人并未因对宪法的反对而遭秋后算账。最后,文本研究不仅要"听其言、观其行",还要结构性地理解宪法。③ 最常见的一个例子就是美国宪法通篇找不到"separation of powers"的字眼,但"三权分立"却成为美国宪法的基本原则。答案自然在于美国宪法的结构,其头三条分别处理了国会、总统与法院的问题。因此,宪法文本的研究绝不仅是查字典式的抠字眼,而应该是 text、history 与 structure 的一种结合。诚如卡沃教授所言,

---

① Akhil Amar, "The Document and the Doctrine," 114 *Harv. L. Rev.* (2000), p. 26.
② 鲍比特在 20 世纪 80 年代曾总结出 Historical, Textual, Doctrinal, Prudential, Structural, Ethical 六种宪法论证的方法,这基本上构成了现代宪法学在讨论宪法解释方法时的基础。参见 Philip Bobbitt, *Constitutional Fate: Theory of the Constitution*, Oxford University Press, 1982。
③ Akhil Amar, "Architexture," 77 *Indiana Law Journal* (2002), p. 671.

每一宪法条款背后都藏着一部史诗①,因此,研究第十四修正案就不可能完全拘泥于"due process of law"或"equal protection of the laws",而应该考察美国内战与重建政治对第十四修正案的塑造。在此借用阿玛教授的比喻,制宪者是一个建筑师(architect),因此应该抛弃那种以条款为单元的解释方法(clause-bound textualism),而走向一种条款互证的结构解释(intratextualism)。②

如果说阿玛教授在《美国宪法传》展示了美国宪法的文本之旅,那么哈佛法学院的却伯教授则在《看不见的宪法》中告诉我们,宪法文本只能是宪法研究的起点,因为在宪法的字里行间还漂浮着一个"看不见的宪法"。③ 这本书的读者大概不会忘记书中由作者亲手绘制的"看不见的宪法"6G 镜像,它们分别是 Geometric、Geodesic、Global、Geological、Gravitational、Gyroscopic 的解释方法。由于却伯教授的数理功底,这种解释方法或许不太可能为人所复制。但该书的关键贡献在于它令人信服地证明了宪法文本不是宪法研究的全部。这不仅是因为那些围绕着宪法文本之外的不成文宪法,而且因为那些存在于宪法文本之内的"看不见的宪法"④。换句话说,"看不见的宪法"所展示的不是那些传统宪法学所说的宪法惯例、宪法性法律、宪法判例这些围绕在文本之外的宪法,而

---

① Robert Cover, "Nomos and Narrative," 97 *Harvard Law Review* (1983), p. 4.
② Akhil Amar, "Intratextualism," 112 *Harvvard Law Review* (1999), p. 747.
③ Laurence Tribe, *The Invisible Constitution*, Oxford University Press, 2008;中译文可参见劳伦斯·却伯《看不见的宪法》,田雷译,北京:法律出版社,2011 年。
④ 却伯教授的原文如下:"my interest is less in what's invisible 'around' the Constitution than in what is invisible *within* it."参见 Laurence Tribe, *The Invisible Constitution*, Oxford University Press, 2008, p. 20。

是进入宪法本身的结构性构造(architecture),以宪法文本、历史与结构的元素为点、线、面,组织出新的宪法镜像。

在宪法文本、文本之外与文本之间,宪法学的研究也注定要突破文本,走向关于宪制的研究。阿克曼的《我们人民》正是这方面的代表。此书的经典命题是阿克曼提出的"一部宪法,三种宪制"(One Constitution, Three Regimes):美国经历了由联邦党在建国时建立的原初宪法,共和党在重建政治中建立的中期共和国,以及民主党在新政期间建立的现代共和国。在这三个宪法体制内,建国以联邦宪法为根基,重建以内战修正案为根基,而新政的特殊性则在于其并没有成文的宪法根基,它没有通过第十四修正案那样的转型修正案(transformative amendment)。[1] 因此,经由伍德在20世纪60年代的开创性历史研究[2],阿克曼教授重新发现了联邦党人的宪法思想,寻找到一个宪法第五条之外的高级立法通道,展示着"新政修正案"作为一个宪制的存在。事实上,阿克曼所谓的高级立法五阶段论绝不是他二元民主论的精髓,他的贡献在于从联邦党人的宪法理论与美国的宪法实践中建构了理解美国宪法变迁的新宪法科学。

再进一步,如果说上文罗列的宪法学研究体现了一种共同方

---

[1] 在这一问题上,阿克曼与阿玛有一个著名的辩论。阿玛将自己定义为文本主义者。虽然他也认为宪法第五条的修宪程序并非唯一的修宪途径,但认为新政存在着成文的宪法基础,这就是1913年的第十六修正案,该修正案授权国会征收所得税。也就是说,无须等到罗斯福新政的宪法时刻,1913年的修正案早已否定了自由放任的中期共和国,参见 Akhil Amar, *America's Constitution: A Biography*, Random House, 2005, p. 405-409。

[2] Gordon Wood, *The Creation of the American Republic*, The University of North Carolina Press, 1969, p. 1776-1787.

向的话,这在美国语境内就是重新定义美国宪法经典(constitutional canon)。在2006年哈佛大学法学院的霍姆斯讲座上,阿克曼教授发出重新定义美国宪法经典的新号召。① 再次重返美国宪法理论的语境,在自由与保守派的宪法论证中,20世纪80年代的原旨主义的提出让自由派宪法学者处于守势。原旨主义的理论其实非常简单:寻找制宪者在建国时的原初意图,与此不符者则都是违宪,将矛头直指罗斯福新政所建立的福利国家及沃伦法院的革命性判决。保守派的宪法理论甚至认为,美国历史内宪法意义的产生只限于建国的那一刻。爱普斯坦教授数年前曾出版著作《进步主义者是如何"篡改"宪法的?》。② 简单地说,不要说阿克曼那虚无缥缈的"新政修正案"是在篡改制宪者的宪法,甚至阿玛所反复强调的白纸黑字的第十六修正案都是一种篡改,因此,宪法意义的追寻就是要回到建国者的宪法,但这唯一的宪法经典却被进步主义运动与新政所放逐。③

---

① Bruce Ackerman, "The Holmes Lectures: The Living Constitution," 120 *Harvard Law Review* (2007), p. 1727.

② Richard Epstein, *How Progressives Rewrote the Constitution*? Cato Institute, 2007。联邦最高法院在1905年的洛克纳诉纽约州案是宪法理论无法绕开的问题。在如何理解(或者说如何批判)洛克纳案的判决时,阿克曼认为新政在1937年否定了中期共和国的洛克纳裁决,而阿玛则主张1913年的第十六修正案就已经否定了洛克纳案。无论洛克纳判决的错误应如何理解,在宪法学界(包括保守派宪法学者)的一个基本共识就是洛克纳案是一个错误。例如,在今天的最高法院内部,保守与自由两派法官经常指责对方是在"洛克纳化"。而爱普斯坦教授则在20世纪80年代就公开为洛克纳案提供了理论上的辩护。参见 Richard Epstein, *Taking: Private Property and the Power of Eminent Domain*, Harvard University Press, 1985。

③ Randy Barnett, *Restoring the Lost Constitution: The Presumption of Liberty*, Princeton University Press, 2005.

但在自由派宪法学者看来,建国、重建与新政都是宪法意义的生成时刻,不仅如此,1800 年的杰斐逊革命、20 世纪之交的进步主义运动,以及第二次世界大战后黑人民权运动与妇女平权运动都是成功的宪法政治。① 因此,宪法必须被理解为一种代际对话(conversation between generations)与多种宪法传统的综合②,而不能是狭隘的"死去的白人男性有产者"的统治。而在形式上,宪法经典的殿堂不仅表现为费城制宪的宪法文本及 27 条修正案,它还应该包括"超级先例"(super-precedent)③与"超级立法"(super-statute)④:前者如 1954 年的布朗案,后者如 1964 年的《民权法案》。举例而言,在参议院内的大法官任命听证时,大法官经常被问到的问题不是如何理解宪法的某个条款,而是如何理解布朗案与罗伊案。事实上,重新定义宪法经典的提法最初来自列文森与巴尔金所编辑的《法律经典》(而这本书正是献给阿克曼教授的,献词则为"他教会我们如何去挑战经典")。在鲍比特教授应邀所作的《宪法经典》一文中,他则直接列举出 13 种美国宪法经典:《独立宣言》、"必要与适当条款"、"第九修正案"、"第十修正案"、"联邦最高条款"、"联邦宪法序言"、《联邦党人文集》、"麦克洛克诉马里兰州"、斯托里的《美国宪法释义》、道格拉斯 1860 年在苏格兰的演说"美国宪

---

① Bruce Ackerman & Jennifer Nou, "Canonizing the Civil Rights Revolution: The People and the Poll Tax," 103 *Northwestern University Law Review* (2009), p. 63.

② Cass Sunstein, *A Constitution of Many Minds: Why the Founding Document Doesn't Mean What It Meant Before*, Princeton University Press, 2009.

③ Bruce Ackerman, "The Living Constitution," 120 *Harvard Law Review* (2007), p. 1727.

④ William Eskridge & John Ferejohn, *A Republic of Statues: The New American Constitution*, Yale University Press, 2010. 关于该理论的一个初步版本,可参见 William Eskridge & John Ferejohn, "Super-Statutes," 50 *Duke Law Journal* (2000), p. 1215。

法:亲奴隶制还是反奴隶制?"、华盛顿总统的告别演说、林肯总统的葛底斯堡演说、霍姆斯大法官的《普通法》与《法律的道路》。①

没有哪一种宪法经典的集合可以取得宪法学者的共同认可,但至少有一些经典是可以得到大多数人认可的。这场重新定义宪法经典的学术努力则是重新发现宪法的要求。而它也对中国宪法的研究有着最大的启示,我们也应该通过学术辩论来逐步形成有关宪法经典的认识。所谓宪法经典,在中文语境内就是中国宪法的研究者应该研究些什么,一种研究对象的问题。它既区别于外国宪法学和比较宪法学的研究②,也区别于有关宪法学基本范畴的研究。我在这里自然没有资格给出什么是经典的判断,它应该是经由辩论而形成的共识或准共识。但我们的探寻之旅却不妨从以下的渊源开始:(1)中国宪法的文本、结构与历史;(2)社会主义探索与建设60年中所形成的经典文件、决议、讲话及宪法性法律与案例,以及由此上溯在中国现代革命历程内出现的宪法学说;(3)那些并不见之于文本但却塑造着中国政治运作的成功模式的理论化;(4)在中国学者中已经出现或未来必将出现的经典宪法学研究,甚至包括来自外国的经典论著。

最后,还是回到开头。在罗斯福提出填塞最高法院的议案后,

---

① 鲍比特教授还列举了九种可能的备选项,主要为宪法学者的经典论著(如毕克尔的《最不危险的部门》与德沃金的《认真对待权利》),在此不做累述,可参见 Philip Bobbitt, *The Constitutional Canon*, in Jack Balkin & Sanford Levinson, eds., New York University Press, 2000, p. 331-373。
② 必须再次强调的是,正文所述,不应理解为反对外国宪法与比较宪法的研究。事实上,作者认为国内宪法学有关外国宪法的研究亟待加强,未来的努力可以在两个方向:首先,在欧美宪制的研究上应该摆脱司法审查范式的桎梏,走向宪法与宪制的研究;其次,我们对于欧美之外的宪制的研究或许只能说尚在起步阶段。

罗伯茨大法官的"及时转变挽救了九人"。虽然罗伯茨的转变历来是美国宪法的一桩公案①,但无可否认,法律现实主义已经由昨日的异端变成今日的正统;即便是在中国,每一位法学院的学生也都熟知现实主义的标语口号:"法律的生命从来都不是逻辑,而是经验。"这样结尾当然不是我自认为此处所论有朝一日可以成为经典。因为这篇评论所做的只是提出了自己的问题,它无意也无力回答这些问题,因此也没有提出任何可以被称为理论的东西。但是,如果上述的宪法宾语化、司法化、接轨化的问题确实存在的话,那么至少是到了有一些宪法学者做出"及时转变"的时刻了。斯卡利亚大法官曾经告诉他的同袍们:"我们永远不应忘记,我们正在解释的乃是一部美国宪法。"②那么本章到此为止,所提出的问题就在于"我们应该如何去研究中国的宪法",仅此而已。

---

① 通说认为罗伯茨大法官是在罗斯福填塞法院的提案压力下而转变自己的宪法立场;但这一学说无法解释的是,在西滨旅社案(West Coast Hotel Co. v. Parrish, 300 U.S. 379, 1937)这一标志着法院退让的案件中,罗伯茨的表决其实发生在罗斯福提案之前;最新的研究表明,罗伯茨的转变更多的是最高法院宪法学说的结构性演进,而不是在总统政治压力下的退让,参见 Barry Cushman, *Rethinking the New Deal Court: The Structure of a Constitutional Revolution*, Oxford University Press, 1998。
② 斯卡利亚大法官的原话是,"We must never forget that it is a Constitution for the United States of America that we are expounding"。参见 Thompson v. Oklahoma, 487 U.S. 815, 1988,(斯卡利亚大法官的反对意见)。

与其改造宪法，不如改造我们的宪法观[①]

> 宪法可能跟着国旗转，但它是否真的应该追随《纽约书评》？
> ——约翰·哈特·伊莱[②]

柏拉图在《美诺》篇中讲过一个故事：美诺向苏格拉底提出"知识如何可能"的问题，就是现在很多人所知的"美诺悖论"：

> 人无法探究任何东西，无论自己知道的东西还是自己不知道的东西：他当然不会探究自己知道的东西，因为他知道它，无需探究；他也不会探究自己不知道的东西，因为他不会知道去探究什么。[③]

[①] 本章原刊于《政治与法律评论》第三辑，北京：法律出版社，2013年。
[②] John Hart Ely, *Democracy and Distrust: A Theory of Judicial Review*, Harvard University Press, 1980, p. 58.
[③] 参见[美]克莱因《柏拉图〈美诺〉疏证》，郭振华译，北京：华夏出版社，2011年，第104-105页。

美诺悖论所设定的后一种情形,即一个人无法探究他自己不知道的东西,无论在逻辑上可以如何证伪,至少相当贴切地言中了中国宪法研究当下所陷入的困境。长期以来,中国宪法研究之所以在不那么高的理论水平上重复建设,一定程度上正可归因于我们还不清楚在研究中国宪法时我们应该研究些什么。因此,仿照美诺的"知识如何可能"的问题,我在此提出"中国宪法研究是否以及如何可能"的问题。较之于我两年前在《政治与法律评论》创刊卷上提出的"我们应该如何研究中国的宪法"[①],如何可能的提出在逻辑上又向后退了一步。但正如收回拳头是为了让出拳更有力,在我看来,只有回头反思中国宪法研究是否,以及如何可能,我们的研究才有可能在一种脚踏实地的基础上重新出发。

中国宪法研究存在一种学术迷思,部分研究者认为中国虽然有一部宪法,但没有得到很好的实践。这一学术迷思在很大程度上设定了中国宪法研究近年来的议程,但美诺的设问方式可以启发我们去挑战这一迷思。一个人注定无法找到那些不为他所知的东西,同理,宪法学者往往并不清楚中国宪法制度为何物,却以旁观者的姿态站在宪法之上或之外,希望在中国的政治实践中发现他们所想象的那种已高度道德化的模式。这种逻辑上的错误从一开始就注定他们会一无所获,从而陷入一种宪制失败论而无法自拔。与此同时,这一迷思也让中国宪法的研究者将自己想象成难为无米之炊的巧妇,一旦遇到"宪法学的幼稚"式的指控,巧妇心态

[①] 我只是提出了问题,当然不可能解决这个问题,参见田雷《重新发现宪法》,载《政治与法律评论》第一辑(2010年卷),北京:北京大学出版社,2010年,也即本书前一章《重新发现中国宪法》。

可以让我们将责任归结为"体制"①,而不必去反求诸己。在现实中,这一迷思的起源和效应已经相互强化,形成了一种不断再生产的学术循环论证,这让上述迷思已经成为一种不证自明的自然命题。

本章旨在提供一种走出迷思的认识论上的准备工作。之所以提出要"改造我们的宪法观",是因为我们在研究中国宪法时未能自觉区分宪法论证和道德论证,由此导致中国的宪法理论往往沦为西方现代政治理论或道德理论的殖民地。在此意义上,我们据以展开宪法研究的经典,不是那些记录着我国历史内的伟大政治斗争、决断和妥协的历史文献,而是走在西方文化前沿的《纽约书评》或在法学界弄潮的《哈佛法律评论》。在很多时候,我们看起来是在谈中国宪法,但实际上不过是在建构一种自我想象的政治秩序而已。② 还应指出,我提出要自觉区分宪法论证和道德论证,这并不是要否认宪法作为一种法律、宪法学作为一种法学研究的规范性,但它不可能是天马行空的规范性,反过来说,宪法解释者不应在规范性的掩护下将宪法解释当作"特洛伊木马",将宪法文本作为鼓吹自己价值偏好的"道德许愿池"。

"我们关注的始终是立法的合宪性,而不是立法的智慧,但这很可能向美国人的心智注入一种错误价值。它可能使得合宪性与智慧成为同义词,认为一部合宪的法律就是完全正确的。此种态

---

① 这里的体制,既可以指我们的政治体制,也可以指我们的学术生产体制。
② "如果我们看不到诸多制度变化中蕴含着的政制变化,那只能说我们还缺少政治和法治意识,缺乏眼力,或者说我们头脑中的宪法还是一些高度政治化、道德化的理念;或者可以说,我们还根本不理解宪法,不理解宪法所要解决的问题是什么。"参见苏力《当代中国的中央与地方分权:重读毛泽东〈论十大关系〉第五节》,《中国社会科学》2004年第2期,第55页。

度乃是自由主义的大敌"①,法兰克福特大法官的这一席话,所指向的就正是宪法论证和正义理论之间的区别:简单地说,合宪的未必合理,而合理的也未必合宪,宪法理论和正义理论固然存在着很大范围的交叠,但它们经常也会发生剧烈的分裂和对抗。读者在下文中可以看到,美国内战前执行逃奴条款的法官,曾经最深刻地体会到这种宪法命令和道德良知的撕裂;而吊诡的是,或许正是因为我们的宪法学者一直是在纸上谈兵,反倒无法真正体会这种两难:由于我们的宪法体制内确实没有司法性的宪法判例,中国宪法的研究者就由司法判例的整理者转变为学术性的宪法法官。在面对宪法文本时,我们天真的想法就是希望通过宪法解释来让宪法本身变得更美好或者少一些问题,但这不仅是为宪法规范所不允许的,也并不符合宪法理论的策略。因此,中国宪法的研究者务必走出道德化的泥淖,重新思考宪制是什么,中国宪法中有什么,中国宪法学应研究什么,唯有在此基础上,才可能真正探索我们如何更好地生活在一起。否则的话,我们的宪法论证和学术论战不过就是伊莱所讲的"我们喜欢罗尔斯,你们喜欢诺齐克。我们赢了,6∶3,制定法撤销"而已。②

---

① Felix Frankfurter dissenting, *West Virginia State Board of Education v. Barnette*, 319 U.S. 624 (1943).

② John Hart Ely, *Democracy and Distrust: A Theory of Judicial Review*, Harvard University Press, 1980, p. 58.
　　对我而言,真正的选择并非在于政治宪法学还是规范宪法学,或者是政治宪法学内的左右之争,真正的问题是我究竟是以一位中国宪法研究者的身份出场,还是以政治理论的思考者出场。如果是前一身份,那么罗尔斯或者诺齐克在本质意义上与我无关,我所关注的是中国宪法到底确立了什么。当然,我并不是主张我们要忘记罗尔斯或诺齐克,即便是在研究中国宪法时,阅读他们也经常可以为我提供学术论证的启发,但不是实体规范的指引。

一、宪法研究者一定是宪制主义者吗？

宪法研究者一定就是宪制主义者吗？这本身就是一个问题。这样的提问可能会让我的许多同行感到不舒服，但这绝非一种诛心之论。而且，如果心平气和地审视这个问题，那么我们就可发现，最困难的是这个问题的提出。这个问题本身却并非一个难以回答的问题，它的重要性与其难度并不成正比。

我们在研究中之所以会有上述的集体迷思，一定程度上就是因为部分宪法研究者自然而然地将自己设定为宪制主义者。但问题在于，宪法的研究者未必就一定是宪制主义者，而在当下的中国，两者之间更是存在着一种巨大的鸿沟。这里的道理很简单，想必我们都知道并且也愿意相信：《论语》的研究者未必一定是儒家教义的身体力行者；《圣经》的研究者也未必一定就是基督教徒；《舌尖上的中国》的导演很可能不是一个合格的厨子。凡此种种都可以告诉我们，头脑里研究些什么，并不一定就在心灵中注入同样的东西，而宪法研究者只是选择了以研究宪法为业，这并不让他们自动成为宪制主义者。事实上，或许正是由于一种宪制文化在当下政治讨论中的缺失，反而让宪法研究者始终无法走出这一自我身份的错位。

正是由于这一身份错误，中国的宪法研究者并未学会反求诸己，而通常都在反求诸体制。既然中国宪制还处在"尚未成功"的阶段，他们的努力就是要为一种作为实践的宪制来添砖加瓦。在此意义上，我们的宪法研究者经常成为书斋内的"革命者"，自我设定为社会改革者或人类灵魂的工程师,由此成为中国宪制事业的一种职业化的推动者。特别是进入 21 世纪以来,宪法司法化的大讨论让宪法学者以公共知识分子的姿态进入政治讨论的舞台①,我并不是要否定他们在理论和实践上的贡献,但这种贡献并不能从头挽救这种集体性的无意识的身份错位。②

当然,我在这里应该为宪制主义者提供一个认定标准,否则的话,本节的问题就不可避免地成为一种伪问题,而我的回答也就成了说你是你就是,不是也是(或者相反)。当然,我并不奢望以下的简单界定可以获得普遍的认同,但希望至少可有抛砖引玉的效果。首先,宪制主义者应该生活在既定的宪制秩序内,在常规情形内,非经宪法所预设的政治过程,宪制主义者无权超越当下的宪制秩序。当然,他可以在私人的政治偏好上以罗尔斯或诺齐克为依归,但绝对不能将自我的私人偏好混同为宪法的原旨,或者是仅仅因为现有宪法及其所规定的政治体制不符合自己的道德理想,就简单地认定"它没宪法"或没有宪制。其次,宪法的性质要求宪制主义者应以审慎为政治美德,真正的宪制主义者应该知道,现代社会内的宪法是为意识形态各不相同的人们所制定,因此不应动辄轻

---

① 我曾将司法化的推动者概括为一个由自由派学者、学者型法官和公共传媒所组成的松散联盟,参见 Lei Tian, "In Search of China's Marbury: Why the Judicialization Campaign Failed and How to Revive Constitutionalism in China," *Peking University Journal of Legal Studies*, vol. 4, 2013。
② 强世功教授曾指出法学知识分子普遍的"变法心态"和"法治浪漫主义",他们会"将宪政问题转变为一个浮夸的、诉诸情感而不是理智的、关注抽象理念而没有操作基础的'文人政治'"。参见强世功《宪法司法化的悖论:兼论法学家在推动宪政中的困境》,《中国社会科学》2003 年第 2 期,第 25、27—28 页。

言违宪。① 此外,宪制主义者也应区分公共政策论证和宪法论证,前者就其本质而言是一种成本收益分析,简单地说,只要一种公共政策的改革所取得的收益大于其成本,它就可以通过基本的审查,但宪法论证有时候是风险导向的。虽然现代法院的宪法推理吸收了成本收益平衡的元素②,但宪法决策者要有居安思危的意识,宪法决策在很多时候与其说是在追求更好的情形,不如说是避免最坏的结果,这就要求另一种形式的审慎。

更重要的是,在我看来,即便一个人以研究宪法为业,同时也是一位宪制主义者,但这并不必然会培养他解释宪法的能力并因此赋予宪法决策的正当权力。我们生活在一个大众民主、"一人一票"的时代,一个人并不因为他读过德沃金、阿列克西或康德、卢梭,就具有了超越常人的宪法决策权,这顶多意味着他有更多的渠道"进入"政治过程,有更多的资源"说服"一国的民众。更何况,仅仅在宪法解释的方法中寻章摘句,未必就真的可以操练学者的宪法解释能力。也就是说,学会了宪法解释方法 ABC,并不意味着就真的知道如何解释宪法。这里的道理很简单,我可以将一百本菜谱倒背如流,但未必能做出一道好菜,而你不需要成为一名好厨子

---

① 现代宪法法院所发展出的比例审查,往往不适当地限制了政治决策的空间,这未必符合约翰·马歇尔在著名的美国银行案中的判决,"假如目的是正当的,处在宪法的范围之内,那么,所有适当的手段——只要与目的之间存在关联,只要不被禁止,而是和宪法的文字和精神相一致,就都是合宪的"。参见 *McCulloch v. Maryland*, 17 U.S. 316 (1819)。
② 比例审查就有成本收益分析的逻辑,关于比例审查和全球司法宪制主义,可参见以色列最高法院前首席大法官巴拉克的著作 *Proportionality: Constitutional Rights and Their Limitations*, Cambridge University Press, 2012。

才能拍出《舌尖上的中国》。有权的宪法解释从来都不是纸上谈兵,而是"国之大事",不只是言辞之争,而如卡沃所言,"法律解释发生在一种关于痛苦和死亡的场域内"①,因此,宪法解释更多的是一种基于实践的技艺和基于人格的能力。② 此外,在宪法解释问题上,最重要的尚且不是解释能力的问题,而是由谁来解释的问题,在一种有着日常的宪法解释机制的体制内,这种在合理性和正当性之间的区分是很明显的。

二、警惕宪法理论的道德化

这是一个不那么雅驯的宪法故事。③ 2005 年 4 月,联邦最高法院斯卡利亚大法官访问纽约大学法学院,在讲座中,大法官阐释了他招牌式的原旨主义解释学说,主张宪法解释要追寻制宪者的原初意图,而将政治价值的判断留给政治过程,包括宪法修正案的过

---

① 卡沃的说法或许是中国宪法研究者难以体验的,但熟悉美国宪法史的读者一定会认同这个判断,在此意义上,宪法解释无小事,参见 Robert Cover, "Violence and the Word," 95 *Yale Law Journal* 1601,(1986)。
② 美国最伟大的大法官,如约翰·马歇尔和霍姆斯,都是复转军人进法院,而且都是真正上过战场打过仗的军人。阿玛也曾戏说过:"A 类学生变教授,B 类学生变法官,C 类学生变有钱。"参见 Akhil Amar, "Becoming Lawyers in the Shadow of Brown," 40 *Washburn Law Journal* 1,(2000)。
③ 如果对这个故事感兴趣或者质疑它的真实性,可以在网上搜索一下 Do you sodomize your wife? 我个人最早在耶鲁大学法学院的一封群发邮件内读到这个故事,正文对这个故事的讲述综合了各种可在网上找到的资料。

程和国会立法的过程。① 但在讲座的提问环节却发生了一件戏剧性的事件,一位名为伯恩特的学生向大法官提了一个其后被纽约大学法学院院长谴责为"极其粗鲁、不成熟和不适当的"问题:"你和你老婆有没有过肛交的性行为?"据说当时全场观众一片哗然,斯卡利亚在沉默了大约5秒后以"下一个问题"来缓解场面,但伯恩特坚持不放话筒,双方对峙半分钟左右。事情发生后,纽约大学法学院院长在全院的公开信内声称:"这不只是对我们客人的羞辱,也是对整个法学院共同体的羞辱。"而伯恩特也在网上发布了一封公开信,坦言他的目标就是要惩罚和羞辱斯卡利亚,是对斯卡利亚在同性恋权利案件中所持顽固立场的"抗争行动",特别将矛头指向他在2003年的劳伦斯诉得克萨斯州案中的反对意见。② 果不其然,伯恩特是一位宣布出柜的同性恋者。

众所周知,同性恋问题是最近数十年来美国宪法和文化政治中的一项核心议题。传统上,美国大多数州的刑法都规定男性同性恋者之间的自愿性行为构成犯罪。在1986年的鲍沃思诉哈德维

---

① 虽然这种有关原旨主义的表述过于简单,虽然原旨主义作为一种宪法解释理论已经在学界被批得千疮百孔,但原旨主义在过去数十年中还是成为宪法解释的主导方法,这一方面是由于美国宪法的性质及宪法史的基本结构,另一方面是因为原旨主义作为保守派文化政治运动的一部分在策略上的成功。而且我个人同样认同原旨主义确实是一种具有一般意义的宪法解释方法。但问题在于,斯卡利亚所代表的原旨主义原本就是美国文化政治的一部分,它是保守派为了倒转沃伦法院的宪法时钟所营销的一种学说,它批判自由派的司法能动,但在现实中却成为保守派的司法专政,最终发展为左右两派争夺美国历史阐释权的宪法斗争。参见 Robert Post & Reva Siegel,"Originalism as a Political Practice: The Right's Living Constitution," 75 *Fordham Law Review* 545, 2006。

② *Lawrence v. Texas*, 539 U.S. 558 (2003).

克案中,美国最高法院以5∶4的判决判定,佐治亚州禁止同性恋肛交性行为的刑事立法并未不适当地侵犯宪法私隐权。而在2003年的劳伦斯案中,最高法院以6∶3的判决宣告得克萨斯州将肛交行为入罪的法律违宪无效。斯卡利亚在该案中发表了关键的反对意见,其中写道:

> 今天的意见是这家最高法院的产物,最高法院则是一种法律职业文化的产物,而这种文化已经基本上认可了所谓的同性恋者议程,我是指由一些同性恋积极分子所推动的旨在消除传统上标签于同性恋行为的道德耻辱的议程……最高法院在这场文化战争中已经选择了立场,因此偏离了它的角色,即作为中立旁观者保证民主的参与规则得以遵行……最高法院是如此沉浸于法律职业的反-反-同性恋文化,这让它看起来未能意识到该种文化态度显然并非"主流";未能意识到最高法院所称的对参与同性恋行为的人们的"歧视",在大多数州内是完全合法的……我要表明,我自己从来不反对同性恋者或任何经由常规民主手段来促进其议程的团体……而多数意见发明出一种全新的"宪法权利"表明它已经不满于民主变革的步伐。①

---

① 这段判词写得尤其精彩。至少在我看来,自由派的布雷耶往往只会讲一些有关民主、法治或自由的政治正确的道理,当然不可否认,布雷耶的学者生涯要比斯卡利亚更成功。关于布雷耶论述的一个批判,可参见田雷《你为什么可以不读布雷耶?》,《书城》2012年第10期。

我在这里讲述有关斯卡利亚的故事，当然不是为了应读者的猎奇心理来博取眼球。而伯恩特和斯卡利亚之间的攻防，在此不应被简单理解为同性恋权利议题或美国宪法政治中的左右互搏。在我看来，无论是伯恩特的发难还是斯卡利亚的批判，实质上均展示出了一个超越了个人道德价值的论述逻辑，从不同的方向交汇映射出宪法论证道德化的困境。斯卡利亚大法官在美国精英法学院内并不那么受欢迎，就在伯恩特发难的同时，会场外还有对斯卡利亚的喧哗抗议，"性别主义者、种族主义者、反同性恋者，尼诺、尼诺，滚出来"，甚至还有更粗俗的"问候"。但伯恩特的诘问之所以更具冲击力和震撼力，并不只是因为他抗争的行为艺术"羞辱"了大法官，而是他实际上提出了一个只有法学院学生才能提出的问题：你斯卡利亚是不是区分了公共的宪法解释和私人的道德选择，或者说，作为一位异性恋者，你是否在将自己作为道德主流的生活方式强加于同性恋这一少数群体，你是否认为同性恋者是一种不正常的"变态"？

而斯卡利亚在他的反对意见中非常冷静地攻击了最高法院内的自由派，在他笔下，最高法院在劳伦斯案内的判决只是代言了同性恋者的政治道德议程，并且在这一议程尚未经由常规民主变革途径实现突破之前，而用司法手段将之强加在沉默的大多数之上，因此他指出，法院意见所认定的"歧视"在美国大部分地区都是"完全合法"的。而且，斯卡利亚在意见结束前表态，自己并不厌恶同性恋者，但他们如要改变自己的现状，请走常规的民主变革通道。这是一段极精彩的论述，它在一定程度上道出了自由派法官和宪法理论陷入窘境的根本原因，当然问题还是在于，斯卡利亚忘记或回避了原旨主义本身也是依附于文化保守派议程的产物,只是他们在文化战争内实现了更成功的政治动员和"市场营销"而已。

斯卡利亚的批评采取了一种美国宪法论证中的常见策略。在1973年的罗伊诉韦德判决做出后,约翰·哈特·伊莱教授当即赶写出一篇评论文章①,正如斯卡利亚坦言自己不反对同性恋,伊莱指出,"如果我是一位立法者,我将投票支持一部写入最高法院最终起草的意见的立法",但作为一种宪法解释问题,伊莱却对罗伊案的判决给予最为强烈的谴责:

> 即便如此,这是一个非常坏的判决。并不是因为它将以看得见的方式削弱最高法院——它不会;也并非因为它同我的进步理念或者证据可表明的社会的进步理念相冲突——它没有。它是坏的,是因为它是坏的宪法,或者更准确地说,因为它并不是宪法,而且几乎没有表现出想要成为宪法的任何责任感。

伊莱是典型的新政自由主义者,他曾担任沃伦首席大法官的助理,并将其名著《民主与不信任》献给沃伦;反过来,斯卡利亚是由里根总统任命至最高法院的大法官,是原旨主义宪法理论的代理人,在保守派看来,他是瓦解沃伦法院遗产的战士。但这两位政治立场不同的宪制主义者在此展示出了一种结构相同的论证:宪法解释者的大忌就是将自己所持有或同情的道德愿景混入对宪法

---

① John Hart Ely, "The Wages of Crying Wolf: A Comment on Roe v. Wade," 82 *Yale Law Journal* 920, (1973).

规范的解释。而美国宪法史也反复告诉我们,一旦法院将宪法解读为一种流俗的社会进步理念,那么往往就是司法遭遇挫折的时候。洛克纳时代就是最好的例证,霍姆斯大法官不正是在洛克纳案的反对意见中告诫他的同袍们:"第十四修正案并没有规定赫伯特·斯宾塞先生的《社会静力学》"。而到了1963年,布莱克大法官在弗格森诉斯库帕案中为洛克纳主义写下了墓志铭:

曾经一度,正当程序条款被本院用来推翻那些被认为不合理的法律,这是指那些不明智的或者不符合某一特定的经济或社会哲学的法律……司法机关对立法价值判断领域的侵入,在当时就遭到激烈的反对……霍姆斯大法官曾说过:

"我认为,正确的道路是要去承认,一州立法机关可以做它认为适当的任何事,只要不为合众国或该州的宪法的某一明文禁令所制约,而法院应该谨慎行事,切勿在解读此类禁令时混入特定法院正好持有的公共政策理念,由此造成扩展禁令之明文含义的结果。"

……在洛克纳……以及此类案件中流行的学说——正当程序授权法院在它们相信立法机关行为不智时就判定法律违宪——早已被摒弃。我们已经重新回到最初的宪法立场,即法院不应用它们的社会经济理念取代立法主体的判断。

……我们拒绝作为一家"超级立法机构"坐在这里权衡立法的智慧,我们尤其拒绝回到那个时代,法院运用正当程序条款"推翻规制商业和工业条件的州法,因为它们可能是不明智的,无远见的或者与一种特定的思想流派有所冲突"。……立法机关究竟是将亚当·斯密、赫伯特·斯宾塞、凯恩斯爵士还是将其他人作为其导师,这并非法院所要关注的问题。①

以上这段精彩的判词所指出的核心问题仍是宪法论证和道德论证之间的区别。这正如前述法兰克福特大法官的话,宪法解释只能判断法律的合宪性,而在判断是否合宪时,法院只能基于宪法,而不能根据一种流俗的经济社会理论或道德进步理念。因此,法兰克福特告诉我们,将合宪性和智慧混为一谈将是自由主义的大敌。

在这一理论传统内,德沃金的道德解读说从根本上就是一个错误。② 德沃金希望将道德哲学引入宪法解释,从而发现他所谓的"最好的宪法",这实在是误解了美国宪法的本质:"只有宪法分离出对抗国家的权利问题并且将该问题当作自我议程的一部分后,宪法才能有真正的进步。而这就要求宪法和道德理论的合流。"③ 德沃金在论述时推荐了罗尔斯当时刚出版的《正义论》,认为"每一位宪法法律人都不容错过"这本书。问题在于,罗尔斯的正义理论虽然有美国新政自由主义的背景,但美国宪制发展的历史和结构却绝非按照一种抽象理论设计出来的。在此意义上,宪法论证不可能根据学院内的道德理论,而是取决于历史上真实发生的政治斗争,或者是卡沃所说的"史诗",阿玛所说的政治作为。对于德沃

---

① Ferguson v. Skrupa, 372 U.S. 726, (1963).
② Ronald Dworkin, *Freedom's Law: The Moral Reading of the American Constitution*, Harvard University Press, 1996.
③ Ronald Dworkin, *Taking Rights Seriously*, Harvard University Press, 1977, p. 149.

金的宪法解释理论,阿克曼曾有一段很精彩的批判:

> 现代[美国]宪法并没有表达出一种在《独立宣言》或赫拉克勒斯(即德沃金笔下的理想法官)的哲学思考工作中表现出的不朽的权利哲学。它是不间断的政治斗争的产物——一代又一代的美国人动员起来,批判并且重建他们既定的宪法理解的一部分内容。这里的形象应该是诺伊拉特的船(即必须在海上航行时进行修补的船只),而非康德的《纯粹理性批判》……问题在于这艘船是否能够在这种摧毁性的重构中继续航行,而不是它的整体构造是否能够经过一场哲学研讨班的检验。①

道德解读需要面对的是谁说了算的问题:罗尔斯的正义理论即便在学理上无懈可击,但这并不意味着我们就要相信罗尔斯的两个正义原则。② 伊莱早在《民主与不信任》中就已讨论了为什么司法审查不可能发现基本价值。在伊莱的笔下,从法官的个人价值到自然法、中立原则、理性、传统、共识、进步理念,这些宪法论证中经常援引的大词都不足以认定基本价值。我在这里没有必要重

---

① Bruce Ackerman, "Rooted Cosmopolitanism," 104 *Ethics* 516, (1994).
② 这是自由派宪法理论的一个致命缺陷。正如富穆勒在评点巴尔金的著作《宪法救赎》时所言,一种皈依过程"可能来自遇到一位政治先知,但不可能来自巴尔金所主要提供的那种理性的学术论证。先知首先通过克里斯玛型的行为而非言词来改造他们的目标;当他们运用言词时,他们提供寓言和故事,而不是像巴尔金所做的那样,对约翰·罗尔斯和弗兰克·迈克尔曼进行注释"。参见 Adrian Vermeule, "Ideals and Idols," *The New Republic*, June, 2011。

述伊莱的精彩论述,只要指出简要的三点。首先,伊莱指出,在多元主义的社会内必定存在着各不相同但同样合理的人生观,他在书中引用了一段对话:"一位17岁的公交车司机同时也是业余哲学家说道:'那么好吧,你知道,在你看来的一种真理未必在其他伙计看起来也是真理。'他得到的回复是:'白痴,那么其他人是错的。'"①其次,基本价值必定是抽象的,不可能解决现实的政治争议,"所有的自然法理论都有一种特别的模糊性,这在理论适用中既是一种优势,也是一种劣势","优势在于你可以援引自然法来支持你所要的一切,而劣势则在于所有人都知道此优势所在"。②最后,伊莱很坦诚地指出法官对基本价值的选择有可能会出现系统偏差,大多数法官律师及大多数道德哲学家都有优越的家庭出身,因此很自然地会倾向职业阶级的价值。"可以想见,人们认为重要的就是那些对他们而言是重要的,我们这些人在此并非例外。因此,最高法院及其评论者所尊奉为基本的价值,就是那些本书读者将乐意认同的价值:表达、结社、教育、学术自由、家庭私隐、个人自治……但是当有人提议工作、食物或住房时,看一下大多数基本权利理论家是如何回应的:它们当然是重要的,但是它们并不是基本的。"③

耶鲁大学法学院的比克尔教授在《最不危险的分支》中曾经提

---

① John Hart Ely, *Democracy and Distrust: A Theory of Judicial Review*, Harvard University Press, 1980, p. 48.
② John Hart Ely, *Democracy and Distrust: A Theory of Judicial Review*, Harvard University Press, 1980, p. 50.
③ John Hart Ely, *Democracy and Distrust: A Theory of Judicial Review*, Harvard University Press, 1980, p. 59.

出著名的林肯张力："我们的民主政府体制存在于这一在原则和便利之间的林肯张力中，而司法审查在其中必须发挥其角色……最高法院的宪法功能是要去定义价值和宣布原则。"①因此，在比克尔早年的理论中，联邦最高法院就是一家国民教育机构，而贯穿他短暂学术生涯的一个线索就是到哪里去寻找那些足够重要和基本、因此应由法官来执行的价值。但比克尔在去世前向埃德蒙·柏克的转向已经表明，比克尔的问题对于一位真正的宪制主义者来说是无解的。他的好友罗伯特·博克在其葬礼上曾指出，比克尔的柏克转向最终解决了他在政治自由主义和司法保守主义之间的紧张，"阅读他在《新共和》杂志上的论述埃德蒙·柏克的文章，可以看到他的政治哲学最终和法律哲学交汇在一起了"。② 但是，柏克所言的传统不可能来自学院派理论家的前沿论述，在罗尔斯的无知之幕预设下是不可能有传统或时间感的，反而正是要斩断一切传统，传统只能来自阿克曼所说的政治斗争，卡沃所说的历史史诗，阿玛所说的宪法作为，以及富穆勒所说的寓言和故事。伊莱引用了一句比克尔的原话，用以概括老师追求基本价值的学术生涯："错误的问题是不会产生答案的。"③

在20世纪80年代初的美国宪法学界，"我们的完美宪法"是

---

① Alexander Bickel, *The Least Dangerous Branch: The Supreme Court at the Bar of Politics*, second edition, Yale University Press, 1986, p. 68.
② 引自John Hart Ely, *Democracy and Distrust: A Theory of Judicial Review*, Harvard University Press, 1980, p. 71-72。
③ 伊莱原文是"No answer is what the wrong question begets"，参见John Hart Ely, *Demcracy and Distrust: A Theory of Judicial Review*, Harvard Ucivercity Press, 1980, P. 72。

一个很流行的比喻,它出自保守派宪法学家亨利·莫纳汉的经典同名论文。① 这篇论文的第一句话就开门见山地传达出作者的主旨:"有一些律师、有一些法官,并且很可能是大多数学界评论者都认为,宪法授权法院基于那些并不根源于宪法文本及其所创建的结构的一般性政治德性原则,来取消政治过程的结果。"而在莫纳汉的论述中,自由派的宪法学者,从德沃金到劳伦斯·却伯、迈克尔曼都将宪法解释隐蔽地转换为一种道德论证。而桑斯坦在前些年的著作中也将这些完美主义论者比作"披着法袍的极端分子"。② 根据桑斯坦的论述,德沃金"将完美主义视为法律解释的本质成分。在他看来,法律解释就要用'最好的阐释视角'来理解现存的法律材料,或者让它们成为'它们所能达到的最好'"。

一旦宪法解释者可以自觉区分宪法规范和道德理想,那么他们就会马上面临我接下来要讲的坏宪法或宪法罪恶的问题。

三、坏宪法或者宪法罪恶的问题

1842年的普利格诉宾夕法尼亚州案是一个鲜为人知的美国最高法院判例③,我第一次真正阅读此案例还是在哥伦比亚大学访问期间,我选择旁听了一位年轻黑人教授的基础宪法课。在这里讲述这个案件(而不是众所周知的斯考特案),很大程度是因为这一

---

① Henry Monaghan, "Our Perfect Constitution," 56 *NYU Law Review* 353, (1981).
② 桑斯坦在书中区别了四种宪法解释立场,分别为"基础主义者"、"最小主义者"、"完美主义者"和"多数主义者",参见 Cass Sunstein, *Radicals in Robes: Why Extreme Right-Wing Courts Are Wrong for America*, Basic Books, 2005。
③ *Prigg v. Pennsylvania*, 41 U.S. 536, (1842).

案件的故事可以自己说明自己,它所展示出的宪法解释和道德律令的两难生动地展示出本节所要处理的坏宪法问题。

普利格是一位职业捕奴者,他们这些人在美国内战前受雇于南方蓄奴州的奴隶主,跨境进入北方自由州抓捕为自由而逃亡的奴隶。我们今天当然可以从道德上谴责这一职业,但不要忘记,在美国内战前,他们都是在依法办事。"奴隶制"这个词虽然没有出现在 1787 年的费城宪法内,但原初宪法对奴隶制的保护却是毋庸置疑的,因为如果不在奴隶制的问题上进行妥协,南方蓄奴州就失去了继续留在联邦内的理由。根据美国宪法的规定,在 1808 年之前,国会不得立法禁止进口奴隶的贸易,而且第 5 条的修宪条款明确规定修宪是不能改动这一条的,简言之,奴隶进口贸易是"二十年不变"的。此外还有著名的五分之三条款,该条款规定在分配各州的众议院席位时,黑人可计算为五分之三个白人,这实际上让联邦政府的三个分支在内战前不适当地倾向南方力量,甚至导致了所谓"弗吉尼亚王朝"的出现。而对普利格这些捕奴者来说,最重要的是宪法第 4 条第 2 款内的逃奴条款,该条规定奴隶逃亡进入自由州后并不因此免除其奴役状态,而国会更是在 1793 年根据宪法的逃奴条款制定了《逃奴法案》,该法授权奴隶主抓捕逃亡的奴隶,他们应将抓获的逃奴送往联邦法官或州治安官处,一旦表面证据成立,官员就签发证明公文。因此,普利格实际上是在根据宪法和国会立法来依法抓捕逃奴。

普利格案中的逃奴是一位名叫玛格丽特·摩根的黑人妇女,她出生在马里兰州,经当时主人同意,玛格丽特与她的自由黑人丈夫杰瑞·摩根迁居自由州宾夕法尼亚,在那里生儿育女,居住有年。但1837年2月,普利格及其同伙在玛格丽特原主人的继承人的委托下,跨越州境进入宾夕法尼亚抓捕玛格丽特及其子女。宾夕法尼亚州在联邦最高法院的律师讲述了这个"令人心碎"的案子:一个下着雨夹雪的寒冷冬夜,普利格及其同伙闯入玛格丽特的家,将她们全家人绑在一架没有遮挡的马车上,直接赶赴15英里外的治安官家里,请求证明函。在这之后,普利格释放了杰瑞·摩根,将玛格丽特及其在自由州内所生的子女强制带往马里兰州贩卖。普利格的行动虽然有宪法和国会立法为依据,但违反了宾夕法尼亚州在1826年禁止在返还逃奴过程中私力救济的立法,因此被判有罪。

案件最终打到联邦最高法院,最高法院判定:(1)美国宪法授予奴隶主以自助抓捕逃亡奴隶的权利,可以强行遣送他们所认定的逃奴;(2)国会有权制定1793年的《逃奴法案》;(3)宾夕法尼亚州的立法,要求奴隶主和职业捕奴者在遣送逃奴之前应得到州法院的许可,这超越了州所固有的治安权力,侵占了国会特有的州际贸易调控权,因此违宪无效;(4)推翻了宾夕法尼亚州法院对普利格的定罪。

以上所总结的法院意见出自斯托里大法官的手笔,他至今仍是美国法律史上的殿堂级人物,人们并未因他在普利格案中的判决而将他钉在历史的耻辱柱上。到访过哈佛大学法学院的人可以发现,斯托里的雕像(由其子威廉·斯托里所塑)至今还树立在哈佛大学法学院图书馆的入口处,而他所作的《美国宪法评注》至今仍在出版,并且早已有了中译本。① 斯托里来自美国废奴运动的大本营波士顿,曾在巡回审判期间谴责奴隶制,并在一个案件中认定奴隶贸易违反了国际法。在普利格案中,我们仍可看到,虽然可以在道德或国际法的意义上谴责奴隶制、奴隶贸易或自助捕奴,但宪法对此却是无能为力的。威廉·斯托里后来曾为其父提供了一个很隐蔽的辩解,他认为,斯托里之所以判定州的政治和司法过程不应干预奴隶主的捕奴行为,乃是希望由联邦法官来进行逃奴身份的判定,但当时联邦法官人数有限,巡回审判让他们居无定所,通常是"可遇不可求"的,因此《逃奴法案》实际上就无法合法地执行。② 而且,斯托里本人是约翰·马歇尔的忠诚信徒,是一位坚定的国家主义者,在美国内战前联邦和各州对抗的大背景内,他的判决也可以被解读为地方政府无权干扰联邦法律的执行。③

我在这里讲述这个案例,既不是为了展示美国宪制的黑暗面,也不是为了证明美国法律的政治或阶级偏见,而是为了折射出坏宪法或宪法罪恶问题:一旦区分了宪法论证和道德论证,它就实实在在地摆在我们面前,不容回避。奴隶制必定是美国宪制史上最大的道德罪恶,林肯曾经说过:"如果奴隶制不是错误的,那么就没什么是错误的。"但林肯同样也说过:"我们决不可干预已存在于蓄

---

① [美]约瑟夫·斯托里:《美国宪法评注》,毛国权译,上海:上海三联书店,2006年。
② 如果确实如此的话,斯托里真是用心良苦。但国会在1850年通过了一个更具压迫性的《逃奴法案》,授权联邦捕奴委员来进行逃奴身份的认定,根据新法案,如果确认为逃奴,则委员可以获得10美元的报酬,反之只有5美元,根据这种偏袒规则,捕奴者在90%的案例中都得到胜利。参见 Akhil Amar, *America's Constitution: A Biography*, Random House, 2005, p. 263。
③ 正文对普利格案的讲述,材料基本来自 Paul Brest, et al., *Processes of Constitutional Decision Making: Cases and Materials*, Aspen Law & Business, 2006, pp. 217–226。

奴州的奴隶制,因为宪法禁止这么做。"这当然不能理解为林肯的自我分裂或转向,而是林肯作为一位宪制主义者自觉区分了道德判断和宪法解释。① 而在罗伯特·卡沃的经典著作《被诅咒的司法/正义》中,他生动地刻画了美国内战前联邦法官这个群体在道德良知和实证法规范之间的两难。② 因此,普利格案所提出的不仅是州际贸易、奴隶制或人身自由的问题,就这些并不代表着道德胜利的案件来说,它们折射出的是任何一种宪法体制都必须面对的问题,究竟如何对待坏宪法或宪法罪恶。

关于宪法罪恶的问题,本节在此给出几个初步的判断:(1)在一个多元社会内是不可能有"完美宪法"的,宪法不可能是一种道德原则的逻辑推演,为了实现共同体的团结,宪法经常要写入妥协和让步,这往往就是坏宪法的政治起源。因此宪法解释者必须学会面对坏宪法,同时也应认识到,试图以自我的高尚理念来置换宪法之罪恶,往往会造成更大的罪恶,因此宪法解释并不是要去建构一种完美正义的理论。③ (2)政治理论有助于我们认定宪法上的不公正,但改变不公正的宪法却要经过政治斗争,而并非建构政治理论并以之置换政治世界内的冲突和斗争。因此,宪法的根基就在于这种政治斗争,它规定着宪制史在时间上的延续,而"完美宪

---

① 关于林肯与美国宪法,一个比较好的入门读本可参见 Daniel Farber, *Lincoln's Constitution*, University of Chicago Press, 2003。
② Robert Cover, *Justice Accused: Antislavery and the Judicial Process*, Yale University Press, 1975.
③ 在政治理论中,主导的范式也是罗尔斯为代表的完美论,而阿玛蒂亚·森在其新著内提供了一种有关不正义的比较框架,可参见 Amartya Sen, *The Idea of Justice*, Harvard University Press, 2009。

法"论却预设着政治时间在制宪那一刻开始,同时也在那一刻宣告结束。(3)宪制主义者在很多时候要学会承受一定程度的宪法罪恶,因为宪法罪恶根源于妥协,而原初的妥协通常是为了宪制在时间原点上的确立,就此而言,我们可以认为在宪法安定(peace)和宪法正义之间存在着取舍关系。马克·格莱布甚至认为,由于现代武器的破坏力,今天的宪法理论家更应该去思考能否以宪制正义为名来破坏宪法安定。"宪法罪恶的问题就在于,尽管存在这些深层的不同意见,我们为何、如何以及是否能形成并且维持政治共同体";"宪法罪恶问题的实质在于,一个共同体的公民为了享有宪法统一的好处,可以容忍多大程度的罪恶","宪法罪恶的问题在于,公民何时并且是否应该为那些不为宪法文本或历史所明确指令的邪恶实践提供保护,从而容纳起超过宪法所必需的更大程度的不公正"[1],格莱布的阐释非但没有唱出道德高调,反而现实地近乎残酷,表达的是一种"销蚀的宪法雄心",但这种现实主义的理解宪法的态度实际上更真切地把握到问题所在。(4)政治共同体应该通过政治斗争实现宪法变革和道德进步,美国只是在打了一场血流成河的内战后才在宪法上废除了奴隶制,但前提在于,我们只有对宪法忠诚,才能在宪法中找到救赎。[2]

---

[1] Mark Graber, *Dred Scott and the Problem of Constitutional Evil*, Cambridge University Press, 2006, p. 2, p. 3, p. 5-6.
[2] Sanford Levinson, *Constitutional Faith*, Princeton University Press, 1988; Jack Balkin, *Constitutional Redemption: Political Faith in an Unjust World*, Harvard University Press, 2011.

四、宪法的时态与宪法学的时态

在结束本章讨论之前,我希望简单讨论一个相关的理论问题,我在此称之为"宪法的时态及中国宪法学的时态问题"。

宪法是一种时间的存在;对于生活在当下的我们而言,宪法必定是一种历史上确立的规范,而它的效力是指向未来的。宪法建构了一个未来政治运转的结构性框架,以限制常规政治决策的限度和范围,这就是政治理论中经常说的"尤利西斯的自缚"。① 但在讨论宪法的时态之前,首先要明确两个问题。第一是在宪法之前有没有时间,即一种具有政法规范意义的时间。关于这一点,宪制主义者认为政治时间是由制宪时刻才开始的,因为制宪意味着一种全新政法秩序的源起,阿玛《美国宪法传》的第一句话就是"It started with a bang",这很形象地说明了制宪乃是政治世界的创世纪,在它之前只有自然时间或者与此在的政治秩序不相干的时间。第二是宪法的时间尺度,较之于普通法律,宪法作为一种高级法,是"管长远",而"非管一时"的,这让宪法成为政治共同体内的多代人之间的代际对话。② 我经常以邓小平的"五十年不变"为例来说明到底什么是"宪法",因为五十年是一个完全超越中国宪法惯例

---

① 参见 Jon Elster, *Ulysses Unbound: Studies in Rationality, Precommitment, and Constraints*, Cambridge University Press, 2000。
② 代际对话实际上为每一代的参与者创造了一种超越此时此地的利益驱动的激励结构,借用罗尔斯的比喻,代际对话就好比为每一代人搭起了一种"无知之幕",由此才得以促进以公共精神为导向的宪法变革。例如参见 Adrian Vermeule, "Veil of Ignorance Rules in Constitutional Law," 111 *Yale Law Journal* 399, 2001。

所设定的代际政治的时间长度。

如果我们进入宪法的时间存在形式,尤其是可以打破线性时间观对我们的束缚,那么宪制就并不只是前人控制后人或宪法限定民主政治如此简单的二元对立。为了方便我们的讨论,我在此设定两种最极端的政治情形,第一种是完完全全的"活在当下"(living in the moment)的政治,第二种是彻头彻尾的"历史的死亡之手"(history's dead hand)的政治。一旦把问题以此种非此即彼的方式呈现出来,就可以看到,这两种极端情形都不可能是理想的宪制形态:一个正常的人,如果可以选择的话,肯定不愿意生活在这两种政治形态之中。

"活在当下"的政治生活是没有时间性的,它意味着每一刻都是崭新的。如果我们把自由定义为个人偏好的最大化,那么这种状态下的个人生活是最"自由"的,但没有了时间性,这种自由只能是动物的自由,而不是人类共同体的民主自治。而事实上,人不可能完全活在当下,我们每个人每天都要进行基于意思表达的承诺,我们在今天的行为选择在很大程度上都要受制于昨天作出的承诺,推而广之,宪法就正是共同体在历史时刻所做出的承诺。杰斐逊尝言道:"地球的用益权属于当下的生活者,死去的人对其既无权力也无权利。"正因此,杰斐逊建议宪法应该每过19年就自动过期,因为19年正是一代人的时间,如果自治意味着基于当下人意志的统治,那么宪法在理论上应该每19年进行一次正当性的延续。但在美国1787年宪法生效19年时,正是杰斐逊总统任内,而他并没有践行他的理论。① 我们常说,宪法是那些不能为常规政治所改变的法律,是"祖宗之法不可变"意义上的法,就此而言,宪制不可能是完全活在当下的,在理论上讲不通,真成为现实只能造成政治的碎片化。美国宪法中的"活宪法"论证是以原旨主义理论为参照系的,它指宪法必须与时俱进,但这里的与时俱进应当基于每一代人的政治斗争和作为。②

活在当下不可能构成一种常态的宪制秩序,或者说它在本质上不符合宪制的定义,这并不意味着宪制就是"历史的死亡之手"的统治。③ 首先,根据现在的民主标准,最早的制宪者很多时候不过是"死去的白人男性有产者"。我们读美国宪法史,就能发现很多基于这一理论的批判声音。例如,废奴主义者威廉·加里森就认为美国宪法是一部"与死亡的契约、与地狱的协议"。其次,英文中有句格言,"过去是一种异国,他们在那里有不同的行事方式",就此而论的话,宪制如果真是"历史死亡之手"的统治,那么其本身就沦为一种历时性的"帝国主义"。诺阿·韦伯斯特曾写道:"制定永恒宪法的尝试本身,就预设了一种控制未来时代人的权利,这就好比我们为亚洲的一个民族进行立法,它预设了我们对那些无权立法的人们进行立法。"而且,历史死亡之手的统治不仅剥夺了后世人参与宪法对话的权利,同时也否定了宪制的时间性,因为它认

---

① 引自 John Hart Ely, *Democracy and Distrust: A Theory of Judicial Review*, Harvard University Press, 1980, p. 11。
② 关于"活在当下"论述,可参见 Jed Rubenfeld, *Freedom and Time: A Theory of Constitutional Self-Government*, Yale University Press, 2001。
③ Adam Samaha, "Dead Hand Arguments and Constitutional Interpretation," 108 *Columbia Law Review*, 606, 2008.

为所有的宪法意义都来自原初制宪的那一时刻,换言之,政治时间在它开始的一刻也即告终结,这在政治理论上讲不通,在宪法实践中也行不通。现代宪法并非绝对不能变,它们在文本中内设了自我修改的机制。在此之外,宪法能否及在何种情形下可以超越既定的修宪机制,在人民主权的逻辑内实践一种形式上"违法"的高级法政治,同样是应加以检讨的问题。在此意义上,我们反而可以说,唯一不变的宪法规则就是宪法在变,正如阿克曼的比喻,它是一只在航海过程中不断修补的船只。

因此,一种常态的宪制秩序既不可能是"活在当下"的碎片政治,也不可能是"历史死亡之手"的暴政,而必定是介于两者之间的。但一种理想的宪制秩序应该处于两者之间的哪个具体位置,一个国家的宪制发展史在这一时间性的光谱上呈现为何种结构,这些都是应予以具体分析的具体问题。而在我个人看来,宪制主义者未必要在两种极端状态之间取个安全的中点,常态的宪制秩序至少应该更偏向历史和传统,而非当下和即刻,这一理解是基于宪制本身的要义。① 人类的政治社会之所以需要宪法,确立宪制,主要目的就在于要让政治慢下来,对此时此刻的政治保持一种"清醒的反思"。而在另一条战线上,宪制的时间性可以引领我们具体地进入一个国家的宪制发展史。宪法是一个国家存在的根本法,它作为一种代际对话在时间历程内是如何具体展开的,每个民族

---

① 还应注意到,宪法内的不同条款可能有着不同的时态,根据桑斯坦的分析,美国宪法中的正当程序条款就是向后看的,而平等保护条款则是向前看的。这是另一层意义上的具体问题具体分析。参见 Cass Sunstein, "Sexual Orientation and the Constitution: A Note on the Relationship Between Due Process and Equal Protection," 55 *University of Chicago Law Review*, 1161, (1988).

必定各有不同。在美国宪制史的研究中,阿克曼的《我们人民》系列已经确立了一种宪制史研究的学术传统。而在中华人民共和国宪法史的研究中,在我们纪念"八二宪法"颁行30周年之际,如何重新理解1949年《共同纲领》、"五四宪法"、"七五宪法"、"七八宪法",以及"八二宪法"之间的结构性关系,乃是一个在理论和现实中都极有意义的题目。

但为何我们未能认真对待这些问题,一定程度上就在于中国宪法的研究还停留在一般将来的时态上。也就是说,研究者的着眼点是朝向未来的:在一种司法性的宪法解释体制尚付阙如之前,他们不是如美国同行那样编辑、注释或评论法院所做出的判决,而是先由学理发展出一整套融贯的宪法解释体系,以此指导未来的宪法解释。① 他们的工作看起来与美国同行并无二致,但逻辑上却正好南辕北辙,因为宪法的理论应来自宪法的实践,而不是用宪法的理论来指导甚至规定宪法的实践。当然,我并非反对这种一般将来时的方法本身,只是认为在这种模式的主导之下,我们的宪法研究未能提出——更无论解决——那些在理论和实践上都更为重要的宪法问题:它遮蔽了很多宪法问题,或者用一种司法化范式的

---

① 这种为将来做准备的学术研究存在很多问题。例如,宪法研究者真的能够预见到宪法司法化后会出现何种宪法争议吗?还有更为前置的,宪法真的会司法化吗?真的能司法化吗?真的应司法化吗?就此而言,我们的论述似乎陷入了司法审查制度的迷思。我并不否认中国存在着大量宪法问题,而一种制度化的解决必定有助于中国政治秩序的安定,但问题在于,司法审查是否真的如同一种自动售货机,法律问题在入口处进入,在出口处就得到了解决。如果真的是自动售货机的话,它究竟应该如何设计?至少我个人认为,我们基于司法宪制主义所设想的宪法审查机制,在我们既有的宪制内,更多的可能不是解决宪法问题,它本身就有可能是一种问题。

回答模式来解答所提出的所有问题。正是在此意义上,我们应该有一部分宪法研究者实现研究时态的回归,将着眼点由将来时拉回现在时及过去时。而这种回归不仅要求我们避免"套模式"的研究,还要求我们自觉地区分宪法理论和道德理论,让宪法理论摆脱道德理论的殖民而独立起来,最终实现两者之间平等的相互沟通。因此,中国宪法的研究者务必要更现实地观察中国宪制的实践,在改造宪法之前,首先改造我们的宪法观,惟其如此,我们才能最终写下中国宪法理论的"独立宣言"。

文化内战与宪法信仰[1]

美国最高法院的斯卡利亚大法官曾在判词内写道:"我们永远不应忘记,我们正在解释的乃是一部美国宪法。"[2]斯卡利亚此处的修辞源自约翰·马歇尔大法官的手笔,在1819年的美国银行案中,马歇尔告诉他的法官同事们:"我们永远不应忘记,我们正在解释的乃是一部宪法。"言下之意:宪法是治国安邦的根本法,因此解释宪法应不同于普通法律的解释。近年来,美国最高法院在解释本国宪法时可否援引外国法规范作为参考,早已发酵为美国文化内

---

[1] 本章原刊于《环球法律评论》2013年第5期。
[2] Scalia, J., "Dissenting Opinion," *Thompson v. Oklahoma*, 487 U.S. 868-869, 1988,斯卡利亚此后曾多次在自己所起草的反对意见中转引这句话,例如参见 *Atkins v. Virginia*, 536 U.S. 304, 2002。

战的一项主要议题①,因此,斯卡利亚所添附的"美国"两字可以说是一字千斤,将枪口调转向最高法院内的自由派大法官,批评他们对宪法的解释并非基于美国国父们的原旨,反而求助于其他国家的宪法文本、国际人权规范,以及美国沉默大多数所不可能认可的普世道德标准。

请允许我在这里戏仿一下斯卡利亚大法官,"我们永远不应忘记,中国宪制所要实施的乃是中华人民共和国的宪法",也就是已过而立之年的1982年宪法。换言之,中国宪制所要实施的是中国宪法,正如美国宪制要求解释的是美国宪法。不仅如此,这种实施应当是不折不扣的全盘落实,一个条款都不能少,而不应是根据某种法治理论推演出的"选择性适用",或者基于某种正义理论的"道德解读"。在中华人民共和国的国境内,宪制就是要依据中华人民共和国的宪法去治理中华人民共和国。之所以这个简单的道理会造成如此分裂的公共讨论,原因不在于有关宪制的学术阐释,而在于我们同样生活在一个文化分歧众多的时代,借用一位美国政治评论家新书的书名,就是"我们的政治心灵已经分裂"。② 因此,有关宪制的争议,实在是"功夫在诗外"的。

---

① 关于援引外国法与文化内战,可参见 Mark Tushnet, "When Is Knowing Less Better than Knowing More: Unpacking the Controversy over Supreme Court Reference to Non‐U. S. Law," *Minnesota Law Review*, vol. 90, pp. 1275‐1302, 2006; "Referring to Foreign Law in Constitutional Interpretation: An Episode in the Culture Wars," *University of Baltimore Law Review*, vol. 35, pp. 299‐312, 2006; "Decent Respect to the Opinions of Mankind: Referring to Foreign Law to Express American Nationhood, *Albany Law Review*," vol. 69, pp. 809‐816, 2006。

② E. J. Dionne, Jr., *Our Divided Political Heart: The Battle for the American Idea in an Age of Discontent*, Bloomsbury, 2012.

一

宪制就是"依宪治国",仅从学术讨论的意义来看,这应当是一个所有人都能同意的概念,但在当下的政治语境内,这种人人都能同意的概念必定是抽象、空洞和苍白的。更重要的是,宪制作为一种政治实践,其根本任务在于如何让作为众人的"我们"共同生活在一起,需要常规性地面对政治领域内的不同意见及其表达,那么宪法学作为关于宪制的学理论述,必定也有其政治性,健康的"百家争鸣"应是宪法学界的理想学术生态。在我们的宪法学开始发展出围绕中国问题的学术讨论时,所要做的并不是以标签化的手法去攻击那些自己不同意的学术观点,宪制的政治实践是要探索我们如何可以生活在一起,但宪法学却不妨让学术的各个流派"隔离但平等"地发展着。

如要对"依宪治国"的定义本身进行进一步的解析,我们或可以说,依宪治国,指国家的常态政治行为应当遵守宪法的规范约束。这一解析对我而言是在小心翼翼地向前推进,但即便如此,仍可能遭遇来自两个方向的不满。有些学者可能会提出质疑,为什么要强调"常态"呢?这是否隐含着承认在例外时刻,政治主体就不必遵守宪法规范,而进入一种"无法无天"或仅服从"必然之法"的状态,你这不是又"施米特"了吗?反方向上,也有学者会质疑,为什么不给"依宪治国"补充主语呢?为什么只强调宪法对政治的规范,而隐去了宪法规范的政治生成呢?我此处的用意并不是要去回应这些可预期的批评,而是希望指出,这些质疑与其说是来自学术场域内的技艺，不如说是来自我们政治心灵的分歧。

因此，当"依宪治国"早已形成和表述为一种政治共识之时，宪制议题还会引发如此激烈的争议，原因就在于宪制的提法未能回答"依宪治国"应依"谁的宪法"的问题。中国的宪制就是要从序言开始一条条地、忠实地、全面实施1982年宪法，假如我们的宪制诉求并不是忠实地实施现行宪法，而是以现行宪法所不承认的手段去改造宪法，那么就是假宪制之名而行革命之实。书斋里的革命有时候极具欺骗性，例如，我们常能听闻以政治共识推动宪法改革的政治或学术意见，但至少从宪法理论的逻辑来看，首先，最根本的政治共识原本就写在宪法内，因此落实共识的最忠实途径就是实施现行宪法，而不是去修改宪法；其次，政治共识基本上来自过往的斗争、决断或妥协，往往要经过生与死的考验或血与火的锻造，仅在思想文化领域通过所谓的多元主义、审议民主或宪法解释，并不能形成政治共识，而不过是主张为共识的派性意见而已。在宪法学内，宪法学者经常奉为真理的是，宪法的司法化或司法审查是中国宪制的必由之路，却很少反思这种宪制模式在现行宪法体制内的合法性或正当性问题，在此意义上，宪法成为宪法解释者的"道德许愿池"，而宪制则成为革命者的"特洛伊木马"。

因此，我们要"依宪治国"，要依照我们的宪法来治理我们的国家，这是已经形成的政治共识。但如果不能回答"谁是我们"，以及"什么是我们的宪法"，那么宪制建设就只能是一个共识只不过各自表述而已。我们的政治心灵在一场文化内战中被撕裂，由此造成的结果是：我们虽然生活在同一个时空中，却并非生活在同一个规范世界内。简单地说，1982年所制定的现行宪法，应当是中国宪制建设的出发点,但有些"宪制主义者"显然不会同意以上观点。

美国宪法学者列文森曾在论述宪法信仰的专著中设定了一个场景,假如将美国1787年宪法的文本呈现在面前,他会不会在上面签字表示同意,以此来拷问自己的宪法信仰,就在于他会不会签字,愿不愿意相信这部宪法就是他自己的宪法。[1] 中国宪法学者不妨也试一下列文森的这一思维试验。

二

中国宪法学在过去十多年展开了又一波的"学术洋务运动",转向西方国家去学习宪法建设的经验,也是在这一波拿来主义的学术潮流中,美国宪法登上神坛,被奉为模式和偶像,似乎人类政治探索的历史已经终结于此。但所谓"学我者生,似我者死",而我们的学习大都停留在"邯郸学步"的层次上,只是在追求套模式的"形似":既然美国最高法院有权解释宪法以审查国会立法,那么中国的宪法也必须"司法化"或者实现某种司法机制的实施,否则就是有宪法但无宪制。根据这种讲述,美国最高法院是美国宪制舞台上的主角,1803年的马伯里诉麦迪逊是美国宪制故事的起点,九

---

[1] Sanford Levinson, *Constitutional Faith*, Princeton University Press, 2001, pp. 180-182. 列文森教授近年来对美国宪法文本多有批评,参见 Sanford Levinson, "How I Lost My Constitutional Faith," *Maryland Law Review*, vol. 71, pp. 956-977, 2012。

位大法官则是凭借一己之力挽救宪制的英雄。① 这在很大程度上是一种鹦鹉学舌的叙述,可以说我们的学习只是在追求"形似"而非"神似",或者说我们只追求器物制度的接轨,而未能认真对待宪制生长的本土资源问题。

如果我们能摆脱法学者的思维习惯,而像人类学者那样去观察美国宪制的历史和实践,我们可以发现,美国宪制一以贯之的"神"就在于宪法信仰。列文森就将美国宪法比作美国社会的"公民宗教",美国人相信或者愿意相信这部起草于1787年的宪法是"我们的宪法",服从宪法就是服从我的意志,宪制也因此与民主自治得以和谐共存。在此可以说,美国宪制的根基就在于宪法信仰这一"软实力"。但宪法信仰在美国从来都不是一种"自生自发的秩序",它是一种经由公民教育培养出来的政治态度,一种在历史叙事中生成的政治信念,简单地说,宪法信仰是一种"制造出来"的迷思。

美国现行宪法是1787年费城会议所制定的宪法,至今已经走过了两百多年的历程,这两百年的神话一方面构成了宪法信仰的源头活水,正如宪法之父麦迪逊在《联邦党人文集》内所指出的,时间可以赋予万事万物以尊严。但另一方面,既然生活在今天的美国人并没有对这部建国宪法表示过社会契约理论家所说的同意,

---

① 司法审查的范式在美国并非没有反思者,比较有代表性的反思,规范性的理论建构,可参见 Mark Tushnet, *Taking the Constitution away from the Courts*, Princeton University Press, 1999; Larry Kramer, *The People Themselves: Popular Constitutionalism and Judicial Review*, Oxford University Press, 2004;实证性的讨论,可参见 Gerald Rosenberg, *The Hollow Hope: Can Courts Bring about Social Change? Second edition*, University of Chicago Press, 2008。

为什么21世纪的美国人要遵守一部18世纪的法典呢？这可以说是美国宪法理论所必须要回答的根本问题。具体地说，为什么信守建国之父的先定承诺并不会造成"死去的白人男性有产者"的统治？为什么在21世纪根据制宪者原意去解释宪法不会造成"死人之手的统治"？更进一步讲，如果说美国宪制就是对写入宪法的先定承诺的遵守，那么宪制是否与自治政府构成了不可调和的对立？这些问题可以说是美国宪法学讨论的一条时隐时现的主线，但我们对它的理解却总是被以法院为中心的职业主义叙事遮蔽。

1789年9月6日，来自法国大革命的现场，杰斐逊在一封写给麦迪逊的信中就提到这一问题："地球总是属于活着的那一代人"，"死去的人对之既无权力，也无权利"，因此杰斐逊主张，随着代际的轮换，每经过19年就要重新制定宪法，否则的话，宪制就不是每一代人的自治，而是祖宗成法的专制。[1] 有宪法学者将杰斐逊的这封信称为"第二次独立宣言"，这一次是独立于时间的宣言书。[2] 杰斐逊所提出的每19年重新制宪的主张虽然荒诞不经，但他的论述确实让宪制的时间性难题得以浮现出来：既然生活在当下的美国人不可能有人参与过宪法的制定，那么为什么要信仰、尊重和服从这部我没有表示过同意的宪法呢？

宪制的正当性问题也在很大程度上设定了美国宪法学的议程。当然，不同的学者在其理论体系内会用不同的概念去表达美

---

[1] 杰斐逊当时担任美国驻法大使，此封信的原文搜索"Jefferson Madison September 6, 1789"即可得。

[2] Jed Rubenfeld, *Freedom and Time: A Theory of Constitutional Self-Government*, Yale University Press, 2001, pp. 18–22.

国宪制的这一根本紧张,比如麦克尔曼所说的"法治政府"和"自治政府",列文森的"基本法理念"和"人民主权",以及鲁本菲尔德的"时间延展的自治"和"活在当下的政治"。而在此问题上,最经典的表述还是比克尔所提出的"反多数难题",根据比克尔本人的论述,美国宪制的悖论是非民选的法官和代表多数的政治分支之间的对抗,但比克尔本人或许都未能自觉意识到,法官在解释宪法时是一种代表"往昔"的力量,而政治分支的民选代表所表达的却是"当下"的意志,因此司法审查的反多数难题也可以说是美国宪制的"反当下"难题,既然宪法是对先定承诺的书写,那么宪制就是对制宪者写入宪法的先定承诺的信守。①

问题到此可表述为,美国宪制作为对先定承诺的信守,为什么在美国政治文化中没有造成"死人之手的统治",反而形成了一种"历时性"的自治,答案就在于美国人民的宪法信仰,相信这一部起草于1787年费城会议的宪法仍是当下我们的法律。② 如前所述,宪法信仰本质上如同埃德蒙·摩根在讨论人民主权时所说的"使相信",③而"我们人民"之所以可以被"使相信",就取决于政治文化中是否存在着一种有关"我们"的历史叙事。换言之,美国宪制的文化基础就是要建构起有关政治共同体的历史叙事,根据故事

---

① Frank Michelman, "Law's Republic," *Yale Law Journal*, vol. 97, pp. 1493–1538, 1988; Robert McCloskey and Sanford Levinson, *The American Supreme Court, Fifth edition*, University of Chicago Press, 2010; Alexander Bickel, *The Least Dangerous Branch: The Supreme Court at the Bar of Politics*, Yale University Press, 1986.

② 参见 Jack Balkin, *Constitutional Redemption: Political Faith in an Unjust World*, Harvard University Press, 2011。

③ Edmund Morgan, *Inventing the People: Rise of Popular Sovereignty in England and America*, Norton, 1988.

的主线,美国人民经由共同的奋斗、牺牲、记忆、讲述和想象而结成一个共同体。这是一个不仅由地理空间所定义、更在时间维度内绵延的共同体。正是在这种生生不息的共同体叙事中,曾在美国21世纪反恐战争中流血牺牲的美国人,与曾在18世纪的独立战争、19世纪的南北战争、20世纪的两次世界大战中流血牺牲的美国人,共同构成了同一个"我们人民"。也是在这种历史叙事中,在革命之后生活的每一代美国人才会相信1787年宪法也是"我们的"宪法,正是因为这部宪法是"我们的",宪制才能成为法治和自治、根本法和人民主权或者宪法政治和常规政治的一种综合。

三

宪制是一种历时而存在的自治,它的成功实践取决于共同体内每一代人对所继承宪法的信仰,而这种信仰的生成又取决于该共同体的政治文化中是否存在着可以让我们共同起来的历史叙事。由此可见,美国宪制的成功实践,关键不是联邦最高法院的九人政治,而在于每一代、每一位美国公民都能将林肯的葛底斯堡演讲熟记于心,或者有关美国宪法共同体的史诗叙事可以对"我们人民"成功地实现"洗脑赢心",这就是宪制建设的文化基础。在此意义上,美国宪制的幸运之处就在于它起始于18世纪,早在我们所生活的文化造反时代到来之前,美国宪制就已通过一个半世纪的实践积累并储备了丰厚的文化资本,到如今,两百年前的祖宗成法虽然渐次失去神圣的光环,但那种无可名状的权威却仍生生不息。①

而我们却要在一个文化变革后的时代去建设宪制,这是中国宪制建设所面临的根本挑战。在这样一个祖先污名化、道德扁平化、历史当下化和神圣世俗化的时代,世俗且量化的政治科学,后现代的杂多文化主义,以当下偏好为准据的经济学理论,由下至上的社会史新书写,早已成为学术界的潮流、主流,甚至学术的政治正确。由此气候的影响,学界尽是为失败者的翻案风,为参差多态的杂多背书,以碎片化的叙事为美,因此中国宪制能否建设出坚实的文化基础,一定程度上在于宪法学者能否逆流而上,在政治文化中建构出有关宪制的整全历史叙事,最终让我们的宪法信仰能够脚踏实地地落实在我们的现行宪法之上,为此,我们不仅需要"送法下乡",还要"教鱼游泳"。②

---

① 1960 年的时候,大多数美国中学生都会背诵葛底斯堡演讲的全文或部分,而到了 2012 年,大多数中学生不知道葛底斯堡演讲是什么! 参见 David Gelernter, *America-Lite: How Imperial Academia Dismantled Our Culture*, Encounter Books, 2006。

② 关于"教鱼游泳",可参见冯象《送法下乡与教鱼游泳》,《读书》2002 年第 2 期,第 10 页。

写在"八二宪法"而立之年的思考
——我们到底做对了什么？[1]

今年是"八二宪法"颁行30周年。按照中国人的传统，这部在1982年制定的宪法马上就要进入它的"而立之年"。如果我们回顾一种文本形态的中国宪法史，则可以看到，"八二宪法"不仅是共和国历史上成功的一部宪法，同样是中国在重新进入"世界"后所确立宪法中最具生命力的一部。但吊诡的是，在一些宪法研究者看来，我们的这部"八二宪法"却从来就没有"立"起来过。当我们将美国的1787年宪法称为一部"活宪法"时，我们的言下之意就是"八二宪法"并未能"活"起来，或者说它一诞生就进入休眠状态，需要一种司法化的机制将其唤醒，因此就有了弥散在当下宪法学界的一种失败论调：宪制尚未成功，同志仍需努力。

更重要的是，"八二宪法"不仅自身是一种成功，而且在这部宪

---

[1] 本章原刊于《社会观察》2013年第1期。

法的颁布后还发生了在人类历史上注定要留下一篇华彩乐章的中国崛起故事。因此,失败论必须解释一种逻辑悖论:一方面,宪制被设定为一种理想的政治形态,中国虽有一部看上去很美的宪法,但距离宪制还有一段距离;另一方面,虽然我们还没有"宪制",但中国在过去30年中却取得了那些西方国家不可想象的社会经济成就。在当下,通行的论述策略是将政治体制和社会经济成就进行切割处理。我们现在经常可以碰到这种论调:中国虽然有了经济意义上的崛起,但如果不能实现宪法之治,现在的成绩就只能是昙花一现。但在我看来,简单的切割无法取代艰巨、严肃和体系化的学术建构工作。宪法研究者只要抛开那些时常充斥着傲慢与偏见的有色理论眼镜,跟随着常识和逻辑来观察我们的实践,就应当承认,我们在"八二宪法"治下的30年内一定做了且做对了很多事,否则就不可能有今天的成绩。由此出发,我们应当同意,宪法学者应该从实践出发去发展理论,而不是用未经反思、缺乏根基的理论来规定实践,也不应总是动辄以独立性为由来进行碎片化的批判。

一

前文曾提到中国宪法学界存在一种学术迷思,由于这一学术迷思的影响,宪法学内部弥漫着一种"预备"宪法学的心态。有时候,宪法学者会"自嘲"为屠龙术的演习者。但中国宪法的研究者或许未能意识到一种更为隐蔽的破坏作用:很多时候,我们已经失去了对自己研究议程的控制力。长期以来,我们的前沿研究看似追随欧美宪法学在当下所讨论的话题,却很少自觉思考如何回应中国宪制实践所提出的问题、所取得的进步和所陷入的困境。当然,信息传播技术的跃进也极大地降低了这种"前沿"研究的成本,同时让我们的宪法论述更碎片化、即时化,很多时候无异于新闻摘要或简报。

在纪念"八二宪法"30 周年的时刻,宪法研究者应当在内心深处油然而生出一份厚重的历史感。但很多时候,中国宪法研究所欠缺的就是这种历史感:我们只是在消费"八二宪法",自己却并没有生活在这部宪法中。预备心态让我们向前看,学习心态让我们向外看,我们从一开始就是站在"八二宪法"之上和之外来旁观中国宪制实践。在宪法司法化第一案的十多年后,可以确定的是,中国宪法并没有司法化,但我们的宪法学却基本上被司法化了。司法化的范式一方面遮蔽了由现实政治所提出的、应予理论回应的真问题;另一方面认定中国的宪法问题应当得到一种"司法化"的解决,否则就是"反宪制"的,而无视司法化在"八二宪法"体制内本身即可能是反宪法的。我们应当承认,人类宪制的历史尚未终结,中国一部分"反宪制"理论的政治实践,并不是折射出中国距离理想宪制形态的距离,而是为中国宪法的研究者提供了由实践去检验理论、发展理论的学术富矿,但真正开掘这一矿藏,就要求我们摆脱理论前见的桎梏,直面事实本身,进入"八二宪法"的实践。在此意义上,需要"立"起来的与其说是中国宪法,不如说是中国宪法理论。

二

宪制,这是什么?

我们必须首先回答这个问题,从而避免不必要的学术争议。很多时候,问题的关键不在于研究者来自规范宪法学还是政治宪法学的阵营,因为宪法必定有其规范性,同时也有其政治性。有学者近期提出政治宪法学内部的左右之争,但这也并非问题的关键:因为对于宪法而言,我的"左"或"右"是不重要的,真正的宪制主义者只能对宪法忠诚,而不应将自己的道德理想和价值偏好混入宪法中,他们只能发现"宪法中的最好",而无权自行推行"最好的宪法"。因此,关键的问题在于如何定义宪制。

中国宪法学界的迷思来自一种舶来以至于普适的宪制观,它将宪制理解为司法审查或者宪法的司法适用。也就是说,当且仅当有一种司法性的机构进行宪法解释并有权宣告违宪立法无效时,宪制才得以确立。我们在此没有必要批判这种司法化宪制的范式。就我个人的判断而言,这种韦伯意义上的自动售货机式的宪制设计,我们的宪法问题从入口处输入,在出口处即得到解决,一方面是对欧美国家宪制发展史的误读和浪漫想象,另一方面也不适当地简化了中国宪制问题,事实上,宪法的司法化在中国体制内可能并不能解决宪法问题,它本身就是一种问题。

宪制的定义其实可以很简单:所谓宪制,就是最高的政治。这或许是一个司法化论者难以接受的判断,但更重要的问题还在于宪制何以"最高"。如果只是因为宪法是高级法和根本法,宪制就是高级、更高乃至最高的政治,那么这只能说是一种同义反复的论证,而且很容易再次陷入宪制即司法审查的误区。在我看来,作为最高政治的宪制可以从时间和空间两个维度上加以把握。

宪制的时间维度:宪法不是"管一时"而是"管长远"的法律,因此宪制就是一种长时段内的政治,宪制决策也就是在为子孙后代进行立法,其决策的效力不仅会发生在决策者的有限任期内,它所写下的是那些常规政治无权加以改变的根本法则。马歇尔大法官在著名的美国银行案中对此有过精彩的阐释:"宪法被设计去经受漫长岁月的考验,因而必须适应人类事务的各种危机。"[①]但"多长才算长",这是一个问题。在中国宪法论述中,邓小平对香港人做出的"五十年不变"的承诺就是一个经典例子。"一国两制"要求香港在回归后保持原有的资本主义制度和生活方式,而邓小平和香港基本法第5条又为这种不变加上一个期限即著名的"五十年不变"。在此意义上,"五十年不变"构成了《基本法》的"基本法",它一方面限定了中央政府对香港基于一国之主权的决策权,另一方面也限定了港人在两制之高度自治范围内的决策权。更重要的是,"五十年"当然是邓小平所无法看到的时间界限,但从来没有人因此担心邓小平"五十年不变"这一"诺言"的实效。在中国宪法体制已经形成代际政治模式后,宪制作为最高政治在时间维度内就表现为那些超越代际而不变的法则。

宪制的空间维度:1978年11月,就在中央十一届三中全会前夕,邓小平在出访新加坡时曾经对李光耀感慨道:"如果我只管上

[①] McCulloch V. Maryland, 17 U.S. 316(1819).

海,我也许能让它迅速改变面貌,可是我得管整个中国。"1978年12月,中共十一届三中全会确立了邓小平作为中国最高领导人的地位。1979年3月,邓小平在北京会见香港总督麦理浩,会谈结束时,邓小平告诉麦理浩一句话:"你如果觉得统治香港不容易,那就来统治中国试试。"①在改革开放起步之时,在面对作为亚洲四小龙的香港和新加坡这两个城市型地区或国家时,邓小平的两句肺腑之言生动地展示出宪制的空间维度。在这里,宪制的空间维度基本上表现为"管全局",而不是"管局部",而且,中国作为大国所具有的时空差异性也最大程度地强化了宪制的空间维度。马歇尔大法官在美国银行案中也曾阐释"全局"(the whole)和"局部"(a part)之间的关系。邓小平作为中国最高政治的决策者,他个人的空间感来自数十年革命战争和社会主义建设的历练。傅高义写道,邓小平"在土地革命战争期间曾领导江西苏区一个小小的县,抗日战争初期又领导太行山区的几个县,抗日战争胜利后则领导数省交界处的边区,1949年后领导整个西南大区,直到最后领导全国"。② 更重要的还在于,邓小平不仅是一步一个脚印,而且在每一职位上都是独当一面、统领全局的领导人。这种由政治历练所形成的空间感并不是短期内走马观花所能速成的。这也可以告诉我们,顶层设计有时候不是什么人都可以谈的,它要求"通盘考虑"的能力和"顾全大局"的责任感。

---

① [美]傅高义:《邓小平时代》,冯克利译,北京:生活·读书·新知三联书店,2013年,第17,287页。
② [美]傅高义:《邓小平时代》,冯克利译,北京:生活·读书·新知三联书店,2013年,第23页。

写在"八二宪法"而立之年的思考——我们到底做对了什么？

因此，宪制作为最高政治，是相对于一时一刻或一时一地的政治而言的，在中国的政治运转中，它基本上表现为那些超越代际而不变，并且在多元格局内一体适用的法则。我们所要发现的中国宪制，也就是存在于这种时间和空间尺度内的最高政治，它管长远而不是管一时，管全局而不是管局部。

三

"管"在现如今是一个不那么学术正确的字眼。但宪制作为最高政治，落实到实践中就必定表现为一个由谁说了算的问题。就此而言，如果不理解邓小平的政治理论，以及改革策略和路线，我们很难把握"八二宪法"的时代精神。但如果将宪制落实为"由谁说了算"的问题，宪法学者或许会认为这一判断本身就是反宪制的。但现实从来并不是如此简单，在此只需提出一个问题：为什么一种由九位大法官（非民选、终身制、不可"上诉"）"说了算"的政治设计就是宪制，而同样由若干名政治家说了算的政体就不是宪制，这种区别的理据何在？实际上，现代宪法理论所讨论的往往都是权力切割术。那些为我们所熟悉的宪法学说，包括三权分立、多党制、司法审查、隐私权，都是在预设国家权力为恶的前提下探讨如何"由野心来制约野心"。但是，政治的存在本身就意味着必须要有人或者要有由人所组成的机构"说了算"，区别只是在于由哪些人、多少人、经由何种程序、在何种领域内说了算，这就构成了一种观察中国宪制运作的理论视角。

根据傅高义的记述，邓小平在1979年访美时关注过美国的分

69

权制度,当时在众议院负责接待邓小平的奥尼尔议长也曾指出,邓小平尤其着迷于立法和行政部门之间分权与制衡的制度设计。而且,在1980年的《党和国家领导制度的改革》讲话中,邓小平也强调要改变"权力过分集中的现象"。① 但奥尼尔议长后来也写道,"邓小平绝不怀疑,至少就中国而言,分权制是一种十分低效的治国方式,是中国应当避免的"。② 在我看来,这两种论述在路线上的紧张根源于所处理问题的不同。我们知道,即便在邓小平痛陈"权力过分集中的现象"时,中国的政治也并非铁板一块。邓小平作为改革开放的总设计师比谁都更明白,中国经济改革的政治动力就是向地方分权让利,而且邓小平之所以有向地方分权的空间,一定程度上还要归功于毛泽东时代"两个积极性"的宪制实践。但宪制问题不能化约为公共政策论证,而中国应当避免"分权制",就是邓小平在最高政治的层面上所给出的判断。傅高义在叙述完邓小平的一生后也指出:"美国的行政、立法和司法三权分立的制度,是由担心权力过度集中的领袖们设计的。而由毛泽东设计、邓小平及其同事作了重大修正的体制,则是为了解决相反的问题:为动乱不已、举步维艰、地区差异巨大的中国提供统一的领导。"③就此而言,我们不能因中国的体制不符合美国三权分立就认为中国没有宪制,恰恰相反,如何实现最高政治层面上的统一领导才是中国真实的宪制问题。

---

① 邓小平:《邓小平文选》(第二卷),北京:人民出版社,1994年,第327页。
② [美]傅高义:《邓小平时代》,冯克利译,北京:生活・读书・新知三联书店,2013年,第338页。
③ [美]傅高义:《邓小平时代》,冯克利译,北京:生活・读书・新知三联书店,2013年,第646页。

以上所述,给出的是一些宪法学的奇思妙想,由于篇幅和能力所限,我也并未为这些判断完成"举证责任",在此我真诚期待着学界同仁和读者的建议和意见、鲜花或板砖,同情式的理解或者狂风骤雨式的批判。在"八二宪法"而立之年的历史性时刻,我们应当树立对自己宪法的信仰,唯有如此,我们才能真正经由宪法实现社会进步的希望,才能保持对自己宪法的忠诚和热爱。

因此,"八二宪法"30周年之时,对于宪法的研究者来说,更应该是中国宪法理论重新出发之刻。至于宪法工作者能否讲述出关于"八二宪法"的信、望、爱的故事,首先是要回到冯象先生在论及"反抗'去人之史'"问题时的一段表述:

> 中国法学,至少其前沿精英,就应当在拒绝学术腐败的同时,培育强烈的政治意识,关注民族利益,敢于担当历史责任……把理论探讨的出发点放在中国的现实,而非任何"国际规范"或"普世价值"。如此,法学才能够触及历史真理,即上升为史学而承载民族精神,加入一个伟大的学术传统。[①]

[①] 冯象:《法学三十年:重新出发》,载《读书》2008年第9期,第27页。

言论自由的另一种"比较"[1]

1985年的岁末,就在共和国第四部宪法颁行3周年之时,耶鲁法学院中生代的宪法学领军人物欧文·费斯教授访问中国,在中国转向新法制建设之际来华"采风"。整整两个月的时间,费斯教授在武汉大学和北京大学这两个国内宪法学的重镇举办了多场讲座,还同包括何华辉教授在内的国内同行学者和学生进行了数场讨论和交流,宾主双方不时展开激烈的学术争论,焦点之一就是言论自由的保护及其限度问题,这也是费斯教授的研究专长所在。费斯在美国民权运动火热的年代毕业于哈佛法学院,此后历任瑟古德·马歇尔和威廉·布伦南大法官的助理,在短暂任教于芝加哥大学法学院后,于1970年代中期转至耶鲁法学院。费斯教授在美国法学界地位崇高,有"耶鲁莎翁"的美誉,包括耶鲁法学院现任院长波斯特在内的都是他的亲炙弟子。30年后,费斯教授已经荣

---

[1] 本章原刊于《中国法律评论》2015年第1期。

休,当年参与过费斯访华的国内资深教授不少也已驾鹤西去。费斯教授这次"采风"归去,虽然耶鲁法学院经他牵线在20世纪80年代多了数位来自中国内地的研究生,但他本人却并未将自己的学术关注转向中国宪法,仅在1986年的《耶鲁国际法杂志》上留下了一篇题为Two Constitutions(《两种宪法》)的文章,篇幅不过12页。① 在费斯教授访华30年后,我们可以重读这篇已经被遗忘的学术短论,看一下外国来的"和尚"是如何念"八二宪法"这部"经"的。

在思考中国宪法内的言论自由问题时,费斯教授的起点同我们一样,应当是在中国同行的帮助之下,费斯发现了"八二宪法"的"第一修正案",这就是第35条的言论自由条款:"中华人民共和国公民有言论、出版、集会、结社、游行、示威的自由。"但费斯教授并没有浅尝辄止,一番走马观花过后就开始发表在中国认真对待言论自由的高头讲章。他并未停留在第35条上,而是紧接着在文中指出——也许是告诉他在现场的对话者——如要比较中美宪法的言论自由规范,那么首先必须承认一个事实:"宪法第35条所讲述的不过是故事的一部分。"在这之后,费斯展示出他在耶鲁法学院的同事——同样是杰出宪法学家的阿玛教授——在多年后所提出的"文本间解释"的技艺,②勾勒出"八二宪法"所规范的言论自由"权利束"。

---

① Owen Fiss, Two Constitutions, *Yale Journal of International Law*, vol. 11, pp. 492 - 503, 1986.
② Akhil Reed Amar, Intratextualism, *Harvard Law Review*, vol. 112, pp. 747 - 827, 1999.

自由不可能是漫无边际的自由。在费斯教授看来,首先因为"八二宪法"是一部社会主义国家的宪法,其次考虑到中国经历过一个漫长的"封建主义"历史阶段,所以宪法内的自由权规范要同限制自由的义务规范进行综合理解。如要理解中国宪法所保护的言论自由,那么第35条只是故事的开场,全部故事的展开还需要纳入同在宪法第二章"公民的基本权利和义务"中的第38条、第51条、第53条和第54条。"八二宪法"第38条规定:"中华人民共和国公民的人格尊严不受侵犯。禁止用任何方法对公民进行侮辱、诽谤和诬告陷害。"费斯认为这是一条与言论相关的条款,它"基于保护人格尊严的目的,在宪法上承认了反诽谤诉讼",由此构成了对自由言论的一种合宪限定。同样构成对言论权利之宪法限定的还有第51条,"中华人民共和国公民在行使自由和权利的时候,不得损害国家的、社会的、集体的利益和其他公民的合法的自由和权利"。而紧接着的宪法第53条也构成了对第35条的限制:"中华人民共和国公民必须遵守宪法和法律,保守国家秘密,爱护公共财产,遵守劳动纪律,遵守公共秩序,尊重社会公德。"同样,宪法第54条的爱国义务条款也是对言论自由的宪法限定:"中华人民共和国公民有维护祖国的安全、荣誉和利益的义务,不得有危害祖国的安全、荣誉和利益的行为。"费斯在谈到第54条时曾这样写道:"在宪法该章即将结束之处,[第54条]很可能是要确保通过以上具体列举而对自由所施加的限制不会有所遗漏。"换言之,第54条是一个兜底条款,是相对于具体限制的一般性限制。

费斯教授运用"文本间"解释的方法,展示出了由宪法第35条与第38条、第51条、第53条,以及第54条所共同构成的规范网。

换言之,"八二宪法"内的言论条款本身就是一个由正(自由)和反(自由之限制)共同组成的合体,费斯在这里打了一个有中国特色的比喻来说明中国宪法制度——这是一种"阴—阳"关系。而同费斯教授一道访问的还有耶鲁法学院的约瑟夫·戈德斯坦教授,他在现场讨论中曾对中国学生讲:"我们(即美国人)所讲的是'权利法案',而不是'公民的基本权利与义务'。"重读费斯教授的文章,我们无法不感到费斯展示出了对中国宪法文本的基本尊重,他的解释综合起了单个条款与整体结构,而不是断章取义的各取所需。至少在此问题上,外来和尚念对了中国宪法这部经,而我们在谈论言论自由的时候,则经常忘记了究竟该以何为本,忘记了要将宪法第35条的言论自由条款放回到整部宪法的结构语境内进行解释。

甚至还不止如此。费斯教授在30年前的分析,对于当下的我们还有一种新时代语境内的新启示:保护我们言论自由的是"八二宪法"的第35条,而不是美国宪法的第一修正案。但30年后,我们却更熟悉起草于18世纪末的美国宪法第一修正案,而刚过而立之年的"八二宪法"第35条,于我们而言始终是一个"最熟悉的陌生人"。费斯教授所说的"两种宪法",所指的就是中国宪法和美国宪法是两种不同性质的宪法,我们援引第一修正案来讨论中国的言论自由问题,这是比较法的错误。

在比较中美宪法所保护的言论自由时,费斯教授这位第一修正案的理论大师首先指出,言论自由在美国也不是漫无边际的,宪法不是一部"自杀式的契约",第一修正案同样允许立法者对某些类型的言论进行规制。"就此而言,将美国宪法和中国宪法区别开来的,并不是自由应予以制约这种观念,也不是自由所受制约的根源所在,而在于制约的程度和性质。"

在费斯访问中国的20世纪80年代中期,由第一修正案所发展出的司法学说正如日中天,可谓德沃金笔下的权利王牌。为了说明言论自由在美国所受保护之范围,费斯以1969年的布兰登伯格诉俄亥俄州案为例进行了以案说法。① 在这个沃伦法院末期的案件中,美国最高法院对第一修正案的"不得立法条款"做出了最宽泛的解释,除非有关言论会"触发即刻的不法行为",言论表达不受立法禁止,这一新标准在操作中要比霍姆斯大法官曾提出的"清楚与现存之危险"更为严格。布兰登伯格案曾令国内的现场听众大开眼界,曾有年轻学生向费斯提出问题,鼓动以违法的暴力行为来推翻社会体制,这会不会造成不可承受的"社会动乱";而国内的宪法学教授还用1927年的惠特尼诉加利福尼亚州来质疑费斯的例子,美国最高法院在该案中维持了对危险言论入罪的法律。费斯教授在回应时将第一修正案所保护的言论自由范围比作钟摆,会根据具体的时代条件而在最大自由和最大制约的两个端点之间来回摆动。而回到中国宪法问题上,费斯教授再次强调:"言论自由在中国并不只是由宪法第35条所决定的,而是第35条、第51条以及其他有关公民义务之宣示条款的产物。"就此而言,布兰登伯格案所保护的言论,并不在中国宪法秩序的保护范围内,因此中美两国的言论自由在保护范围上存在着基于宪法文本的差异。

如果说以上是一种量的比较,那么在费斯看来,"更重要的是"中美两国宪法所规范的言论自由还有着性质的差异。美国宪法第

---

① Brandenburg v. Ohio, 395 U.S. 444, (1969).

一修正案并没有正面授予公民以言论自由的权利,而是采用了我们熟知的"国会不得立法"的模式,因此言论自由作为一种宪法权利在美国首先表现为对政府公权力特别是立法权的限制。如上述的布兰登伯格案,一部在程序上无瑕疵的议会立法也有可能因侵犯言论自由权而违宪无效。而关于中国宪法所保护的言论自由,费斯由上述的"阴—阳"模式出发而给出一种很有趣的解释:"在中国,即便是根据新宪法,言论自由也是作为一种余数(a residue)而出现的,只有在我们已经确定了人大立法(或其他形式的法律)的外部边界之后,余下的才是言论自由。宪法第35条告诉公民,他们可以做什么,但并不是一种对国家权力的限制。公民有权表达合法的言论。"根据费斯的解释,那么我们可以得出一个结论,在中国宪法秩序内,只要是全国人大所通过的立法,那么就不存在违宪侵犯言论自由的问题,因此言论自由在中国的宪法保护要落实为一种立法实施的模式,简言之,中国宪法并不包括一种"全国人大不得立法"的言论保护模式。"八二宪法"第53条就规定中国公民"必须遵守宪法和法律,保守国家秘密……遵守公共秩序,尊重社会公德",而解释宪法的权力也属于全国人大及其常委会,因此不同于美国宪法的"国会不得立法"的自由权保护模式。费斯紧接着以1979年《中华人民共和国刑法》第102条为例来阐释了这种言论保护模式及其限度。根据旧刑法第102条,"以反革命标语、传单或者其他方法宣传煽动推翻无产阶级专政的政权和社会主义制度的",构成了反革命宣传煽动罪,但这种对言论的限制在"八二宪法"秩序内却是合宪的。至于1997年新刑法对此条的修订,同样是内在于"八二宪法"秩序内的宪法实施变革。

为什么中美两国的言论自由存在以上两个维度的差异,费斯教授在文章最后一部分讨论了两个成因。首先是司职宪法解释的主体有所不同。在美国,自马伯里诉麦迪逊案后,联邦最高法院成为宪法的解释者,在这种司法中心的宪法监督模式内,由法院解释第一修正案而对国会或州议会的言论立法进行宪法审查。而在中国,费斯教授指出:"解释宪法的最终权力在全国人大,更具体地说,在全国人大常委会。"在这种模式下,全国人大在立法过程中所做出的判断,就构成了对"八二宪法"的有权解释,就此而言,全国人大在中国宪制内不存在是否违宪的问题,就好比美国最高法院在司法审查中也不会违宪一样,杰克逊大法官曾经说过:"我们不是因为永不犯错才成为终局审,而是因为我们是终局审,我们才不会犯错。"

而费斯将全篇论述的落脚点放到了作为宪法基础的民主观上。无论是中美两国的两种言论自由,还是两种不同的宪法,都在于"政治的而非文化的因素,或更具体地说,是作为宪制基础的民主观"。在费斯看来,美国的民主是"由下而上"的民主,美国的立宪政府是一种"民治政府"(government by the people),在这种政府架构内,言论自由就是政府治理的正当前提,公民如要设定政府的议程,当然需要获得他们据以做出决定的公共信息,美国最高法院在 1964 年的纽约时报案内就指出:"有关公共议题的辩论应当是不受制约的、强健有力的、完全开放的。"而在这种由下至上的民主模式中,言论自由容易受到私人资本对公共辩论的干预和扭曲。而中国宪法所基于的民主观是一种"由上至下的民主",追求的是一种"民享政府"(government for the people)。为了证明上述命题,费斯教授援引了宪法第3条,该条一方面规定全国和地方各级人民代表大会应当"由民主选举产生,对人民负责,受人民监督",另一方面也规定国家机构要"实行民主集中制的原则",在费斯看来,这体现了一种要调和政治领导和民主参与之间冲突的宪制设计。更有意思的是,费斯还特别引述了"八二宪法"序言内"中国各族人民将继续在中国共产党领导下"的表述,同时在脚注中告诉美国读者,宪法序言是否具有法律约束力,这在中国宪法学界还是一个有争议的问题。在中国宪法的民主观内,政治精英是领导者,由他们引领普通民众去实现人民的真正利益,因此民主治理的关键不在于激烈、多元而开放的辩论,因为"真正的道路已经发现",所以关键就在于如何让政治精英对"真正的道路"保持忠诚。而在费斯写作此文的20世纪80年代中期,私人资本在国内尚处萌芽之中,还没有出现资本扭曲公共辩论的问题,费斯也认为,私人资本受到制约,是起因于社会主义正统理念,而非因为"对自由和开放辩论的承诺"。

30年后,重读费斯教授这篇为人遗忘的学术短论,当然不是要从中找到可以解决言论自由问题的法律钥匙。如何确定言论自由保护的宪法边界,最终促成一种既生动活泼,同时又严肃紧张的政治秩序,这远不是学术讨论去解决的问题。更何况费斯教授不是中国问题专家,《两种宪法》虽然不是信口开河,但到底也属于走马观花之作。如同许多采风者一样,费斯在文中既留下了智慧的闪光点,也不可摆脱观察上的盲点。很有可能,中国对于费斯教授来说就是安守廉所说的"神秘莫测的"①东方,也许正是因此,费斯才在自己的中国之行后并没有发生研究的中国转向。套用学界常用的修辞,我们可以说,费斯这篇文章所呈现出的问题,远比他解决的问题要多。

言论自由的法律保护问题,已经成为当下核心的公共议题之一。当我们讨论言论自由的时候,我们究竟在讨论什么?这或许是费斯教授这篇《两种宪法》所能带给我们的最大启示。所谓"两种宪法",首先指中国宪法和美国宪法是两部不同的宪法,我们不能援引美国宪法文本去解决中国的宪法问题,保护中国公民言论自由的,只能是中国宪法第35条及其他同言论相关的条款。而在目前的法学和公共话语中,当我们讨论言论自由之时,中国宪法文本却没有出场,至少没有得到如费斯教授那般的认真对待。但问题在于,当我们不断援引美国宪法第一修正案来为言论自由而斗争时,也许是我们距离言论自由最远的时候。外来的和尚会念经,费斯教授对我们的最大启示也就在于回到中国宪法的文本、结构和传统来讨论中国宪法问题。

---

① William Alford, "The Inscrutable Occidental? Implications of Robert Unger's Uses and Abuses of the Chinese Past," *Texas Law Review*, vol. 64, pp. 915-972. (1986).

实践篇

"差序格局"、反定型化与未完全理论化合意
——中国宪制模式的一种叙述纲要[①]

> 我辽阔博大,我包罗万象!
> ——沃尔特·惠特曼:《自我之歌》
> 秉国之钧,四方是维。
> ——《诗经·小雅·节南山》

中国宪法学长期以来不断自我重复着一种迷思,中国有宪法却无宪制。这一迷思之所以具有学术市场,是因为我们并未确立一套行之有效的宪法审查制度,我们的"八二宪法"未能像美国或德国宪法那样被"司法化",因此不是一部"活"宪法,未能"动"起来。这让宪法学者自我想象为难为无米之炊的巧妇,一边时刻准备着构建一种一般将来时态的宪法学,一边等待戈多式地憧憬着

---
① 本章原刊于《中外法学》2012年第5期。

一种据说终会降临的"宪法时刻"。这里的出发点是反其道而行之的，在我看来，中国与其说是没有宪制，不如说是没有自己的宪法理论。假如宪法学者带着外国宪法学的理论西洋镜观察中国的宪制实践，那么他们注定是"看不见"中国宪制的。但在纪念"八二宪法"颁行30周年之际，我们的宪法理论却沦为欧风美雨的智识半殖民地甚或殖民地，我们作为中国宪法的研究者难道不应该反思吗？

"一个民族的生活创造它的法制，而法学家创造的仅仅是关于法制的理论"，[1]但中国宪法学者近年的工作却是角色错位的，他们更愿意把自己想象为现状的批判者、法制的革命者或灵魂深处的工程师。但在这个大众民主的时代，知识可以改变命运，却不能带来权力，也不意味着德性。宪法学者只是宪法的研究者，他们能讲述马伯里诉麦迪逊的故事，研读过德沃金、波斯纳或阿列克西的著作，发表过宪法如何解释的论文，但仅此并不能赋予学者进行宪法决策的权力或做出宪法判断的能力。在此意义上，中国宪法学者所要做的与其说是要改造我们的宪法，不如说是反求诸己——改造自己的宪法观，思考如何将中国的宪制实践理论化。本章是在"重新发现中国宪法"[2]的理论自觉下所进行的一次学术探索，它旨在总体性地、结构性地把握中国宪制实践的模式。借用苏力教授数年前在司法化高峰期所提出的一个论断，"每个相对长期存在

---

[1] 苏力：《法治及其本土资源（修订版）》，北京：中国政法大学出版社，2004年，第304页。
[2] 关于"重新发现中国宪法"的必要性和可行性的一个论证，可参见田雷《重新发现宪法》，载强世功主编《政治与法律评论》第一辑（2010年卷），北京：北京大学出版社，2010年。

"差序格局"、反定型化与未完全理论化合意——中国宪制模式的一种叙述纲要

的国家,不论其结构组合和治理是否为你我所欲,都必定有其内在结构和相应权力配置,都有其制度逻辑,这就是我要研究的实在宪法",①那么下文所要做的就是研究中国政制的内在结构组合及其制度逻辑。

"差序格局"、反定型化、未完全理论化合意在标题中依次出现,是本章的三个关键词。这三个概念均非此时此地的原创,而是分别取自于费孝通的《乡土中国》、诺齐克的《无政府、国家与乌托邦》和桑斯坦的《法律推理与政治冲突》。② 就原初出处而言,这三个概念是风马牛不相及的,但它们在我看来共享着极丰富的空间结构感,只要进行简单的"创造性转换",就可以非常直观地组织起我们在中国宪法问题上所具有的一些常识性认知,从而建构起副标题内所示的"中国宪制模式"。需要特别指出的是,我在这里借用的是这三个概念本身的论证结构,而不是进行近年来常见于宪法学论述的"美国宪法及其对中国的启示"的作文。在此意义上,接下来的论述首先是一种基于政治空间的思维和想象,因此要求宪法研究者暂时放松他们作为"文字脑"的左脑,启动作为"图像脑"的右脑,以进入由这三个概念所塑造的更感性也更直观的空间

---

① 苏力:《当代中国的中央与地方分权——重读毛泽东〈论十大关系〉第五节》,《中国社会科学》2004 年第 2 期,第 53 页。
② 费孝通先生的《乡土中国》市面上流行着多种版本,我所用的是费孝通《乡土中国·生育制度·乡土重建》,北京:商务印书馆,2011 年。另外两本书则为 Robert Nozick, *Anarchy, State, and Utopia* , Basic Books, 1977; Cass Sunstein, *Legal Reasoning and Political Conflict* , Oxford University Press, 1996。

85

性意涵和构造。①

作为作者,我有自己的理论追求,在写作过程中反复追问的是"什么是你的贡献";但一篇文章不可能解决所有问题,它只能解决它所提出的问题。正如本章副标题所示,以下所述充其量是中国宪制模式的一种论纲。首先要强调"一种",因为中国作为一个共同体是"辽阔博大"和"包罗万象"的,也因为任何理论化的工作都必然是对现实世界的"去粗取精"和"去伪存真",我并不认为本章的三个关键概念所建构起来的中国宪制结构可以覆盖中国宪制的方方面面,但重要的是,这个三合一的概念组合至少指向了我所感知的中国宪制的主要矛盾。其次应强调我所提供的只是一种"论纲",它的主要努力只是在于给出一种开放性的结构,展示出一种至少在我看来仍需努力的学术路径,提供一种可想象的学术讨论空间。事实上,我从未奢望我的论证可以说服每一位读者,在一个健康的学术市场内,宪法学的研究者有时不得不面对"道不同,不相为谋"的立场和方法选择问题,更戏谑地说一句,那就是"至于你们信不信,反正我信了"。

一、中国政治空间的"差序格局"

中国是一个超大型的政治文化共同体。作为一个大国,中国

---

① 这里所说的"右脑"的宪法学,可参见劳伦斯·却伯的一个说明,"我所特有的用'右脑'思考法律材料的方法","运用可视的视觉材料来描述在美国宪法内看不见的物质",参见[美]劳伦斯·却伯《看不见的宪法》,田雷译,北京:法律出版社,2011年,第143页。

有着全世界最多的人口，14亿的总数已经超过了欧洲、中北美洲、非洲和大洋洲的人口总和；就疆域而论，中国约有960万平方公里的国土，仅次于俄罗斯和加拿大，与美国大致持平；在民族问题上，中国有汉族与55个少数民族，各民族的分布呈现出"大杂居、小聚居"的格局；就社会经济发展程度而论，各个地区之间的发展很不平衡。以上不仅是国情教育的最基本事实，也是"八二宪法"所面对的现实格局。

　　法学理论的思考与法制建设的探索不可能脱离一个国家的基本国情，正因此，中国是一个复杂多元的超大型政治共同体，这一命题应当时刻规定着学者的思考。但我们的现状却并非如此，法学者看起来在中西古今之间自由穿梭，早已忘记了此命题对中国论述所具有的无处不在的约束力。苏力教授曾为这一病态现状归纳出两点原因，首先是此命题"不是法言法语"，其次是"柏拉图或霍姆斯从来没说过"。[①] 我在这里再加上第三点，即宪法学者还未能将这一国家学说或国情论述转变为一种宪法学理的表述。相应的，本节希望完成三重任务，首先是用宪法的语言来阐释本命题，将其法言法语化；其次是从经典及当代的中国论述中重新发现本命题；最后也最重要的是，借用费孝通"差序格局"的概念，概括中国政治空间所具有的复杂、多元、差异的结构性特征。

[①] 参见苏力《崇山峻岭中的中国法治——从电影〈马背上的法庭〉透视》，《清华法学》2008年第3期，第8页。

1."差序格局"命题的提出:法言法语的表述

"差序格局"如要得以提出,宪法理论首先应当走出在国家结构形式上由单一制和联邦制所设置的认识论误区。首先,中国宪法学的通说认定中华人民共和国是一个单一制的国家,主张单一制乃是中国宪法的一项基本原则。① 但问题在于,"八二宪法"并未在文本内规定单一制的基本原则,而学者们所给出的教科书体例的论证实际上理论化程度并不高,宪法序言中出现"统一的多民族国家"并不能成为单一制中国的直接理据。近年来,宪法学及相关学科在中央与地方关系上的论述开始挑战中国作为单一制国家的通说。在对单一制学说进行修正之时,学者的常见策略就是为单一制或联邦制加上前置的修饰词。例如,经济学家钱颖一和其美国合作者在 1995 年就提出了"中国风格的联邦制"这一概念,认为它是中国经济改革成功的政治基础;② 政治学家郑永年近年来提出了"事实联邦制"或"行为联邦制"的概念。③ 而宪法学界更是有丰富多彩的创新,近年来有不少论者在单一制前加上了"中国特色"这个一劳永逸的形容词。这些论述一方面确实丰富了我们对中国国家结构形式的认识,但另一方面,这种修正论述的策略也在

---

① 一种具有权威性和代表性的论述,可参见胡锦光、韩大元《中国宪法》(第二版),北京:法律出版社,2007 年,第 80 页。

② Gabriella Montinola, Yingyi Qian, and Barry Weingast, "Federalism, Chinese Style: The Political Basis for Economic Success in China," *World Politics*, vol. 48, pp. 50-81, 1995.

③ Zheng Yongnian, *De Facto Federalism in China: Reforms and Dynamics of Central-Local Relations*, World Scientific Publishing, 2007.

表明,单一制和联邦制只能是我们认识的起点,我们的理论探索应当突破这种在理想型概念中植入修饰词的方法,而中国政治空间结构的"差序格局"就是在这一理论自觉之下提出的。①

"中国"本身就是一个在空间上得以定义的政治概念,而在"八二宪法"的结构内,中国由34个省级行政区所构成,包括4个直辖市、23个省、5个自治区与2个特别行政区。在省以下,地方建制还包括15个副省级城市、333个地级行政区划单位、2856个县级行政区划单位、40906个乡级行政区划单位。但这里的讨论并不是要一竿子插到底,而是选择在中央与省级地方之间的"条块"关系处进行纵剖横切。② 应当指出,我将差序格局的适用范围限定在北京③与省级地方之间的空间关系,并不是要否认它在现实中并不适用于省级地方内部。事实上,我们知道,无论就规模还是内部复杂性而言,中国的大省都超出了世界上大多数民族国家,差序格局在此意义上应当是可以继续"下沉"的。但本章的论述视角限定在北京与省级地方的组合结构上,一方面是为了节约论述成本,另一方面则是要再次显现出中国宪制内所蕴含的"跨省结构",这构成了作

---

① 费孝通先生在《乡土中国》中有对"差序格局"比较严格的界定,正文的引用脱离了此概念的原初语境,而用来概括中国多元复杂的、具有差异性的政治空间。严格说来,本节所阐释的政治空间的"差序格局"与此概念的原初意图并不能呈现为结构性的吻合。但在我看来,拿来主义在这里是一个论证成本较低的可行选择。而且,我对差序格局的使用并未完全偏离费孝通先生的原意。
② 在中央与地方关系以至中国宪制的叙述中,条块关系也应是突破单一制和联邦制之二元对立的一个方向。关于条块关系的一次理论化努力,可参见刘忠《条条与块块关系下的法院院长产生》,《环球法律评论》2012年第1期。
③ 正文所说的"北京"并不是作为直辖市的北京市,而是从政治空间的角度来指称中国的政治中枢。

者重新发现中国宪法的一种切入视角。① 而在这一跨省视角内,中国政治空间的"差序格局"表现为下述三个方面。

首先,在国家结构形式上,"八二宪法"设定的是"一国多制"的基本格局。根据宪法第 30 条,"全国分为省、自治区、直辖市",紧接着的第 31 条则规定"国家在必要时得设立特别行政区"。因此,第 30 条中的"省"是作为常规的省级地方而存在的,相比之下,自治区、直辖市,以及在第 31 条进行专项处理的特别行政区都展示出了程度大小不等的"例外性"。就此而言,北京与香港、西藏或山东不会是均质性的关系,它们之间的宪制关系必定呈现出不同的结构性逻辑。因此,"一国多制"所指向的就是这种由常规到例外或"特别"的有等差的宪制格局,由于这一判断有着坚实的文本基础,因此应当不具有理论上的争议性。事实上,"一国多制"的提法现已散见在不少宪法学者的论述中。最近,香港宪法学者朱国斌就将中国国家结构形式界定为"一国多制"的"复合制国家",其所指向的就是在北京与不同省级地方之间多元的、有等差的宪制关系。②

其次,在一国多制的基本格局内,宪法名义上的同类项实际上会展示出不同的问题,由此呈现出不同的宪制关系。假如对比中国和美国的行政区划地图,最显而易见的区别在于中国省区划分

---

① 跨省作为方法,不仅可以适用于宪法学体系内的国家结构问题,也可适用于基本权利的论述,因此可以说是一种总体性的视角。关于跨省结构与言论自由,可参见田雷《跨省监督:中国宪法体制内的表达自由》,《北大法律评论》第 13 卷第 1 辑,北京:北京大学出版社,2012 年。

② Guobin Zhu, "The Composite State of China under 'One Country, Multiple Systems': Theoretical Construction and Methodological Considerations," *International Journal of Constitutional Law*, vol. 10, pp. 272–297, 2012.

"差序格局"、反定型化与未完全理论化合意——中国宪制模式的一种叙述纲要

的"犬牙交错"和美国的"横平竖直",这或许就是"差序格局"的一种形象化再现。例如,同为狭义的常规省,中央与云南之间的关系必定不同于其与河北之间的关系;同为民族区域自治下的自治区,广西和西藏在北京眼里必定呈现出不同的宪制结构;同为直辖市,重庆和上海也各有自己的"差序格局";而香港和澳门之间唯一的宪制性同构或许就在于它们都是"一国两制"格局下的特别行政区,而未来在"一国两制"的宪制原则下实现海峡两岸的和平统一,那么台湾必定也会实现对港澳模式的一种突破。因此,形式宪法上的同种类不应掩盖在现实政治运转中所展示出的差异性,这里面包含着一种行为上的、事实意义上的"一国多制"的内涵。美国政治学者白霖在《中国宪法的现状》中有过一段精彩的论述:

> 中国的一般省份不是全都以相同的方式与中央政体对接。例如,黑龙江或甘肃自然比安徽和河北与石油部或国防部的关系更密切。天津和重庆都是省级"直辖市",但天津毗邻北京,而重庆远离北京……就产生了差异。它也不涉及像广州、厦门或温州这些城市,这些城市在地理上远离中国政治体制的核心,被认为是合乎情理地与某些政策习惯上分开的。那里的人们能够说中国北方人听不懂的语言。为少数民族设立的省级"自治"区只有涉及并不危害它们与中国其他地区的融合政策时才是自主的。如果中国是一个清一色的单一制国家,将会很难治理。[①]

---

① Lynn White III:《中国宪法的现状》,《开放时代》2009年第12期,第73页。

最后,应当也是最为复杂的在于,中国政治空间的"差序格局"并不完全体现在行政区划的标尺上。宪法学者还应当想象超越既定行政区划的新差序格局,而且,在前述的基于行政区划的格局和超越区划逻辑的复杂网络之间产生了最接近费孝通先生原意的交迭局面。在汪晖的"区域作为方法"的相关论述中,我们就可以发现多种超越既定区划的空间想象路径。① 例如,由于省内差异性所形成的地缘性的局部跨省合作,在面对中央政策时跨省合作的行为性的大区联盟,由地区经济中心所催生的跨省的经济整合,全国市场形成后所产生的横向的省际交流和互动。而在更为制度化和结构性的意义上,新中国成立以来在军区设置上有别于地方行政建制的另一种犬牙交错,朱镕基主政国务院时期对国家金融权力所进行的跨省区的重新配置;以及法学者经常提出的司法权区划与行政权区划的相互交叉,这些体制或行动上的宪制格局实际上展示出了另一种"差序格局",它既超越既定的行政区划逻辑,又与在既定逻辑下的宪制格局形成了复杂的新差序网络。

美国政治学者许慧文在解释中国的政治身体(body politic)时曾提出过"蜂巢政体"的概念。② 就突破中国政治铁板一块论而

---

① 汪晖:《跨体系社会与区域作为方法》,载汪晖《东西之间的"西藏问题"(外二篇)》,北京:生活·读书·新知三联书店,2011年,第147—204页。

② Vivienne Shue, *The Reach of the State: Sketches of the Chinese Body Politic*, Stanford University Press, 1988.

言,①"蜂巢政体"这一富有空间感的概念的提出无疑是一次进步。但如果中国是一个"蜂巢体"政治组织,那么这个"蜂巢"并不是模制化的,首先蜂巢内部的各个单位是各不相同的,由此也塑造了中枢与地方之间极具差异性的关系结构。本文借用费孝通先生的差序格局概念,正是为了描述这种在空间上有等差,在关系上有着复杂交迭的政治组织体。

2. 中国叙述中的"差序格局":简要的回顾

中国之所以形成以上所述的差序格局的政治空间,其物质基础还是要回溯至中国是一个超大型的、区域之间差异极大的共同体,众所周知,这是一个可见于有关中国叙述的各种理论传统中的判断。毛泽东作为新中国的缔造者,早在大革命转入低潮的1928年,就曾提出中国的红色政权为什么能够存在的问题。在本文看来,毛泽东对此问题的表述极具宪法空间感,"一国之内,在四围白色政权的包围中,有一小块或若干小块红色政权的区域长期存在",这种格局如何可能形成,更进一步,红色区域的星星之火如何可以燎原。② 在全面抗战前夕的1936年写成的《中国革命战争的战略问题》一文中,毛泽东给出了他在中国现代史上留下举足轻重地位的著名论断:"中国是一个政治经济发展不平衡的半殖民地的

---

① 邹谠先生在形容中国共产党的政党国家时曾经提出过著名的"同心圆"结构,同心圆结构自然并不构成一种差序格局,但应指出,同心圆结构实际上指向了下文所要处理的政治整合问题,而不是中国的物质性的政治空间。参见邹谠《中国革命再阐释》,香港:牛津大学出版社,2002年,第8—9页。
② 毛泽东:《毛泽东选集》(第一卷),北京:人民出版社,1991年,第48页。

大国",而毛泽东在该文中也写下了对此命题的经典阐释:

> 微弱的资本主义经济和严重的半封建经济同时存在,近代式的若干工商业都市和停滞的广大农村同时存在,几百万产业工人和几万万旧制度统治下的农民和手工业工人同时存在,管理中央政府的大军阀和管理各省的小军阀同时存在,反动军队中有隶属蒋介石的所谓中央军和隶属各省军阀的所谓杂牌军这样两部分军队同时存在,若干的铁路航路汽车路和普遍的独轮车路、只能用脚走的路和用脚还不好走的路同时存在。①

也正是因此,毛泽东指出:"中国是一个大国——'东方不亮西方亮,黑了南方有北方',不愁没有回旋的余地。"②如果观察中国革命和社会主义建设的总体历史进程,我们其实不难发现这一"回旋"策略是由始至终贯穿的。这就是说,唯有深刻理解了毛泽东的这一判断及由此所塑造的宪制策略,我们才能真正理解中国社会主义革命和建设所展示出来的独特性。即便是在中共建政后,毛泽东大量的理论论述及政治决断,特别是那些走中国道路的自觉思考和探索,在一定程度上还是要回到这一判断。无论是历史证明为正确的如《论十大关系》,还是错误的如大跃进和"文化大革命",均是如此。中国的经济改革之所以走上一条不同于苏联的道路,具体地说,邓小平所设计的改革之所以可以通过向省级地方放

---

① 同上注,第188页。
② 同上注,第189页。

权让利,由此找到了经济改革在既定体制内的动力,是因为中国改革者所继承的是一个由毛泽东所塑造的具有回旋余地的宪制格局。①

在经典的政治论述之外,中国学术界也留下了大量关于"差序格局"及其物质性基础的论述。其中最重要的当数费孝通先生1989年在香港中文大学泰纳讲座上提出的中华民族"多元一体格局"命题。费孝通先生认为,中华民族的主流"是由许许多多分散存在的民族单位,经过接触、混杂、联结和融合,同时也有分裂和消亡,形成一个你来我去、我来你去、我中有你、你中有我,而又各具个性的多元统一体"。② 而近年来,在文化自觉和体制自信的感召下所出现的中国叙述,实际上从不同方面阐发了这一经典命题。例如,甘阳近年来反复强调,中国的叙述要走出民族国家的逻辑,而重建一个文明国家的格局:"21世纪的中国能开创多大的格局,很大程度上将取决于当代中国人是否能自觉地把中国的'现代国家'置于中国源远流长的'历史文明'之源头活水中。"③在此意义上,他著名的通三统命题乃是在创制中国历史的连续性,因此具有宪制意义。归根到底,当代中国基本维持了前帝制格局时期的人口和疆域,民族国家的叙述范式在此意义上应当加以修正,否则就会制造理论和实践上的扭曲。汪晖近期的写作自觉接续了费孝通的多元一体论,在民族区域自治这一传统宪法问题的论述中,汪晖

---

① Susan Shirk, *The Political Logic of Economic Reform in China*, University of California Press, 1993.
② 费孝通:《中华民族的多元一体格局》,载费孝通《论人类学与文化自觉》,北京:华夏出版社,2004年,第121—151页。
③ 甘阳:《文明·国家·大学》,北京:生活·读书·新知三联书店,2012年,第1页。

的新意就在于他展示出宪法学者普遍缺失的政治空间感,他所提出的"跨体系社会"及"区域作为方法",实际上再次指向了民族国家范式与中国区域间时空结构差异性之间的紧张。① 在《中国香港》文集内,强世功实际上已经提到政治差序格局的问题,他在定义中国政制结构时曾有"一国多制下的政制差序格局"的表述,只是未能继续加以专门的定义和阐释,"费孝通先生将儒家传统的伦理原则概括为'差序格局',而这种差序格局与中心和边缘之间从郡县向封建不断过渡的'一国多制'格局形成了重叠和同构"。② 由此看来,强世功正是在空间结构的维度上来理解中国,"中国要把一个帝国的内容纳入到一个现代民族国家之中",这在本文看来已经构成一个宪法学的命题。

回到法学界,苏力是在思考中国法律问题时最具政治空间感的学者。他在题为《崇山峻岭中的中国法治》一文中曾经写道:"中国的法学人和法律人必须面对和理解中国。要把中国这个高度抽象的概念转化为具体的山山水水和在上面生活的具体的人,要冷峻直面这块土地上的城市乡村,平原水乡,重峦叠嶂,雪域高原,要使所有这些没有体温的词和词组都在某种程度上与法治的想象和实践相勾连。"从文章标题中的"崇山峻岭",再到苏力所说的"这块土地上的城市乡村,平原水乡,重峦叠嶂,雪域高原",实际上最具象地表达出了中国政治空间的差序格局,以及内含的时空差异性,

---

① 汪晖:《跨体系社会与区域作为方法》,载汪晖《东西之间的"西藏问题"(外二篇)》,第179—188页。
② 强世功:《中国香港:政治与文化的视野》,北京:生活·读书·新知三联书店,2010年,第221页。

这也正如本文题记所引的惠特曼在《自我之歌》中的那句话:"我辽阔博大,我包罗万象!"

3."差序格局"的成本与收益

在近期出版的《邓小平时代》内,傅高义在全书开篇就讲了一个小故事。1979年3月,港督麦理浩访问北京,在人民大会堂得到邓小平的接见。会见结束后,邓小平起身向麦理浩招手示意,告诉这位身高超过六英尺的港督先生:"你如果觉得统治香港不容易,那就来统治中国试试。"[①]如要理解邓小平的这句话,还是要回到香港和内地之间存在的主要变量,即内地在差序格局内所包含的内部差异性与复杂性,远非香港这一"岛屿"所能比拟。正因此,在严肃讨论中国问题时,我们不能忘记这一基本的"中国性",即中国是一个超大型并且极复杂的政治体。离开了这一判断,我们事实上无法充分解释中国的历史、现实和未来,包括中国在改革时代所形成的独特的宪制模式。本节在此简要概述大国治理所具有的成本和收益。

大国治理有其成本。世界各国都会面临着一些共同的治理问题,但相同的社会治理问题在大国内要经历一种量的倍增,由此就导致了质的突变。例如,中国和瑞士都要解决药品安全的问题,但瑞士在全国范围内只有两家大型的制药企业,假若我们可以设想中国只有两家或一家制药厂,那么药品安全治理就不再是一道难题,至少不会像目前如此棘手。事实上,我们可以以此类推下去,

———————
① [美]傅高义:《邓小平时代》,冯克利译,北京:生活·读书·新知三联书店,2012年,第17页。

假若中国只有一家或两家食用油或奶制品的生产企业……但问题在于,中国是一个大国,因此不具有只有一家"＿＿"的条件。

而对于本文的论述而言,更重要的还在于,超大型并且内部差异多元的共同体还要面对同质性较高的小共同体无需面对的整合难题。事实上,这不仅是如何治理中国的公共政策问题,还涉及中国如何可能的存在性危机和结构性挑战。面对着"中国只是一个伪装成国家的文明",有着"世纪之久的身份危机"的西方学者论述,①整合问题无论在理论还是现实中都是一个最急迫的宪法问题。由是观之,"治大国若烹小鲜"作为一种策略最多只可能具有有限的合理性,无为而治或放任自由只可能适用于鸡犬相闻、老死不相往来的简单共同体。在这一问题上,我们可以参考西方经典政治理论中关于治理、政体和疆域的论述。宪法学者也都知道,麦迪逊所写的《联邦党人文集》第 10 篇之所以具有里程碑式的地位,就在于它在理论和实践上驳斥了孟德斯鸠所代表的小国共和论。

但我们也应看到"硬币的另一面",即大国在生存和发展问题上所独具的优越性。自中国这个古老帝国与欧洲现代民族国家遭遇以来,中国之所以没有"亡国灭种",只是沦为"半"殖民地,而后竟奇迹般地保持了前帝制时代的基本格局,正是因为大国特有的回旋余地让我们"东方不亮西方亮,黑了南方有北方"。同样道理的还有抗日战争以空间换取时间的"持久战"战略。在中国共产党的军事史中,"分兵以发动群众,集中以应付敌人","打得赢就打,打不赢就走","农村包围城市",这些斗争策略都需要大国的版图

---

① See, e.g., Pamela Kyle Crossley, "China´s Century-Long Identity Crisis," *The Wall Street Journal*, Oct. 9, 2011.

才能得以成功实践。中共建政后,"一方有难、八方支援"的危机应对方针,"由点到线,由线到面"的制度扩散过程,"五湖四海"的干部选拔政策,"南水北调"和"西气东输"的跨省资源"再分配"工程,以及近年成为舆论焦点的四纵四横的高铁布局,凡此种种,它们得以施行不仅是单一制国家"全国一盘棋"的要求,也不仅是社会主义国家有集中力量办大事的国家能力,还要得益于中国差序格局所具有的纵深空间。因此可以说,在中国所走过的每步路上,一方面承担着大国所规定的成本,另一方面也享受着大国所具有的收益,这种一体两面或许正是中国作为一个超大型政治共同体的"天定命运"吧。

二、中国改革的反定型化策略:重读邓小平南方谈话

"反定型化"是一个应予简单交代的概念,它取自诺齐克的政治哲学名著《无政府、国家与乌托邦》。[①] 应当指出,诺齐克的政治理论与中国的社会主义宪法是完全不同的两个东西,首先,政治理论探讨的是众人应当如何更好地生活在一起,在此意义上,宪法理论可以参考政治理论,但不应以政治理论马首是瞻。美国宪法学曾有言:"宪法可能跟着国旗转,但它是否真的应该追随《纽约书

[①] Robert Nozick, *Anarchy, State, and Utopia*, Basic Books, 1977;关于定型化(patterning)的问题,可参见第155—160页。

99

评》①?"其次,诺齐克主张一种最小国家,根据他的理论,只有治安和契约执行的守夜人国家才能得到正当性的证成;而"八二宪法"第一条就宣布中国是一个社会主义国家,社会主义则要求"共同富裕",因此必定需要一种跨省区、跨阶层、跨越城乡二元结构的再分配。②

但借用而来的"反定型化"概念并不涉及诺齐克本人或其理论的实体偏好,而是诺齐克进行理论批判的论证结构和手法。诺齐克认为,以罗尔斯的正义论为代表的分配正义理论都存在一种"定型化"(patterned)的范式,即理想的分配状态必定表达为一种基于"＿＿"的分配,这道填空题的答案可以是劳动、智力,也可以是罗尔斯的两个正义原则。但问题在于,只要存在(市场)交易,任何定型化的理想分配状态都只能呈现为一种转瞬即逝的格局,事实上就会出现诺齐克所说的"自由颠覆定型"的难题。若要保持定型化的理想现状,则需要一种(来自国家的)干预之手,不间断地将自由所颠覆的定型化状态拨乱反正,但这是任何一种分配正义理论都不可能允许的。而作为本章的关键概念,反定型化主要借用了诺齐克原初概念的形式结构及所可能表现的宪法内涵。

---

① 参见 John Hart Ely, *Democracy and Distrust: A Theory of Judicial Review*, Harvard University Press, 1980, p.58, 因此,伊莱认为宪法解释绝不能是"我们喜欢罗尔斯,你们喜欢诺齐克。6:3,我们赢了,立法撤销",参见 p.58。在我看来,中国宪法理论的一个最大误区就在于未能区分宪法理论和政治理论。

② "社会主义的本质,是解放生产力,发展生产力,消灭剥削,消除两极分化,最终达到共同富裕。就是要对大家讲这个道理",参见《邓小平文选》(第三卷),北京:人民出版社,1993 年,第 373 页。

"差序格局"、反定型化与未完全理论化合意——中国宪制模式的一种叙述纲要

1. 为什么要读邓小平

在纪念"八二宪法"颁行30周年之际,宪法学者应当意识到这部宪法是共和国历史乃至中国宪法史上一部成功的宪法。而伟大的宪法从来都不只是一种文本,其制定过程必定也隐藏着史诗性的政治作为。① 假如未能理解制宪舞台后的政治作为,也就难以真正把握宪法文本的时代精神。在此意义上,"八二宪法"实际上诞生于1978年乃至更早:设若没有党的十一届三中全会这一"历史大转折",未发生作为其思想基础的真理标准问题的大讨论,也就不可能制定出作为"改革宪法"的"八二宪法"。因此,既然我们说中国自1978年开始的是一个邓小平的时代,由是观之,中国宪法的研究者与其"言必称希腊",满篇尽是卢梭、康德或罗尔斯,不如重新回到邓小平及他的同事们,重读邓小平在中国改革时代的相关重大论述。

诚然,邓小平的大部分论述既没有做到"法言法语",又未直接涉及形式上的法律或宪法议题;而且,即便是邓小平在就法制问题谈话时所给出的"法言法语",在今天也很有可能被形式主义者或

---

① "每一部宪法背后,都有一部史诗",参见 Robert Cover, "Nomos and Narrative," *Harvard Law Review*, vol. 97, pp. 4-68, 1983; "建国者的'宪法'不只是一种文本,也是一种作为——一种构成(constituting)",参见 Akhil Reed Amar, *America's Constitution: A Biography*, Random House, 2005, p. 5。

101

法条主义者归为"错误"或"违宪"的。① 但这些论述既是解释"八二宪法"文本时必须参考的"外部资料",也是中国宪法研究的第一手文献材料。《邓小平文选》所收入的几篇长文,包括1980年的《党和国家领导制度的改革》,邓小平关于20世纪80年代香港问题的一系列谈话,以及1984年《在中央顾问委员会第三次全体会议上的讲话》,都可以说是中国宪法研究者应予认真对待的政治文献。在此意义上,中国宪法学的困境绝不是巧妇难为无米之炊,突破点在于要以重新发现中国宪法的自觉去打破宪法学作为概念、学说和理论殖民地的现状。本节就选择了邓小平在1992年初的南方谈话,②这一在今年迎来20周年纪念的谈话有着丰富的、但尚待发掘的宪制内涵,我们可以说,它构成了一种对"八二宪法"的不成文更新,其影响力要远远超过任何正式的文本修改。

南方谈话的表现形式是文本,但南方视察本身则是一种政治

---

① 例如,在1983年7月19日,邓小平在谈到"严厉打击刑事犯罪活动"时曾指出:"现在是非常状态,必须依法从重从快集中打击,严才能治住……要讲人道主义,我们保护最大多数人的安全,这就是最大的人道主义!严厉打击刑事犯罪活动是一件大快人心的事。先从北京开始,然后上海、天津,以至其他城市。"邓小平的这段不长的谈话,显然有着多处不符合自由主义、形式主义法治理论的表述。但宪法学者必须学会认真对待这些文字,既不能视而不见,也不应因"食洋不化"而"昨非今是"。参见《邓小平文选》(第三卷),第33—34页。

② 邓小平:《在武昌、深圳、珠海、上海等地的谈话要点(一九九二年一月十八日—二月二十一日)》,载《邓小平文选》(第三卷),北京:人民出版社,1993年,第370—383页。南方谈话实际上是三卷本《邓小平文选》所收入的最后一篇文献,在研习中国宪法时,我们有必要像美国宪法学者对待华盛顿的告别演说或林肯的葛底斯堡演讲一样来对待邓小平的南方谈话。

作为。① 它一方面是邓小平这位88岁的老人带有高度历史使命感和责任感的自觉行为,另一方面也镶嵌在中国差序格局的政治空间之内。也就是说,南方视察本身非但不是中国宪制中的"例外",反而是由既定的宪制结构所决定的合理行为选择。在北京的政治动力不足或者难以启动之时,共和国的最高领导人通常都会选择到地方上寻找变革的原动力,这种在共和国历史上反复出现的行为方式有着内嵌于差序格局之政治空间的合理逻辑。由是观之,无论是历史证明错误的宪制决策,诸如毛泽东时代的大跃进或"文化大革命",还是正确的宪制决策,诸如邓小平时代的经济体制改革,以及在南方谈话后启动的市场化改革,中国宪法的研究者应当发现它们在实体差别掩盖下的高度同构的决策结构形式。毛泽东需要下到上海才能发动"文化大革命",邓小平则通过南方视察找到了继续市场化改革的政治动力,这两段历史在实体政策的意义上有着不可能再大的差别,但在宪制结构意义上却有着基于政制差序格局的隐蔽暗合,这也正指向了共和国前30年与后30年之间的宪制连续性,邓小平在宪法决策结构的意义上是毛泽东的继承人。②

在进入南方谈话的具体分析前,还要指出,反定型化非常贴近

---

① 关于邓小平南方视察的过程及其在中国现代史上的地位,可参见傅高义《邓小平时代》,第22章《终曲:南方之行,1992》,冯克利译,北京:生活·读书·新知三联书店,2013年,第615—638页。
② 宪法学应当建构历史的连续性,美国宪法学者在此方面的经典努力可参见[美]布鲁斯·阿克曼《我们人民:奠基》,汪庆华译,北京:中国政法大学出版社,2013年。而关于共和国历史在前三十年和后三十年之间的连续性,一个政治理论的论纲可参考甘阳《中国道路:三十年与六十年》,《读书》2007年第6期。

我们对邓小平改革的常识性认知。例如,中国改革时代的序曲是关于真理标准问题的大讨论。在这场讨论中,"两个凡是"作为一种国家学说就预设了诺齐克意义上的定型化范式,这表现在它为理想的宪制和公共政策提供了一种实体性的判准,即"凡是毛主席作出的决策,我们都坚决维护;凡是毛主席的指示,我们都始终不渝地遵循"。相比之下,邓小平支持的实践论认为"实践是检验真理的唯一标准",虽然从表面上看来,这一学说仍将"实践"设定为标准,但由于中国改革时代的实践有其自发性、非计划性、多中心性,随处可见实践的"非预期效果",因此实践论的主张作为中国改革的基本认识论前提,实际上已经具有了反定型化结构的味道。我们知道,邓小平的改革从一开始就未设定一个标准化的蓝图,我们常说邓小平是一个务实主义者,中国改革是"摸着石头过河",所表达的就是这种开放式的改革路线图。中国民众妇孺皆知的"猫论",不管黑猫还是白猫,抓住老鼠的就是好猫,实际上就是一种"反定型化"的表述。

在《邓小平文选》第三卷内,我们随处可见邓小平对地方由下而上的创造性改革的鼓励,诸如我们所熟知的"大胆地试,大胆地闯",而"闯将"或"试验"一定会是反定型化的。如果借用法理学中所区分的"标准"(standard)和"规则"(rule),[1]我们或许可以认为,在经济改革的最初十多年,北京很少为差序格局内的各个省级地方设定行为规范,许可、禁止或指令地方从事规范指向的行为,相应地,北京在"与省博弈"(playing to the provinces)的过程中经常

---

[1] 关于法学理论中的"标准"与"规则"的论述,可参见 Kathleen Sullivan,"The Justices of Rules and Standards,"*Harvard Law Review*,vol. 106, pp. 22-123, 1992。

沿用了一种"包干制"的逻辑,即只要求地方可以完成北京所设定的指标任务,至于地方是如何完成的,则不在北京的考虑范围内。由此我们才能理解广东省当时所提出并且流传全国的"遇到红灯绕着走,遇到黄灯闯着走,遇到绿灯抢着走",这一地方政府的逻辑还是根源于北京在这一时期的反定型化策略及由此包容的巨大政策空间。也因此,我们才能解释,为何在一个形式单一制的政党—国家体制内包容着"地方政府公司制"、"地域竞争"、"良性违宪"或"宪法变通"的空间。

2. "大胆试"和"允许看"的再阐释

2012年不仅是"八二宪法"颁行30周年,同时也是邓小平发表南方谈话的20周年。在年初的一系列纪念活动中,曾有论者将邓小平南方谈话概括为"允许看、大胆试、不争论",这是我们可以认同的一个归纳。但问题在于,相当一部分对"允许看、大胆试、不争论"的阐释实际上已经泛化了邓小平的原意,例如,"允许看,是对怀疑或反对者的宽容。大胆试,是对改革者的鼓励。不争论,是避开'姓社姓资'的责难",[1]这样的解读不能说是错误,但如此笼统泛化的阐释却失于抓住问题的根本。在这些解读中,邓小平实际上被想象为或打扮成"自由主义者",但应看到,南方谈话共有六节,第二节虽然讲到"不争论",即不进行姓资姓社的理论争论,但并不说中国改革道路无所谓姓资或姓社,不争论只是"为了争取时间干",[2]这里"干"的还是社会主义。而邓小平在接下来的第四节

---

[1]《炎黄春秋》编辑部:《允许看,大胆试,可讨论》,《领导文萃》2012年第7期。
[2]《邓小平文选》(第三卷),第374页。

谈到"始终注意坚持四项基本原则",在第五节内谈到"党的基本路线要管一百年",因此,邓小平是一位社会主义者,这是盖棺论定的判断。①

至于将"允许看"阐发为"知情权和监督权","大胆试"泛化为"参与权","不争论"演绎为"可讨论"并进一步生造出"表达权",②这种断章取义、各取所需的解读首先是没有必要,因为我国现行宪法早在文本内就写入了相应的基本权利,而且2004年的修宪也已将"国家尊重和保障人权"写入宪法,更重要的是,这种解读极易遮蔽南方谈话的真正历史经验。宪法解释者最应避免的就是将解释者本人的价值偏好混入文本之内。因此,既然邓小平的南方视察是向地方寻找中国改革的进一步动力,那么"大胆试"和"允许看"都是对政制差序格局内的(省级)地方所言的,换言之,在邓小平理论的体系内,它关系着中央与地方的纵向分权问题,而不是国家与社会的边界界定问题。

关于"大胆试",邓小平在深圳时曾指出:"改革开放胆子要大一些,敢于试验,不能像小脚女人一样。看准了的,就大胆地试,大胆地闯。深圳的重要经验就是敢闯。没有一点闯的精神,没有一点'冒'的精神,没有一股气呀、劲呀,就走不出一条好路,走不出一条新路,就干不出新的事业。"③因此,只要回到"大胆试"的语境,我们即可看到,"大胆试"是邓小平向中央统一领导下的地方政府所发出的一个信号。对于同时期反复强调"稳定""中国不能乱"

---

① 《邓小平文选》(第三卷),第380页。
② 参见《炎黄春秋》编辑部:《允许看,大胆试,可讨论》,《领导文萃》2012年第7期。
③ 《邓小平文选》(第三卷),第372页。

"反和平演变"的邓小平来说,大胆试是确有所指的,既非一窝蜂似的"大干快上",也不是什么"参与权"。而且在讲话的同一段落内,邓小平实际上已经给出了为什么要试、闯、冒的说明:

> 恐怕再有三十年的时间,我们才会在各方面形成一整套更加成熟、更加定型的制度。在这个制度下的方针、政策,也将更加定型化。现在建设中国式的社会主义,经验一天比一天丰富。经验很多,从各省的报刊材料看,都有自己的特色。这样好嘛,就是要有创造性。[1]

在我看来,这是一段非常关键的宪制论述,综合邓小平的这段谈话与他在20世纪80年代的相关论述,我们至少可以认定,在邓小平这位改革开放的总设计师的设想中,自1978年到大约2022年(从南方谈话向后推30年)的这一时间段,是中国社会主义建设的"制度""方针""政策"的不完全定型化时期。为什么不可能在短期内将社会主义建设的制度、方针和政策加以定型化,这还是要回到邓小平对这场改革的基本认知。在《邓小平文选》第三卷内,我们可以读到邓小平就这一问题在不同场合进行的不厌其烦的论述,"现在我们干的是中国几千年来从未干过的事。这场改革不仅影响中国,而且会影响世界";改革是"中国的第二次革命",是"革命性的变革";改革"搞得是天翻地覆的事业,是伟大的实验,是一场革命";"我们现在所干的事业是一项新事业,马克思没有讲过,

---

[1]《邓小平文选》(第三卷),第372页。

我们的前人没有做过,其他社会主义国家也没有干过"。①

更重要的还在于,邓小平作为党和国家实际上的最高领导人,他所面对的问题自始至终都是"怎么办",而不是"怎么说"。在中国这个大国内,"改革涉及到人民的切身利害问题,每一步都会影响到成亿的人",在最高决策者眼中,每一步改革都是在闯关,并不存在学者们在事后根据某种理论判准所区分出的浅水区和深水区。摸着石头过河,并不是只在浅水区漫步或"只摸石头不过河",②它更多地体现了政治家在面对历史和人民时的高度责任感及所要求的审慎。《邓小平文选》第三卷的最后一段话,也即南方谈话的最后一段,就最大限度地表达出邓小平的历史责任感:

> 我们要在建设有中国特色的社会主义道路上继续前进。资本主义发展几百年了,我们干社会主义才多长时间!何况我们自己还耽误了二十年。如果从建国起,用一百年时间把我国建设成中等水平的发达国家,那就很了不起!从现在起到下世纪中叶,将是很要紧的时期,我们要埋头苦干。我们肩膀上的担子重,责任大啊!③

---

① 本段五处引述分别出自《邓小平文选》(第三卷),第 118、113、135、156、258—259 页。
② 王绍光教授曾对此有过一段很精彩的描述,"这个过程好比穿行在一条没有航标的河道上,水流湍急、暗礁密布、险象环生。如果缺乏适应能力,随时都会有翻船的危险"。参见王绍光《学习机制、适应能力与中国模式》,《开放时代》2009 年第 7 期,第 37 页。
③ 《邓小平文选》(第三卷),第 383 页。我将邓小平的这一段话理解为对全党、全国人民的政治告诫,一种宪制的交代。

既然改革是一项全新的事业,不可能从马克思、前人与其他国家那里找到现成的答案,而是要"在干中学",那么就不可能在短期内加以定型化,而是要进行"试验"。在此意义上,中国政治空间的差序格局一方面要求一定阶段内的反定型化,另一方面也为走向定型化提供了最佳试验场所。大胆试实际上就是在鼓励省级地方作为"试点"或"特区"可以先行一步。早在1985年6月,邓小平就谈到:"深圳经济特区是个试验,路子走得是否对,还要看一看。它是社会主义的新生事物。搞成功是我们的愿望,不成功是一个经验嘛……这是个很大的试验,是书本上没有的。"[1]但既然是试验,也就要求地方只能先行"一步",进行一种理论上"浅"和幅度上"窄"的地方性创新,[2]换言之,大胆试并不是任由地方政府信马由缰,而是邓小平反复指出的"胆子要大,步子要稳,走一步,看一步"。在《邓小平文选》第三卷中,我们可以读到多处相关的论述:"有不妥当的地方,改过来就是了";"重要的是走一段就要总结经验";"步子要稳,就是发现问题赶快改……我们不靠上帝,而靠自己努力,靠不断总结经验,坚定地前进";"我们现在做的事都是一个试验。对我们来说,都是新事物,所以要摸索前进。既然是新事物,难免要犯错误。我们的办法是不断总结经验,有错误就赶快改,小错误不要变成大错误";归纳起来就是,"我们只能在干中学,

---

[1]《邓小平文选》(第三卷),第130页。
[2] 我在这里的浅(shallow)和窄(narrow)借用了桑斯坦关于美国最高法院司法最小主义的模型,参见 Cass Sunstein, *One Case at a Time: Judicial Minimalism on the Supreme Court*, Harvard University Press, 1999。

在实践中摸索"。①

　　还要看到,在邓小平的论述中,"胆子要大"和"步子要稳"之间从来都是一种具体的、动态的平衡。在改革欠缺动力时,他会更强调胆子大,鼓动地方的"闯"和"冒";在改革热情高涨时,他会更强调步子稳,摸索前进。例如,在进行物价闯关改革时,邓小平就不失时机地指出:"改革没有万无一失的方案,问题是要搞得比较稳妥一些,选择的方式和时机要恰当。不犯错误不可能,要争取犯得小一点,遇到问题及时调整。这是有风险的事情,但我看可以实现,可以完成。这个乐观的预言,不是没有根据的。同时,我们要把工作的基点放在出现较大的风险上,准备好对策。这样,即使出现了大的风险,天也不会塌下来。"②这就再一次限定了"大胆试",这种在差序格局内因地制宜的走一步看一步的试验,就是要尽可能地降低错误代价。

　　既然改革是一种试验,在差序格局的时空差异性中,"允许看"和"大胆试"可以说是相辅相成的。即便从"控制变量"这一试验最基本的要求出发,有大胆试的省级地方,自然就有要求允许看的省级地方,两者之间及在允许看的地方内部均有一种时空序列上的差异。

　　　　允许看,但要坚决地试。看对了,搞一两年对了,放开;错了,纠正,关了就是了。关,也可以快关,也可以慢关,也可以

———————
① 以上五处引文分别出自《邓小平文选》第三卷的第78页、第113页、第118页、第174页、第258—259页。
② 《邓小平文选》(第三卷),第267页。

110

"差序格局"、反定型化与未完全理论化合意——中国宪制模式的一种叙述纲要

留一点尾巴。怕什么,坚持这种态度就不要紧,就不会犯大错误。

……

搞农村家庭联产承包,废除人民公社制度。开始的时候只有三分之一的省干起来,第二年超过三分之二,第三年才差不多全部跟上,这是就全国范围讲的。开始搞并不踊跃呀,好多人在看。我们的政策就是允许看。允许看,比强制好得多。我们推行三中全会以来的路线、方针、政策,不搞强迫,不搞运动,愿意干就干,干多少是多少,这样慢慢就跟上来了。①

由此可见,允许看并不是泛泛而论的"对怀疑和反对者的宽容",它的主体主要是政制差序格局内的省级地方。早在1986年6月,邓小平其实就基于农村改革的现实进程提出了允许看的说法:农村改革"开始的时候,并不是所有的人都赞成改革。有两个省带头,一个是四川省,那是我的家乡;一个是安徽省,那时候是万里同志主持。我们就是根据这两个省积累的经验,制定了关于改革的方针政策。还有一些省犹疑徘徊,有的观望了一年才跟上,有的观望了两年才跟上。中央的方针是等待他们,让事实教育他们"。②

---

① 《邓小平文选》(第三卷),第373—374页。还应指出,邓小平是这么说的,也是这么做的。韩国学者郑在浩就在其研究改革时代中国农村去集体化的专著中记录下这一过程,他将省级单位在这一过程中的行为分为三种类型。第一种是改革先锋,以安徽省为代表,第二种是改革的顺应者,以山东省为代表,第三种就是改革的抵制者,则是以黑龙江省为代表的。参见 Jae Ho Chung, *Central Control and Local Discretion in China: Leadership and Implementation during Post-Mao Decollectivization*, Oxford University Press, 2000。
② 《邓小平文选》(第三卷),第238页。

111

我们知道,农村改革,即由人民公社向家庭承包责任制的大变革,乃是中国改革最重大的标志,但它也不是"一夜之间"的江山易色或美国左翼作家韩丁所称的"大逆转"①,而是一个让事实教育,让实践检验,最终慢慢跟上来的允许看的过程。

因此,无论大胆试,还是允许看,都是北京最高决策人向省级地方给出的信号,但必须指出,在这一"试"和"看"的过程中,中央政府一方面不是操办一切的家长,地方政府也并不仅仅是中央在地方的"行在",但另一方面,中央政府也不是袖手旁观者,因此并不存在着地方制度竞争的"自由市场",假如真是由一只神秘莫测的"看不见的手"来指引着制度的优胜劣汰,这既不可行,也不恰当。中央在关键时候要现身,要表态。就这一问题,邓小平在1988年物价闯关时期有一篇专论中央权威的谈话,即被收入《邓小平文选》第三卷的《中央要有权威》:

> 我的中心意思是,中央要有权威。改革要成功,就必须有领导有秩序地进行。没有这一条,就是乱哄哄,各行其是,怎么行呢?不能搞"你有政策我有对策",不能搞违背中央政策的"对策"。
>
> ……
>
> 这一切,如果没有中央的权威,就办不到。各顾各,相互打架,相互拆台,统一不起来。谁能统一? 中央! 中央就是党中央、国务院。

---

① William Hinton, *The Great Reversal: The Privatization of China, 1978－1989*, Monthly Review Press, 1990.

"差序格局"、反定型化与未完全理论化合意——中国宪制模式的一种叙述纲要

> ……
> 这几年我们走的路子是对的,现在是总结经验的时候。如果不放,经济发展能搞出今天这样一个规模来吗?我们讲中央权威,宏观控制,深化综合改革,都是在这样的新的条件下提出来的……现在中央说话,中央行使权力,是在大的问题上,在方向问题上。①

表面上看起来,"中央说话"必然会在"大胆试"和"允许看"之间存在张力,但改革不只是一部机器,更像一曲乐章,李侃如就曾将邓小平比作伟大的指挥家,而不只是设计师。② 因此,改革何时应该放和闯,何时应该控和收,邓小平从来没有给出一种四海皆准的判准,有的只是具体的、动态的平衡。

更重要的还在于,改革本身就意味着对现存秩序和既定法制的变动,是一种"新起点",因此在改革之初,中国的法制空间内存在大量介于守法和违法之间的广泛"灰色"地带。换言之,中央在这时很少给出含义明确的红灯和绿灯信号,大多时间都是暧昧不明的黄灯信号,这也赋予了地方政府进行试点式试验的政策空间。中国宪法学界在20世纪90年代关于"良性违宪"的争议,实际上

---

① 《邓小平文选》(第三卷),第277—278页。
② "虽然邓对于国家的发展方向有一个总体概念,但在他头脑里并没有一个具体的计划。他进行的改革往往需要做出大幅调整,以应对先前的计划措施所产生的交互压力。实际上,邓的天赋与其说在于他对必要的措施的预见能力,不如说在于他非凡的政治技巧。"参见[美]李侃如《治理中国:从革命到改革》,胡国成、赵梅译,北京:中国社会科学出版社,2010年,第143页。

所讨论的就是大变革时代严守法条和变通试验之间的问题。① 而且,即便是在强调中央权威时,邓小平还是指出:"现在中央说话,中央行使权力,是在大的问题上,在方向问题上。"这也就意味着中央不是家长主义的中央,它有所为也有所不为,管得少是为了管得更好。

3.反定型化在实践中的展开

在论述抗日战争的战略反攻形态时,毛泽东曾写道:"根据中国政治和经济不平衡的状态,第三阶段的战略反攻,在其前一时期将不是全国整齐划一的姿态,而是带地域性的和此起彼落的姿态。"②如果回到邓小平的反定型化,我们也可以认为,在中国改革开放时代的大约50年时间内,即由1978年到南方视察的后30年,地方的制度、政策和方针的"反定型化"或不完全定型化将是"五十年不变"的(宪制策略)。前文的论述已经表明,这一反定型化的策略是由政治空间的差序格局、改革本身的试验性、实践认识论,以及改革的政治动力所共同决定的。而毛泽东和邓小平作为中共两代领导核心在此问题上再次展示出了结构性的一致。无论是毛泽东所预设的抗战之反攻,还是邓小平的改革闯关,反定型化都意味着"不是全国整齐划一的姿态,而是带地域性的和此起彼落的姿态"。中国的社会主义体制也许确实可以做到"全国一盘棋",但这盘大棋局并不是"铁板一块"的整齐划一,而是基于地域性差异的

---

① 张千帆:《宪法变通与地方试验》,《法学研究》2007年第1期。
② 《毛泽东选集》(第二卷),北京:人民出版社,1991年,第469页。

"犬牙交错"和"此起彼落"。

在全国大棋局内,此起彼落就意味着既定的时空差异性会转化为"以空间换时间"的问题。回顾30多年的改革历程,我们可以看到,在改革初期,广东因为其特有的地缘优势(或劣势①)成功地"先行一步",②成为改革的排头兵,而深圳"经济特区"在"杀开一条血路"后也承担着改革开放的"窗口"功能。一旦政治气候允许,改革开放的试验就在1984年由广东和福建扩展至14个沿海城市,邓小平曾在当年的一次高级干部会议上指出,他在这一年办了两桩大事,一是用"一国两制"的办法解决香港问题,另一桩就是开放了14个沿海城市。③ 但改革的前沿不可能总是停留在(东南)沿海,邓小平在南方谈话的第二节也对地区差异的问题,以及应对策略进行了阐释,可以说,不理解这种全国一盘棋内的"此起彼落"的战略构想,就无法理解为何邓小平会在南方视察前后多次表示"上海是我们的王牌","1979年开放四个经济特区时没有开放上海,是他犯的一个错误"。④ 更进一步,2000年开始的西部大开发战略部署即是一个富含空间感的宪制纵深,改革前沿和开放高地由此开始了从沿海向内陆的转移。⑤ 而这一空间的位移和扩展实际上也完成了时间上的接续。

---

① 例如参见陈秉安《大逃港》,广州:广东人民出版社,2010年。
② 参见[美]傅高义《先行一步:改革中的广东》,凌可丰、丁安华译,广州:广东人民出版社,2008年。
③ 《邓小平文选》(第三卷),第84页。
④ 傅高义:《邓小平时代》,第596页。
⑤ 关于西部大开发这一宪法性决策的过程,可参见曾培炎《西部大开发决策回顾》,北京:中央党史出版社、新华出版社,2010年。

115

同时，改革在时空上的纵深并不意味着第一波改革排头兵所形成的模式应当套用于后来者，深圳有着自己行之有效的模式，但这并不能否定西部省份基于自身条件所进行的探索。由是观之，反定型化的宪制策略是植根于中国内部的多元性和差异性之上的，正是基于此，地方制度的参差多态才成为一种合理的选择。在此意义上，有关中国模式的讨论，如要落实在宪法理论的建构上，就表现为中国本身就是反模式的，即中国内部包容、允许，甚至是鼓励了地方政治基于自身条件的探索，而不预设一种可在不同地区加以不断复制的实体模式。如果用任何一种可定型化的实体政策取向来归纳中国模式，那么它必定有英文中所说的"太大了，以至于相互矛盾"（big enough to be inconsistent）①的问题，而反定型化这一概念也正因其所具有的结构性、动态性，以及内容中立性而成为中国宪制模式的一个关键词。可以说，中国因其包罗万象的差异性而生长出了参差多态的诸模式，而这种因地制宜式的创造、竞争和学习正是通过反定型化的过程得以完成的。由此看来，我们经常转述的"一抓就死，一放就乱"并不是中国故事的全部，在中国的政制差序格局中，反定型化的宪法策略实际上在一定程度上解决了法制统一和多元竞争之间的关系，正如下一节所示，这是中国崛起的宪法机制。

本节所运用的反定型化是一个新概念，也是一个可能做出理论贡献的地方。但反定型化并不是孤立存在的，而是与许多学者

---

① 美国历史学家乔治·弗里德里克森就曾这样来形容过林肯，参见 George Fredrickson, *Big Enough to Be Inconsistent: Abraham Lincoln Confronts Slavery and Race*, Harvard University Press, 2008。

在相关问题上的理论建构有着或多或少的重叠。例如,王绍光有关"学习机制"和"适应能力"的论述;甘阳关于"同中有异,异中有同"的亚洲模式的设想;张千帆由"良性违宪"出发所提出的"宪法变通"和"地方试验";德国学者韩博天在论述中国决策机制时指出的"反复试验,不断学习,持续调整";在经济学中,张五常最早提出的"县际竞争",以及近期学者加以阐释的"地方政府竞争",姚洋所叙述的由地方分权到地区间竞争再到地方创新和制度试验的逻辑。①所有这些研究都以不同的理论路径和资源确认了上述的"反定型化"。或许更准确的表述应该是相反,我在此之所以可能提出反定型化,正是因为将理论探索建立在前人研究的基础之上。

三、未完全理论化合意:政治整合问题

1.两种共识策略

政治是众人之事,在"星期五"到来之前,鲁滨逊所在的荒岛是没有政治的。由于物质资源的稀缺及众人之间的分歧,政治成为一种必需,与此同时,因为众人之间存在共识,政治才得以成为可能。以上都是政治学的最基本道理。夫妻之间假若无法达成一丁

---

① 正文中所述学者的观点,可分别参见潘维、玛雅主编《人民共和国六十年与中国模式》,北京:生活·读书·新知三联书店,第278—283页,第273—278页;张千帆:《宪法变通与地方试验》,《法学研究》2007年第1期;[德]韩博天:《中国经济腾飞中的分级制政策试验》,《开放时代》2008年第5期;《通过试验制定政策:中国独具特色的经验》,《当代中国史研究》2010年第3期;张五常:《中国的经济制度》,北京:中信出版社,2009年;冯兴元:《地方政府竞争》,南京:译林出版社,2010年;姚洋:《作为制度创新过程的经济改革》,上海:格致出版社、上海人民出版社,2008年。

点共识,家庭就会破裂,推而广之,假如国家作为一个政治共同体无法取得最基本的共识,那么国家就会瓦解或者分裂,这通常表现为地域性的少数群体脱离原本的共同体,往往伴随着残酷的内部战争。但另一方面,多元社会不可能实现全体成员的绝对共识,因此共识也只能是相对而言的,它有范围上的宽和窄,程度上的深与浅,时间上的长远与短期,在此意义上,现代政治往往就是一种"求同存异"的过程,更准确地说,如何在多元的差异中寻求可合并的同类项。

正是因为共识在现代政治中的重要性,共识作为一个学理概念也就成为当代西方政治理论的一个关键词。而在理论界对共识的讨论中,罗尔斯的"交迭共识"(overlapping consensus)无疑是最具影响力的。我们无需进入罗尔斯设定的理论语境,而只需指出,合理多元主义的现代社会格局之所以能够形成"交迭共识",策略就是让共识尽可能地抽象化甚至空洞化,由此政治各方都能基于自己的整全立场形成对抽象原则的想象及认同。[1] 中国政治语言中经常提到的"宜粗不宜细",就是对这种求同存异策略的一种表述。邓小平本人是此中高手。在起草《关于建国以来党的若干历史问题的决议》这份宪制文件时,邓小平就指出:"这个总结宜粗不宜细,总结过去是为了引导大家团结一致向前看。"[2]1987年,邓小

---

[1] See John Rawls, *Political Liberalism*, *Expanded Edition*, Columbia University Press, 2005.
[2] "这个总结宜粗不宜细,总结过去是为了引导大家团结一致向前看。争取在决议通过以后,党内、人民中间思想得到明确,认识得到一致,历史上重大问题的议论到此基本结束。"参见《邓小平文选》(第二卷),第292页。

平在会见香港基本法起草委员会时也曾指出,基本法的起草"不宜太细",①这是让香港同胞形成对基本法认同的一种政治策略。

而"未完全理论化合意"(incompletely theorized agreements)作为本节的核心概念,最初来自美国法学家桑斯坦对罗尔斯的一个批判。②罗尔斯认为,抽象性越高,就越容易形成共识。未完全理论化合意却是反其道而行之的,桑斯坦认为,根本的方向性问题经常会撕裂社会,但下一步向何处去却可以形成合意,因此,为了节约决策成本和错误代价,政治社会有时有必要形成"窄"和"浅"的共识。虽然两种共识策略在理论上是相反的,但它们在实践中却不是彼此排斥的。事实上,邓小平同样是"未完全理论化"的策略大师,他在南方谈话中所发明的"不争论"就是"未完全理论化"的经典实例。之所以不争论,既不是不能争论,也不是不许争论,而是避免在姓社还是姓资这一根本的方向问题上制造不必要的冲突和分裂,从而失去了发展的机遇,因此不争论就要求"埋头苦干",于是才有了在深圳蛇口广告牌上那句国人皆知的标语:"空谈误国,实干兴邦。"

2.中国宪法中的未完全理论化合意

中国是一个超大型的政治共同体,由此所塑造的政治空间的差序格局也为宪法性共识的形成提出了挑战。在现实政治中,求同存异就要求政治整合,寻求各种立场的最大公约数。但现代社

---

① 《邓小平文选》(第三卷),第220页。
② Sunstein, *Legal Reasoning and Political Conflict* ; Cass Sunstein, "Incompletely Theorized Agreements," *Harvard Law Review*, vol. 108, pp. 1733-1772, 1005.

会可能沿着阶级、种族、宗教、性别产生不同的分裂,相应地,政治整合也因此存在不同的维度。① 下文不拟探讨最吸引眼球的精英和大众之间的"阶级"分歧,②而主要关注政治空间内的地域间区分。这种区分或"分裂"是平展在一张中国政区图之上的,这就决定了它不可能完全对应当代中国的阶级分布,因为简单地说,香港也会有赤贫者,西藏也会有大富翁,我们经常提到的贫富、城乡、种族乃至性别差异在政区图上都不可能是平均分布的。另一方面,我们在此也没有必要将地域区分的逻辑再向前推进,将之抽象为中国的南北问题、内地与边疆或中心与边缘之间的问题。

先看一般意义上的宪法理论,宪法是一种将共同体各个地域部分连在一起的纽带。而宪法之所以可以承担起这一庄严功能,是因为宪法代表着一种历史时刻发生的高级法政治所形成的共识。美国大法官霍姆斯在洛克纳案的反对意见中曾指出,宪法是为具备根本不同政治理念的人所制定的,这实际上就要求宪法应当是高度抽象的,唯有如此才能具备基本的包容性,才能承担起比普通法律更加广泛的团结功能。而对于那些在制宪时刻无法解

---

① 现代宪法学往往只设定国家统一和国家分裂两种结果性状态,这种非此即彼的对比实际上是在预设,一个政治共同体要么是处于分裂、内战或生存危机的"例外状态",要么就是国家统一的常规政治,而基本上忽略了政治整合这样一个过程性的概念。在我看来,宪法学者其实无须自问自答地讨论我们到底处于一个什么样的宪法时代,政治整合和国家建设是一个永无止境的过程,宪法历史不可能终结在任何一处。
② 当然,这并不意味着这种分歧在现实政治中不重要,也不是说它在宪法理论中不重要,只是说在此处的论证中不构成关键问题。

决、但又不能回避的分歧,只能在宪法文本中做抽象化和空洞化的处理。① 由是观之,中国宪法要真正担当起政治整合的功能,②宪法文本就要进行去理论化的处理,任何厚重的意识形态在宪法文本内的确认都会产生排斥效应,让那些无法对此产生最起码认同的人选择"出走"。③ 至少在理论上,宪法承诺的深度与宪法整合的广度存在着一种相反相成的关系,正因此,中国宪法如要承担起更重的整合功能,至少在一定历史时期内,其内容也要做相应程度的去理论化处理。

更重要的是,在反定型化作为一种宪法策略尚未完成其历史使命之前,我们在宪法框架内所追求的共识必定只能是未完全理论化的,在此意义上,任何一种政治共同体不可能总是处于"政治化的政治"状态,很多时期反而需要"去政治化的政治"。④ 从宪法

---

① 在此意义上,我们或许可以从理论上区分四种政治议题,第一种是在制宪时即已取得高度共识的议题;第二种是在制宪时无法形成共识,但又不可能回避,因此只有在宪法文本内做模糊化的表述;第三种是可以留待时间和未来解决的议题;第四种则是不需进入宪法决策过程的常规政治问题。一个富有启发性的分类,即宪法审议的层次(levels of constitutional deliberation),可以参见 Keith Whittington, *Constitutional Construction: Divided Powers and Constitutional Meaning*, Harvard University Press, 1999, p. 5。
② 我在正文中基本上没有处理中国宪法中的政党—国家结构问题,但应指出,中国共产党目前实际上承担着最基本的政治整合功能。一个相关的论述,可参见邹谠《论中共政党国家的形成与基础》,载邹谠《中国革命再阐释》,香港:牛津大学出版社,2017年,第8—9页。
③ 关于 voice、exit 和 loyalty 三者之间的关系的经典论述,可参见 Albert Hirschman, *Exit, Voice and Loyalty: Responses to Decline in Firms, Organizations and States*, Harvard University Press, 1970。
④ 关于"去政治化的政治",可参见汪晖《去政治化的政治:短20世纪的终结与90年代》,北京:生活·读书·新知三联书店,2008年。

理论的立场出发,这种未完全理论化的共识模式构成了一种合宜的政治整合策略,至少在反定型化尚未退出历史舞台前是如此。换言之,在中国内部各地域的时空差异性尚未抹平之前,[①]任何追求完全理论化或彻底政治化的冲动都有自身的危险,这一方面体现在完全理论化有可能造成共同体在根本政治议题上的分歧乃至分裂,由此让宪法失去了政治整合的基本功能,另一方面就在于它可能危及邓小平在改革之初就设定的宪法策略,因此不适当地压制了由下至上的制度空间试验。在此意义上,未完全理论化合意拒绝意识形态泛化的专断,它实际上还是在告诉中国的决策者及学者,在相当长的一段时间内,唯一要加以定型化的就是反定型化本身,地方试验主义的宪制反对任何以一种实体模型进行整齐划一地整合。如果回归宪法的实质性定义,即那些常规政治过程所不能改变的规范或命令,那么反定型化及其所要求的未完全理论化共识乃是中国在改革时代的结构性宪法。

3. 中国做对了什么?——基于宪法理论的一种简答

近年来,尤其是在纪念改革开放 30 周年前后,海内外学界在讨论中国崛起和中国模式时经常会提出一个问题,中国到底做对

[①] 新物质技术的出现可以推平时空的差异性。例如,高铁一方面让社会时间得以提速,另一方面也使得空间在缩小。互联网的普及实际上也推平了原有的以省为单元的政治信息传播和沟通结构,可参见田雷《跨省监督:中国宪法体制内的表达自由》,《北大法律评论》2012 年第 1 期。

了什么?① 既然本章定位为中国宪制模式的一种论述纲要,在即将结束主体部分的论述时,我有必要从宪法理论的立场和方法来简要回答这一问题,即中国的宪制实践到底做对了什么。

至少在以上的论述脉络中,问题的答案可以归结为中国在改革时代所运转的一种反定型化的宪制系统,正如相关论述中所阐释的地方试验、宪法变通、区域竞争、学习和适应能力,反定型化在一定程度上解决了同一性和差异性、中央控制和地方试验之间的矛盾,两个积极性作为宪法策略摆脱了时间维度内的"一放就乱、一抓就死",而充分有效地利用了空间维度内的"辽阔博大"和"包罗万象",由此实现了各得其所的调适。贝淡宁近期有一篇题为《中国可以教给欧洲什么?》的评论文章,在比较重庆和成都两地解决城乡差距的不同探索后,贝淡宁指出:"最终,中央政府将决定何者走得通,而何者走不通。而这并不是一件坏事;它鼓励了地方性的变通和内部间的竞争。欧洲的领导人应该记录下这一点。中央权威不仅应该有权惩罚'失败者',如欧洲在希腊问题上所做的那样,还应该有权奖励那些为欧盟其余国家设定一种良好示范的

---

① 例如参见周其仁《邓小平做对了什么?——在芝加哥大学"中国改革 30 年讨论会"上的发言》,载《经济观察报》2008 年 7 月 28 日。关于这一类问题的正当性与理论挑战,张五常在《中国的经济制度》中有一段精彩的说明:"一个跳高的人,专家认为不懂得跳。他走得蹒跚,姿势拙劣。但他能跳八英尺高,是世界纪录。这个人一定是做了些很对的事,比所有以前跳高的做得更对。那是什么?在不同的内容上,这就是中国的问题。""不要告诉我什么不对。我可以在一个星期内写一本厚厚的批评中国的书。然而,在有那么多的不利的困境下,中国的高速增长持续了那么久,历史上从来没有出现过……中国一定是做了非常对的事才产生了我们见到的经济奇迹。那是什么呢?这才是真正的问题。"参见张五常《中国的经济制度》,第 117 页。

'成功者'"。①首先应该指出,贝淡宁对"地方性变通"和"内部竞争"的概括并不具有太多新意。②在此之所以选出贝淡宁的这篇报纸评论文,是因为他自觉地找准了宪法比较的参照系,具体地说,他不是在中国和欧洲任何一个民族国家之间做比较,而是在比较中国和欧洲,这一参照系可以让我们更好地理解中国宪制模式及其实践。

众所周知,中西方在19世纪的重遇,让中国被动地纳入了欧洲人所定义的国际政治秩序。为了摆脱落后就要挨打的局面,更为了避免中华民族的"亡国灭种"的危机,中国在20世纪的根本历史任务就是要将自己建设成一个现代民族国家,无论共产党还是国民党,也包括一切进步的政治力量,此任务均构成他们为之努力奋斗的政治目标。追根溯源,现代民族国家起源于欧洲,原因即在于欧洲的列国割据局面及其所内生的战争、国家建设和制度扩散。③反过来说,中国之所以在近代陷入落后就要挨打的境地,原因之一就在于中国在长期大一统的政治格局内失去了区域间竞争的压力和制度创新的动力。因此,中国早在公元前就建立起一种准现代意义上的国家,④这种政治早熟一方面护卫着中国古代灿烂

---

① Daniel Bell, "What China Can Teach Europe," *The New York Times: Sunday Review*, Jan. 7, 2012.
② 例如,汪晖近期也提出了"中央的整合能力"与"地方的适应能力",参见汪晖《革命、妥协与连续性的创制》,《社会观察》2012年第1期,第15页。
③ 例如参见 Charles Tilly, *Coercion, Capital, and European States, AD 990 – 1992*, Wiley-Blackwell, 1992。
④ See Francis Fukuyama, *The Origins of Political Order: From Prehuman Times to the French Revolution*, Farrar, Straus & Giroux, 2011.

夺目的文明，但另一方面也导致中国政治无法内生性地完成向民族国家体制的转型。

综合地看，无论是中国式的"四海一家"的大一统，还是欧洲式的"分疆裂土"的列国或战国状态，都各有其宪制意义上的利弊。简单地说，大一统可以保证一种最低限度的政治秩序，既然内部不会发生战争，也就能团结一致对外以维护国家安全，但弊病在于，大一统格局下的政治发展很可能进入"超稳定"的停滞状态。反过来说，列国或战国格局必定会催生国家间的制度竞争，但列国体制不仅会造成内部战争，更重要的是，列国体制本身就意味着最基本的政治秩序的失败。也是因此，宪法学者切勿做简单的反向推理，既然多元格局可以允许精英"用脚投票"或制造"竞争机制"，就因此应该人为制造出群雄逐鹿中原的分裂格局。尤其是现代中国不再是"位于中央的王国"，而是世界民族之林中的一员，换言之，竞争性的格局早已不只是中国的内部问题，而是中国作为一个国家所必然面对的世界格局，因此断然没有分裂中国以求得制度竞争动力的道理。①

由是观之，中国宪制模式最大的成功就在于，自1978年开始的改革开放时代以来，中国的宪法决策者因应中国政治空间的差序格局，以自觉的反定型化策略作为一种实在的宪法规范，在中央控制的前提下允许并且鼓励地方因地制宜的试点和试验，并且允许地方之间的制度竞争和学习，接下来才在宪法框架内审慎地进行未完全理论化的合意，这既构成了对中国宪制模式的一种概括，又

---

① 关于这一命题的精彩论述，可参见张翔《列国竞争、乡邑自治与中央集权——康有为海外游记中的"封建-郡县"问题》，《开放时代》2011年第11期。

指向着中国模式或中国奇迹的宪法基础。

四、宪法理论的一点检讨

总结以上的讨论:我们以中国宪制模式为题,以"差序格局"、反定型化和未完全理论化合意为关键词,层层递进发现了中国宪制的一个结构性面向。具体地说,"差序格局"是中国宪制模式的物质基础,是中国宪法实践及理论思考的立足点。有关"差序格局"的讨论要求中国宪法的研究者必须自觉地面对中国,也就是说,中国宪法学在建构面向未来的理想图景之时,首先必须"脚踏实地"回到中国的国情。反定型化是由差序格局所决定的中国改革的宪制策略,至少根据邓小平的论述及我们当下的实践,中国改革在相当长的时间内包含并且包容着参差多态的地方模式,我将此概括为一种基于地方试验主义的宪法。① 它允许由下至上的因地制宜的制度创新和政策试验,地方政府"大胆试",中央政府则"允许看"。在此基础上,中国宪制作为一种整合机制,一方面要尽可能地形成可以团结最大多数人的共识,另一方面也要自觉地保持共识的未完全理论化。之所以反对完全理论化的宪法共识,不仅是建设一个各得其所的自由社会的要求,还是由差序格局政治空间及其内部差异性与反定型化作为特定时期的宪法策略所共同决定的。在上述论证过程中,这三个概念在理论逻辑上是层层递

---

① 在美国宪法语境内的一种相关思考,可参见 Michael Dorf and Charles Sabel, "A Constitution of Democratic Experimentalism," *Columbia Law Review*, vol. 98, pp. 267-473, 1998。

进的,它们所共同建构的宪法实践模型,构成了理解中国宪制的一个重要维度。同时也应指出,我在论述时力求回到妇孺皆知的国情通识和可见于学界的一些中国论述,这是因为理论必须来自实践,并回到实践,为实践所检验。

正如我在开始时就批评中国宪法学未能看见中国宪制,在本章的主体论证完成后,我在此有必要回应一种可预期的批评,即以上对中国宪制模式的讨论也未能看到宪法。应当承认,在纪念"八二宪法"作为一部法典诞生30周年之际,以上所述,既未解释"八二宪法"的单个或多项条款或者文本结构,也没有探索宪法作为一种文本的解释方法或实施机制。之所以选择这么做,是因为我对宪法特别是中国宪法所特有的一种理解:我从不否认宪法是并且首先是一种文本,但更希望探讨宪制作为一种积极的政治作为是如何实践的。在以上的论述中,宪法不是法院解释宪法所形成的判例或司法学说,其在一定程度上超越了宪法对政体的建构和对政治过程的塑造,即我们通常所说的宪法政体问题,并且最大限度地回到了宪法的概念原意,即政治共同体的根本结构方式。[1]

宪法作为共同体的根本构成方式这一命题,可以从积极和消极两个方面加以理解。其积极方面表现为通过制宪这种政治作为的"合众为一",即原本生活栖居在同一块土地上的多个共同体通过制宪这种政治作为,将各个共同体合并在一起,"宪法"由此取代了"国际法",成为调控彼此间关系的根本大法。其消极方面实际上就是"合众为一"的反向运动,它要求统一的共同体绝不能退回

---

[1] 关于宪法概念原意的一个探讨,可参见章永乐《旧邦新造:1911—1917》,北京:北京大学出版社,2011年,第14页。

到"列国体制"的分裂格局,这通常表现为共同体的四分五裂或地域性的脱离,由此原本由宪法所规范的内部事务退回到由国际法调控的国际问题。

从历史上看,多个共同体通过宪法实现合并,最成功的案例莫过于美利坚"合众国"的创制。宪法学者经常因为马伯里诉麦迪逊案为美国宪制贴上司法宪制主义的标签,这其实是对美国宪制史的一种误读。事实上,从《联邦党人文集》前9篇的论述中,我们可以发现美国制宪者的积极且自觉的政治作为,具体地说,美国之所以要制宪,就是因为要实现"联合国在北美"的宪制合并,要在公民个体为本的基础上进行统一宪制立国。在联邦党人看来,这既是要防止新大陆重蹈欧陆旧世界的政治覆辙,又是要学习英伦三岛在1707年宪制合并的经验。① 这里的基本宪制原理就是经由制宪作为的合众为一,对内杜绝列国体制和内部战争,对外团结一致保家卫国。在经由制宪而建国后,美国宪制的连续性就体现在它是在一部宪法的框架内完成了国家建设和重建。例如,我们知道,美国在建国之初只有13个州,现在却有50个州,正如苏联的解体根据苏联宪法是一种宪法过程,美国扩张也是一个宪法过程。② 就此而言,如果说美国的宪制发展表现出一种例外主义,那就是这一宪制建国和扩张的过程从根本上有别于欧洲的割据、边界、战争、条约的政治发展逻辑。国际法来自欧洲,宪法来自美国,但它们实际

---

① See Akhil Reed Amar, "Some New World Lessons for the Old World," *University of Chicago Law Review*, vol. 58, pp. 483-510, 1991.
② 一个相关的讨论,可参阅 Sanford Levinson and Bartholomew Sparrow, *The Louisiana Purchase and American Expansion, 1803-1898*, Rowman & Littlefield Publishers, 2005。

上都是在处理国家统一和"国际关系"的问题,只是国际法是在处理敌我之间的你死我活的斗争,而宪法却是在处理同胞之间的内部矛盾。①欧洲只是在经历两次大战的淬炼后,才发现民族国家体系的国际法无法解决欧洲问题,这才启动了由"条约"到"宪法"的"合并"过程。在大历史的视野内,欧盟制宪不正是要建立起一个欧罗巴合众国吗?②

在经由制宪实现"合众为一"后,共同体时刻都要准备着防止它自身的裂变和崩溃,杜绝在原有的政治区域内重新出现一种新"列国体制"。一旦出现这种"最糟糕的情形",就意味着宪法的退场和国际法的出场,在此意义上,"去列国体制"是一国宪法首先要面对的历史任务。现代宪法可以在多个层面上解决这一问题,首先,宪制理念和脱离权本身是相互冲突的,这也就意味着地方绝对不可能单方面带着它的土地离开共同体,因此国家统一和反分裂是同一问题的两个方面;③其次,国家统一和分裂都表现为一种结果性的状态,在常规时期,宪法每时每刻要进行政治共同体的整合,不能指望在例外状态下的毕其功于一役。由于共同体存在着不同的分歧可能,其整合也相应具有不同的逻辑和技术。再次,作为政治科学的一种研究,宪制设计和工程学也有关于政治整合的

---

① 参见 Jack Goldsmith and Daryl Levinson, "Law for States: International Law, Constitutional Law, Public Law," *Harvard Law Review*, vol. 122, pp. 1791-1868, 2009。
② 参见 Bruce Ackerman, "The Rise of World Constitutionalism," *Virginia Law Review*, vol. 83, pp. 771-798, 1997。
③ See Cass Sunstein, "Constitutionalism and Secession," *University of Chicago Law Review*, vol. 58, pp. 633-670, 1991。

思考。例如,比较政治学内的"统和性民主"实际上就是在探索多元社会的政治稳定性问题。① 归根到底,任何宪法改革都必须考虑到它对政治整合是否会有反作用。②

在这里还应简单说明,以上将内和外及其相对应的宪法和国际法进行了一种非此即彼的处理。但在具体问题上,尤其是在中国差序格局的政治空间之内,宪法作为对内治理的技艺并不就必然排斥国际法的方法和认识论上的启示。也就是说,在政治实践中,两者之间不是简单的非此即彼,而是在相当程度上相互流变和借鉴的。

现代宪法学充斥着关于权力切割术的讨论,在预设国家是必要之恶的前提下,宪法的功能被理解为如何对国家权力结构进行纵剖横切,如何让权力制衡权力,让权利制约权力。在此意义上,现代宪法学的体系建构实际上是在进行解构的工作,具体地看,联邦制、三权分立、两院制、两党制(或多党制)、司法审查、隐私权,这

---

① 关于"统和性民主"(consociational democracy)概念的提出,参见 Arend Lijphart, *Democracy in Plural Societies: A Comparative Exploration*, Yale University Press, 1977。

② 袁世凯的宪法顾问古德诺就曾在中国宪制史上留下一段公案,这位美国的进步主义者认为立宪君主制要比共和制更适合中国,在我看来,古德诺问题的根本出发点就在于共和制在中国有可能滑入一种最坏的政体,但立宪君主制却更可能避免这种"滑坡",因此在古德诺这位宪法顾问看来,中国的根本宪制问题不是有没有皇帝的问题,也不是好皇帝或坏皇帝的问题,而是中国能否自我生存的问题,共和制之所以不适合中国,在于它难以解决接班人的问题,从而走入古德诺反复指出的"小专制者林立"的政治格局。参见 Dr. Goodnow's Memorandum to the President, in *Papers Relating to the Foreign Relations of the United States*, 1915, p. 57。关于这一解读的详细阐释,请参见本书的下一章《最坏的政体——古德诺的隐匿命题及其解读》。

些在现代宪法学中被奉为金科玉律的学说都是在不同层次和角度上分解共同体。而将宪法还原为政治共同体的根本构成方式，实际上赋予宪法更重要同时也更庄严的功能，在我看来，中国宪法首先并且主要的问题在于如何成为中国这一政治共同体的联系性纽带，发挥其建构性乃至构成性的功能，而且，这里的构成性也不只是解释中国为什么能或做对了什么，它指向一个理论上更关键且在实践中决定全局的问题，即中国作为一个共同体的存在合理性。也因此，以上所建构的模型虽然只是一种论纲，只能揭示中国宪制因为理论的傲慢与偏见被遮蔽的一角，但至少在我看来，这是相当关键的一角，无论是宪制的实践还是宪法理论的探索，均为如此。在此意义上，我要感谢所有坚持到这里的读者，或许他们会认为我在此提出了一个有价值的真问题，并且在努力解决这一问题的过程中提出了一点关于中国宪制实践的新知。

最坏的政体
——古德诺的隐匿命题及其解读①

> 中国的问题是一种中国问题。
> ——弗兰克·古德诺

> 这里没有任何翻案文章要做,谈论他只是为了有益于我们自身。
> ——托·艾略特

一、认真对待古德诺

一个多世纪前,面对着所谓的"三千年未有之大变局",中国从老大帝国变为现代民族国家的"旧邦新造",从一开始就围绕着"开

---

① 本章原刊于《华东政法大学学报》2013 年第 5 期,在刊发时因篇幅所限,做了较多的删减,本章为全文。

议院,定宪法"的政治诉求,要学习西方宪制经验来推动本国的宪制建设。就此而言,20世纪中国的国家建设和宪制建设实乃一体两面的变革过程。① 而在中国走向共和的历史开端,弗兰克·古德诺教授以民国政府聘请的总统宪法顾问的身份来华,从1913年至1915年参与中华民国初期的宪制建设。古德诺在华前后近两年时间,最后在1915年暑期访华期间,应袁世凯总统的要求写下了一篇比较共和制和君主制的"备忘录",也就是我们今天所知的《共和与君主论》,②"一不小心"成为洪宪帝制运动所借重的外国先进理论。

也是因此,在主流的历史叙述中,古德诺来华构成了民初宪制失败总记录的一个片段。而古德诺也通常被认为是袁世凯复辟运动的"吹鼓手",他在共和初建的关键时刻来华,非但未能进入中华民族的宪法名人堂,反而因其开历史倒车之举而被钉在了历史的耻辱柱上,即便偶尔出现同情式的理解,也忘不了去揶揄古德诺那"老学究的政治天真"。③ 时下的史学流行翻案风的潮流,要去重新讲述失败者的历史,杂多而复调的多元叙事因此成为历史讲述中的"政治正确"。而翻案风通常是以"拨乱反正"自居的,换言之,我们当下所接受的历史叙述原本就是被颠倒的,因此所谓的翻案实际上就是要把颠倒的历史再重新颠倒回来。但这种翻案风或许

---

① 关于宪制与国家建设在民初宪制史中的讨论,参见章永乐《旧邦新造:1911—1917》,北京:北京大学出版社,2011年,第14页。

② 《共和与君主论》中文版,参见[美]古德诺《解析中国》,蔡向阳等译,北京:国际文化出版公司,1998年,第148—154页。而"备忘录"原文,可参见美国国务院的外交关系档案,Dr. Goodnow's Memorandum to the President, in U.S. Dept. of State, *Papers Relating to the Foreign Relations of the United States*, 1915 (Washington, 1924), pp. 53-58。

③ 唐德刚:《袁氏当国》,桂林:广西师范大学出版社,2004年,第160页。

很难惠及古德诺,因为根据一套政治正确的讲法,古德诺的失败之处就是开历史倒车,甘做帝王将相的吹鼓手,是永远钉在历史耻辱柱上的铁案。

学术研究经常免除不了因人废言的流俗,古德诺与中国宪制的题目迄今并未出现兼具理论深度、历史视野和政治关怀的研究。要认真对待古德诺,其意不在为古德诺翻案。这里的认真对待,首先是要承认古德诺及其备忘录对中国宪制史的"介入",作为宪法学研究的课题,所具有的意义远远超出当下占据学者研究日程的许多题目。正如唐德刚先生所言,"这一年半,却是中国试行共和政体的关键时刻。以古氏在学术界的权威地位,他的片言只字,对中国政治所发生的影响,都是无法估计的"。① 但在宪法学的意义上,古德诺对民初宪制的介入并不是因为唐先生所说的学界权威地位,而在于古德诺的总统宪法顾问的政治身份。说得简单些,不是每一个外来的和尚都会念经:古德诺的角色远非后世来华的改革顾问所可比拟(比如法学界更多关注的,在1940年代作为司法行政部顾问来华的罗斯科·庞德,或者在五四期间访问中国的哲学家杜威),而那些近年访华仅在学术市场上兜售理论的西方大师,回国后发表一些如"在北京认真对待权利"之类的高端洋气但浮在表层的意见,与古德诺更是不可同日而语。因此,在古德诺来华100周年之际,法学界有必要去重新讲述古德诺的故事。

重新讲述古德诺与民初宪制,作为一篇法学论文,势必要从他的《共和与君主论》入手,重返历史的现场,对这篇让古德诺"百口

---

① 唐德刚:《袁氏当国》,桂林:广西师范大学出版社,2004年,第155页。

莫辩"①的文献做语境化的解读。重返现场从逻辑上有两种方法,第一种是"横看",古德诺来华担任总统宪法顾问,此事件本身已经构成了中国宪制史的一部分,"横看"就是考察古德诺作为一种外来变量,是如何"介入"民国宪制斗争的,是如何镶嵌在民初宪制的运转系统之内的。法学界近期对清帝《逊位诏书》的深度研究就属于此类"横看",讲述的是历史在某个横断面上的群像。② 第二种方法就是本章所要采取的"纵观"。唐德刚曾用"满腹诗书,胸无城府"③来评点古德诺,古氏是否真是"胸无城府"暂且不论,而他的"满腹诗书"却是盖棺论定的,古德诺被公认为美国政治学、行政学和行政法学三个学科的奠基人,因此"纵观"就是要将古德诺在《共和与君主论》的论断放回古德诺学术思想的来龙去脉内,用古德诺自己去比对、解析和批判古德诺。众所周知,古德诺在美国是一位进步主义的改革者,而他在中国却首先是一位极尽保守之能的"复辟"分子,之所以要"纵观"就是希望能找到一种新的叙述,将两种形象的古德诺综合为一个完整的古德诺。

　　为此,我们将重读古德诺以下三种论述:(1)古德诺关于中国宪制改革的学术论著,主要是1914年、1915年发表于《美国政治学评论》上的《中华民国的议会》和《中国的改革》及1914年末在政治学联合会的演讲《宪法调适与民族需求》,也包括古德诺在1926年出版的专著《解析中国》,其中有详细讨论中国政治和政局的章节。(2)古德诺在华期间,曾于1913年秋季学期为北大学生开设比较

---

① 唐德刚:《袁氏当国》,桂林:广西师范大学出版社,2004年,第159页。
② 关于清帝《逊位诏书》的研究,参见《环球法律评论》2011年第5期的专题讨论。
③ 唐德刚:《袁氏当国》,桂林:广西师范大学出版社,2004年,第155页。

宪法的系列讲座,1916年在美国基于北大讲稿出版了《立宪政府原则》,出版后的成书虽然是面向美国学生的教材,但不少地方还是保留了对中国宪制问题的评点。(3)古德诺发表的一般学术作品,例如公共行政学的开山之作《政治与行政》及《比较行政法》等经典作品。而以下的纵观,就是根据古德诺在以上三个层面上的论述去对勘《共和与君主论》中的古德诺。①

君主制比共和制更适合中国,这是古德诺在《共和与君主论》中的结论,我将之称为古德诺的"显白命题"。正是因为有了这个白纸黑字的论断,古德诺好像在作案现场被当场抓获的罪犯,他在共和制与君主制之间站错了队的事实可以说是铁证如山。但问题在于《共和与君主论》本身是袁世凯为古德诺所出的"命题作文",其行文要求如美国学生所写的"response paper",而古氏的显白命题实际上只是对袁世凯所出题目的一个"回应"而已,就此即对古德诺下最终的结论,我们对古德诺的理解就只能是零散的、无法拼贴起来的碎片。在不同的场合或语境内,古德诺还指出过总统制比议会制更适合中国,咨询性的议会要比决策性的议会更适合中国,但这与其说是古德诺本人的自相矛盾,不如说是我们缺乏一个

---

① 正文中所涉文献分别如下：Frank Goodnow, "The Parliament of the Republic of China," *The American Political Science Review*, vol. viii, no. 4, pp. 541-562, November 1914; "Reform in China," *The American Political Science Review*, vol. ix, no. 2, pp. 209-226, May 1915; "The Adaptation of a Constitution to the Needs of a People," *Proceedings of the Academy of Political Science in the City of New York*, vol. 5, No.1, pp. 27-38, 1914; Frank Goodnow, *Principles of Constitutional Government*, Harper & Brothers Publishers, 1916。[美]古德诺:《解析中国》,蔡向阳等译,北京:国际文化出版公司,1998年;《政治与行政:一个对政府的研究》,王元译,上海:复旦大学出版社,2011年。

理解古德诺思想的"纲领"。

接下来的任务,正如本章标题所示,就是要发掘出在古德诺显白命题下的"隐匿命题"。有了这个隐匿命题,古德诺在不同场合针对不同听众或读者的论述,就不再是无法拼贴起来的碎片,而成为一个融贯的整体。严格说来,古德诺并未将这个隐匿命题完全隐藏起来,只是由于在共和与君主制之间的比较成为我们思考古德诺的参照系,因此就遮蔽了隐匿命题的线索。在我看来,古德诺关于中国宪法改革的全部论述,思考的出发点都是中国的宪法改革如何避免将自身改成衰朽政体。这一隐匿命题可以从两个层面上理解。首先,如果只是看古德诺论述何种政体更适合中国,那么答案总是视语境而定的,但古德诺的宪法思想有一个从未变过的公理,这就是对最坏政体的回答,在古氏看来,最坏政体就是一国境内"小专制者林立""军人专政"的政治格局。其次,古德诺在回答何种政体更合适中国的时候,他的逻辑是要追问何种政体更有可能避免中国堕入最坏政体,例如,君主制之所以比共和制更适合中国,并不是君主制在一般意义上要优于共和制,而是因为共和制在中国更有可能衰变为最坏政体,而君主制则有更多的资源去预防这种最坏的场景。

下文分三个部分。第一部分将重读古德诺1915年的"备忘录",为古德诺的显白命题找到它所以提出的小语境。第二部分将建构古德诺本人的思想世界,在一个更大语境内去思考古德诺的显白命题,由此得出"最坏政体"的隐匿命题;古德诺作为总统宪法顾问,他的思考出发点始终是一国的宪法设计要避免宪制改革衰朽为最坏政体,这在另一种意义上也是唐德刚所说的"受人之托,忠人之事"。① 第三部分将思考古德诺的论述对当下宪法学思考的意义，我们能否从古德诺这位失败者的思想中找到我们更需要同时又更缺乏的理论资源。

二、古德诺的"备忘录"及显白命题

1.古德诺的中国行

古德诺的中国之行，只能说是命运的偶然。1913年初，中国政府通过哈佛前校长查尔斯·艾略特，以及卡内基万国和平基金会，拟聘请一位精通法国宪法的专家担任中国政府的宪法顾问。54岁的哥伦比亚大学法学教授古德诺，以其无与伦比的学术地位，在多位候选人中间脱颖而出，时任哥大校长巴特勒在推荐信中曾有如此评价："就我的判断，古德诺学术精深、世事练达、性格宽厚，是此职位的最佳人选。"②古德诺随后签下一份年薪12 000美元、为期三年的合约，乘火车经西伯利亚于1913年5月3日到达北京，开始了他"顾而不问"的中国之行。古德诺自己或许并未意识到，他是在中国宪制的一个关键时刻踏足中国，唐德刚对此有过概括："古氏于1913年5月3日抵达北京时，正值宋教仁被刺（3月20日），孙中山从日本赶回上海（3月25日），紧锣密鼓，督促三省都督起兵讨袁；袁亦调大兵南下，志在削藩，南北战争一触即发之时。"③

---

① 唐德刚：《袁氏当国》，桂林：广西师范大学出版社，2004年，第155页。
② 转引自 Noel Pugach, "Embarrassed Monarchist: Frank J. Goodnow and Constitutional Development in China," 1913–1915, *Pacific Historical Review*, vol. 42, no. 4, p. 502, 1973。
③ 唐德刚：《袁氏当国》，桂林：广西师范大学出版社，2004年，第156页。

古德诺的中国行可分为两个阶段,第一阶段从 1913 年 5 月到 1914 年 8 月,为期一年有余,因受聘约翰·霍普金斯大学校长而返回美国。此阶段,古德诺平日里在袁世凯主导的宪法研究会下工作,1913 年秋季学期更是忙里偷闲,在北京大学全程讲授了一次宪法学课程。1914 年 1 月,袁世凯解散国会,5 月颁布了有"袁记约法"之称的《中华民国约法》,废除 1912 年的《临时约法》,新宪法在当时还曾有"古德诺宪法"的冠名。但公允地说,古德诺在此次制宪过程中并未扮演任何具有实际影响力的角色,古德诺在其私人通信内曾经提过,他在约法起草阶段并未接受官方的咨询,他的唯一贡献就是将约法翻译为英文。但不可否认的是,"袁记约法"所规定的强总统制符合古德诺一直以来的建议,而古氏在 1912 年临时约法和 1914 年约法之间也是立场鲜明的,他在写给巴特勒的信中曾坦言:"我必须承认……总体上我认可这部宪法。"直至 1921 年,尘埃落定之后,古德诺对此版宪法的评价还是"总体上符合中国的条件"。[①]

第二阶段是 1915 年 7 月至 8 月,此次古德诺是在暑期依约来华履行顾问职务,也是在此次逗留中国期间,古德诺写了那篇被命名为《共和与君主论》的"备忘录"。美国时任驻华公使芮恩施曾在回忆录内交代了古德诺写作此文的背景:"宪法顾问弗兰克·古德诺博士于 1915 年 7 月中旬回到北京,作短暂停留。袁要他为总统准备一份备忘录,就共和政体和君主政体哪一种形式更适合于中

[①] 转引自 Noel Pugach, "Embarrassed Monarchist: Frank J. Goodnow and Constitutional Development in China," 1913–1915, *Pacific Historical Review*, vol. 42, no. 4, pp.504–505, 1973。

139

国国情作一比较。古德诺博士照办。"①古德诺的这篇政论文随后即被翻译为《共和与君主论》，成为8月中旬成立的筹安会通电全国的文件。而筹安会在其成立宣言中也宣称："美国者,世界共和之先达也。美人之大政治学者古德诺博士即言,世界国体,君主实较民主为优,而中国尤不能不用君主国体。"古德诺因此成为帝制运动所借来的洋东风。据传,古德诺对自己被当作棋子而感到气愤,但他并未因备忘录事件而同中国政府分道扬镳,也未曾就此与袁世凯割袍断义,根据《纽约时报》的报道,古德诺在8月底返美前还在上海称："袁世凯是将共和国维持在一起的第一人",并在返美后继续宪法顾问一职,直至1917年。②此职在1917年由古德诺在霍普金斯的同事、该校政治学系创建人韦罗璧（Westel Willoughby）接任,韦罗璧曾著有《中国的立宪政府:现状与展望》一书。③

2."备忘录"的"显白"解读

我对备忘录的解读,所用的文本并不是中文版的《共和与君主论》,而是英文原版的 Memorandum。④ 客观地说,袁世凯的党羽在翻译此文时未动太多手脚,特别是在共和制和君主制比较的命题

---

① ［美］保罗·芮恩施:《一个美国外交官使华记》,李保宏、盛震溯译,北京:商务印书馆,1982年,第136页。

② 转引自 Noel Pugach, "Embarrassed Monarchist: Frank J. Goodnow and Constitutional Development in China, 1913–1915," *Pacific Historical Review*, vol. 42, no. 4, p. 515, 1973。

③ Westel Willoughby, "Constitutional Government in China: Present Conditions and Prospects," *Carnegie Endowment for International Peace*, vol. 47, 1922.

④ Dr. Goodnow´s Memorandum to the President, in U.S. Dept. of State, *Papers Relating to the Foreign Relations of the United States*, 1915 (Washington, 1924), pp. 53-58.

上,中译本将古德诺的意见翻译为"然中国如用君主制,较共和制为宜,此殆无可疑者也",而古德诺原文对这句话的表述同样是不容置疑的:"It is of course not susceptible of doubt that a monarchy is better suited than a republic to China."既然如此,还要以英文原版的备忘录为基础,一方面是因为中文版的《共和与君主论》早已是众口铄金,相比之下,英文版的备忘录却为我们进入古德诺提供了未经污染的难得入口;另一方面,事实上更为重要的是,"备忘录"的题目忠实地反映着其作为"命题作文"的文体,中译本选择以"共和与君主论"命名,虽然抓住了袁所命题目及古氏所作解答的纲领,却因此屏蔽了古德诺在备忘录及其余论述内的思考,如果今人还是沿着在共和与君主制之间的路径去进入古德诺的思想,那么我们事实上就无法超越上述的那个显白也是浅薄的结论,而从英文版入手,我们才有可能打破二元对立方法对我们思考的禁锢。

古德诺作此文的缘起是受命去比较共和制和君主制,但他在行文中并未对这一对概念进行专题区分,而只是在备忘录文至中部,才以英文句法中的一个定语从句对共和制政体给出一个简单的定义:共和政体就是执法权非世袭的政体。换言之,在古德诺的所有讨论中,君主制和共和制的基本区别在于政府三权内的执法权是以何种方式交接的,如果是世袭的,则是君主制,反之则是共和制。这是在进入备忘录之前的一点说明。[1]

古德诺在备忘录开始就开宗明义,一国政体(form of government)很少取决于该国民众或精英的自觉选择,基本上都是

---

[1] Dr. Goodnow's Memorandum to the President, in U.S. Dept. of State, *Papers Relating to the Foreign Relations of the United States*, 1915 (Washington, 1924), p. 57.

由"人力无法控制的力量"所决定的,古德诺称之为"现实生活的必需"(necessities of practical life)。而这些力量包括该国此前的"历史""传统""社会和经济条件",其中最重要的就是"暴力"(force)或者"实力政治"。如果让古德诺去回答汉密尔顿在《联邦党人文集》中所提出的问题,那么一国的政治宪法显然并不取决于"慎思和选择",而在于"机遇和强力"。古德诺接下来以君主制的起源为例阐释了其政体论的基本原理,在古氏看来,君主制的出现归根到底是因为有一位强人可以击败所有的竞争者,独占国家权力。在通常情况下,君主制可以解决执法权的交接这一人类政府"最困难的问题"。因为君主制是执法权世袭的政体,因此更有可能形成既明确又受到承认的"继承规则",例如英国法中所说的"国王已死,国王万岁",老国王的肉体终会衰朽,但继承法可以确保王朝政治千秋万代。①

　　备忘录接下来的两节分别讲述了共和制在欧洲和拉美的历史经验。在人类历史上,君主制从来都是政权组织的主流,共和制仅存在于小国寡民因而同质性高的共同体内,但在过去的150年却发生了一个从君主制到共和制的运动。古德诺接下来的行文如同写作一篇比较政治学的论文,简单说来,他首先以英国、美国和法国的经验作为一组成功案例,其次是以拉丁美洲尤其是墨西哥作为一组失败案例,因此寻找共和制实践失败或成功的"自变量"。英国在17世纪的内战革了国王的命,但其后建立的共和国却因为未能解决接班人的问题,导致了王室的复辟。接下来,美国的革命

---

① Dr. Goodnow´s Memorandum to the President, in U.S. Dept. of State, *Papers Relating to the Foreign Relations of the United States*, 1915 (Washington, 1924), pp. 53-54.

者在革命后建立起一个共和国,因为"在美国没有可以委托国家政府的王室",而且首席国父也即首任总统华盛顿也没有子嗣,①更重要的条件是,美国人在独立前就经历过长时间的自治训练。古德诺认为,正是因为以上种种条件,美国共和制才得以延续下来。法国的案例看起来更为复杂并且反复,其在大革命后经历了共和制和君主制的多次轮替,但在古德诺写作时,法兰西第三共和已经延续了近半个世纪,所以古德诺乐观地认为法国共和制已经解决了执法权的交接问题,而这同样要归功于法国人的自治经验和政府普及的公共教育。

相比之下,拉美的共和试验构成了一组对比案例。拉美殖民地在独立后以美国为师,但其共和试验却导致了"持续的失序场景",在有强人当政时可以维持短暂的和平时期,一旦强人年老体衰,各路军人对政治中枢的竞逐就会导致"失序"、"无政府"和"混乱",因此,在共和土壤尚不具备的条件下去推行共和制,其"命运"就是短暂的强人政治和漫长的军事混战的交替。②

正是基于这组比较,古德诺接下来得出了两条"共和制历史的教训":(1)如果民众有政治自治的经验,同时有机会接受政府提供的公共教育,那么共和政体就有可能解决执法权的继承问题(可称

---

① 历史的真实远比现在的讲述更复杂,美国虽然没有本土王室,但在费城制宪数月前,邦联首席执法官曾写信给普鲁士的亨利王子,询问他是否有可能到美国担任立宪君主,当时还有一个传闻,英王乔治三世的次子将受邀成为合众国的国王。继承人问题同样更复杂,美国前五位总统中,仅有亚当斯有儿子,但也正是这唯一的例外,约翰·昆西·亚当斯后来成为美国总统,参见 Akhil Amar, *America's Constitution: A Biography*, Random House, 2005, pp. 161–165。

② Dr. Goodnow's Memorandum to the President, in U.S. Dept. of State, *Papers Relating to the Foreign Relations of the United States*, 1915 (Washington, 1924), pp. 54–56.

之为正题);(2)如果人民未经受自治的训练,也没有接受公共教育,因此不具有政治智慧,那么就不太可能解决执法权交接的难题(反之,为反题)。古德诺备忘录原文在档案内共5页,行文至此已经3页有余,但尚未见中国问题的踪迹,都是在进行一般理论的建构,在此不妨做一简要的总结:(1)君主制和共和制的分野在于政府的执法权是否为世袭;(2)执法权的交接问题是任何政府都要面临的难题,因此在政体设计时必须加以考虑;(3)君主制的执法权世袭如能形成公认的操作性规则,就可解决这个问题;(4)共和制如要解决此问题,要求民众有较高的政治智慧和能力,因此要求自治的训练和公共教育的培养,这是决定共和制成败的关键。①

只是在此之后,古德诺才开始讨论中国问题,所用篇幅大约只是学理建构的三分之一。备忘录的第六节"中国需要应得到考虑"也是最后一节,古德诺进行的是三段论式的推理。中国民众:(1)没有自治经验,更习惯于专制统治。(2)没有机会接受政府的公共教育,文化程度不高,这也就是说,中国民众尚不具备共和制所要求的政治智慧和能力,共和转型后难以解决执法权交接的难题;而且中国的共和革命"太过剧烈",清王朝如果不是少数民族统治,君主立宪应当是更适宜的道路,但革命后的现实是没有了一个"为人民爱戴和效忠的皇室",因此宪制建设缺少了解决政权交接问题的另一种资源。古德诺认为,中国宪制的困境,首先是皇权政治的资源已不可得,其次是共和制还没有生长的土壤,"总统继承

---

① Dr. Goodnow's Memorandum to the President, in U.S. Dept. of State, *Papers Relating to the Foreign Relations of the United States, 1915* (Washington, 1924), pp. 56-57.

的大问题看起来亟待解决"。①

　　接下来,古德诺就回答了他司职宪法顾问所要回答的问题:"根据以上条件,将中国福祉放在心上的人们应持何态度？他们应建议共和制的继续,或者改建君主制呢？"古德诺虽然承认这是"难以回答的问题",但紧接着马上写道:"然中国如用君主制,较共和制为宜,此殆无可疑者也","中国如要维持其国家独立性,则必须发展立宪政府,而中国的历史和传统、社会和经济条件、中国与外国列强的关系,所有这些都让中国更易行君主立宪,而非共和立宪"。行文至此,我们是跟着古德诺的思路走到了他的显白命题。②

　　但不要忘记,备忘录并不是终结在显白命题处。古德诺在回答了袁世凯的问题后,还有一段附论。虽然君主制比共和制更适合中国,但中国已然走向了共和,在此条件下,如要完成由共和到君主的反向运动,古德诺直言应符合以下三项条件:(1)中国人民和海外列强不反对改建君主制;(2)君主制在宪制建设上并非"一试就灵",也不是为了君主制而君主制,而必须确立公认的可操作的继承规则,由此解决执法权的交接问题;(3)新的君主制应是立宪君主制,而不是绝对君主制。但这三项条件是否具备,古德诺也说得很清楚,这并非他这位外来专家所能判断的,而必须要交给"既熟悉中国,又对其未来发展有责任的人士"来决定——他这个

---

① Dr. Goodnow's Memorandum to the President, in U.S. Dept. of State, *Papers Relating to the Foreign Relations of the United States, 1915* (Washington, 1924), p. 57.

② Dr. Goodnow's Memorandum to the President, in U.S. Dept. of State, *Papers Relating to the Foreign Relations of the United States*, 1915 (Washington, 1924), pp. 57-58.

宪法顾问，只是"顾而不问"而已。①

三、古德诺的隐匿命题及其解读

在进入古德诺的隐匿命题之前，有必要再次强调，备忘录原本就是一个命题作文，古德诺这位顾问有职责要对命题人所出的题目给出具体的回应，这个回应也就是以上所述的显白命题，即君主制比共和制更适合中国。而且备忘录最后所说的"三个条件"，实际上也是古德诺对自己身份"顾而不问"的限定，因此我们不可因为古德诺的论述成为帝制复辟运动所借的东风，就对古德诺及其宪法思考做盖棺论定式的否定。

前文对备忘录的导读应已梳理出显白命题的来龙去脉，简述如下：古德诺主张君主制比共和制更适宜中国，原因在于中国民众因为自治经验和公共教育的欠缺，不具备共和制所需的政治智慧和能力，因此无法解决共和制内执法权的继承问题，反而是君主制自带一套传统资源，也即"王位继承"的明文法或惯例去解决此问题。但如果我们对古德诺的解读仅限于此的话，这只能让我们多些关于古德诺的谈资，显白命题下的古德诺仍是庸俗乏味的，不难令人联想到诸如民主素质论的反民主论调：因为中国人尚且不具有民主政治所要求的素质，所以要民主缓行，而且古德诺确实也曾发表过中国人无社会合作精神，无组织纪律观念，无个人权利意

---

① Dr. Goodnow's Memorandum to the President, in U.S. Dept. of State, *Papers Relating to the Foreign Relations of the United States*, 1915 (Washington, 1924), p. 58.

识,因此更适应专制体制的论述。例如在古德诺发表《中国的改革》演讲后,一位来自爱荷华大学的印度裔学者进行了一番东方主义式的即席批评,对古氏的显白命题给出一个很经典的批判:"常识告诉我们,如果一个国家没有机会去试验自治政府,那么该国如何可能适应自治政府呢? 自治政府仅仅适用一个实行自治的民族,这难道不是政治的自明之理吗?"这位名叫博思的印度学者最后的评论言辞激烈:"我们东方人只要求西方一件事。这就是——你们西方人不要管我们和我们的问题:让我们去解决我们自己的问题,探索出我们自己的道路……你们能为我们做的最好的事情,就是不干涉我们。"[1]

1.重读"备忘录"

古德诺的隐匿命题并不隐匿,至少他并没有对此命题讳莫如深,我们在备忘录中就可以发现它的线索,出现在备忘录在学理建构和中国案例分析两部分之间的交界处。在比较了欧洲成功案例和拉美失败案例之后,古德诺得出了自治实践和公共教育及其由此培育的民众政治智慧和能力,乃是共和制生长于其上的土壤,在此后,古德诺紧接着指出,如果共和制没有其赖以生存的土壤,"此类条件均不存在之处,共和制政府——亦即执法权非世袭的政府——一般都会通向最坏政体(the worst possible form of government),这就是军人独裁政体。在这种政体下,所能期望的最

---

[1] Sudhindra Bose, "Remarks on President Goodnow's Paper," *The American Political Science Review*, vol. ix, no. 2, pp. 209-226, May 1915, pp. 224-6.

好就是和平时期与混乱时期的交替而生"①。

我们在此要抓住古德诺所说的"最坏政体",以此概念作为一种方法,就可以在一种新的逻辑关系上来重新梳理古德诺的思考。在此前,在显白命题所确定的逻辑中,解读者都只是在共和制和君主制之间来回打转,所提出的问题始终是君主制和共和制在政体意义上哪一个更好,更准确地说,哪一个更合适中国。但也正是古德诺给出显白命题之前,他首先明确承认此乃"难题"(difficult questions to answer),但紧接着无任何铺垫就以不容置否的语气回答了这个"难题",原话为"此殆无可疑者也",②因此,古德诺对此问题的显白回答必须在引入最坏政体作为第三个支点后才能得到真正的解释。

最简单地说,我们可以认为,古德诺并不是以固定僵化、而是以发展变化的眼光去回答这个二元对立的问题。共和制之所以不那么适宜中国,是因为中国没有共和制生长的土壤,因此共和制在中国是不可持续的,会衰变为"军人独裁"这种古德诺所说的最坏政体,会造成失序、混乱和无政府的政治格局。如果我们对备忘录做一词频分析,就会发现 disorder、chaos 和 anarchy 三个词反复出现在古德诺的行文中,因此宪制设计如何防止这种局面的出现,这是古德诺作为宪法顾问在思考问题时的原初出发点。具体地说,真正的比较并不发生在共和制和君主制之间,而是要引入最坏政体

---

① Dr. Goodnow's Memorandum to the President, in U.S. Dept. of State, *Papers Relating to the Foreign Relations of the United States*, 1915 (Washington, 1924), p. 57.

② Dr. Goodnow's Memorandum to the President, in U.S. Dept. of State, *Papers Relating to the Foreign Relations of the United States*, 1915 (Washington, 1924), p. 57.

作为第三个支点，共和制和君主制不是两相比较，而是分别同最坏政体进行关联，如此逻辑就发生了变化。在这一新逻辑内，君主制之所以更适宜中国，就是因为理论上，君主制在中国比共和制更能避免这个最坏政体及由此导致的最坏政治，因为君主制在定义上就是执法权世袭，而如果在世袭过程中可以形成有权威的继承明文法或惯例，则君主制比起共和制更能解决交接班这个所有人类政府都面临的难题。

因此，我们可以说，古德诺所思考的是中国宪制如何避免拉美化的问题，尤其是如何避免深陷墨西哥的政治困境。古德诺写作备忘录时，正值墨西哥掌权35年的独裁者迪亚斯总统在上月去世，因此他在拉美宪制那一节对墨西哥有专案分析，介绍了墨西哥在迪亚斯总统老迈之后出现的军事割据和内战的局面。事实上，古德诺返美后还公开声明："君主制解决了选择总统继任者的难题，因此消除了我们在墨西哥所正看到的革命局面的可能性。"[1]所以说，古德诺在理论上主张中国宜用君主制，所考虑到的就是袁世凯死后怎么办的问题，袁生前是将中国维持在一起的第一人，而在袁退场之后，在中国的政权、军权和财权自晚清以来地方化的格局下，中国如何才能避免军阀割据、小专制者林立且逐鹿中原以竞取政治中枢、中央政府不断根据胜王败寇的逻辑来轮流坐庄的政治局面，在此意义上，古德诺所说的最坏政体，也就是原始并且赤裸的武力争权，就是霍布斯所说的所有人反对所有人的自然状态，就

---

[1] 转引自 Noel Pugach, "Embarrassed Monarchist: Frank J. Goodnow and Constitutional Development in China, 1913–1915," *Pacific Historical Review*, vol. 42, no. 4, p. 512, 1973。

是现在政治学中所说的失败国家。

因此政体之间的二元取舍,无论是君主制和共和制、总统制和议会制、咨询性议会和决策性议会、一院制和两院制,这些都是古德诺宪制设计中的第二性问题,而如何避免向最坏政体的衰变才是第一性的问题,是决定以上对策问题答案的原初出发点。但最坏政体论是否只是古德诺在写作中的一闪念的表述,被我拿来大做文章,还是古德诺思考中国宪法问题的真正支点,由此我们可以组织起一个不同于以往的古德诺,这还需要古德诺论述的文本互证。也就是说,首先要承认古德诺的思想有其体系,如果最坏政体确实是"共和与君主论",以及其他种种宪制论述的纲领,那么它不可能只是备忘录内的一次闪现,而必定在古德诺的其他文本内也留下过线索。

2. 1914年的《中华民国的议会》

《中华民国的议会》,是古德诺这位美国政治学会创始会长在《美国政治学评论》(1914年11月号)上的一篇论文,根据作者说明,此文也是根据写给民国总统之备忘录扩展而来的。在这篇讨论民国议会的文章中,古德诺论述了中国宪制改革有可能会"拉美化":

> 虽然在中国完全有可能建立起一个披着共和制外衣的暂时性专制,但却绝难建立起一个世袭性的专制。皇室的产生并非一日之功。更何况,西欧政治理念对中国已有潜移默化的普遍影响,现在去建立一种世袭制专制要比此前更为困难。

正是因此,我们必须承认,中国必定面临着以下两种前途的选择,要么就是多个接连而起的暂时性专制,伴随着在此类条件下政治权力转移所附带的所有罪恶,要么就是建立起符合中国需求的某种形式的代议制政府。①

古德诺在此推进了最坏政体论的阐释。首先,正如古德诺在备忘录内所言,一个基于传统而获得权威的皇室,原本是宪制建设可利用的资源,但1911年的共和革命却废弃了这一本土资源;与此同时,由于西学东渐渐入人心,君主制作为一个现实的选项已经不复存在了。因此,立宪君主制作为"世袭制的专制",既可以保证政权在宪制时刻的顺利交接,也可以使得王权在常规政治中遵守宪法约束,只是中国已经难以重新转入这条轨道。共和政体既已在中国确立,共和理念也已成为顺者昌、逆者亡的时代潮流,那么中国的宪制建设实际上只能走有中国特色的代议制道路。假如中国当政者只会照搬照抄外国共和制的成功模式,一味地进行古德诺所反对的"一般原则的普遍适用",那么一个在理论模式上完美的共和制设计却有可能让中国在现实中衰变为最坏政体。正因此,古德诺认为,中国所面临的现实选择不在君主制和共和制之间,而是要么走有中国特色的共和制道路,要么就会形成一个又一个以枪杆子力量占据政治中枢的军人独裁政权,这是古德诺所说的"暂时性的专制","没有确定的交接规则,而只能取决于军人专制的暴力","长远来看,是一个国家所能出现的最坏政府形式"。也是在

---

① Frank Goodnow, "The Parliament of the Republic of China," *The American Political Science Review*, vol. viii, no. 4, p. 549.

这里，我们可以清楚地看到古德诺不是不要代议制政府，不是建议中国当局舍共和制而复辟君主制，而是要根据中国的现实来进行共和宪制的改造，而所有调整现有模式的出发点就是要防止中国衰退为最坏政体，不要让民国不如大清。即便是绝对君主制，也是皇室一家坐庄，因此执政者有其长期规划，而暂时专制却是由掌握枪杆子的军阀来轮流坐庄，既无继承法律，也没有执政规范，政治中枢的占据者所追求的是短期利益的最大化，国家分裂，生灵涂炭。①

共和制的基础在于主权属于人民，因此在这一大范畴内可有各种不同的政府组织形式。古德诺向来主张中国应实行1914年"袁记约法"所规定的总统制，而不是1912年临时约法的议会制，而他在此篇论文中亦对民国议会的设计和功能做了如下建议。(1)代表谁：主要代表已具有自觉政治意识的商人阶级；(2)如何代表：议员采取任命制，由地方政府任命，而非直选产生；(3)议会应是咨询性和建议性的，无议程设定权和决策权，议会应采取一院制，可以减少政府内的掣肘，中国政府当下最需要的就是迅速而有效的行动。②

3. 1915年《中国的改革》

《中国的改革》发表于1915年5月号的《美国政治学评论》，古德诺开篇即指出，世界历史过去两三百年的大趋势是"西风压倒东

---

① 关于军阀轮流坐庄体制的理论分析，可参见 Susan Rose-Ackerman, "Was Mancur a Maoist? An Essay on Kleptocracy and Political Stability," *Economics & Politics*, vol. 15, No.2, pp. 163-180, July 2003。

② Frank Goodnow, "The Parliament of the Republic of China," *The American Political Science Review*, vol. viii, no. 4, pp. 552-560.

风","西方文明和西方制度,在当下看起来比东方文明和制度更有效率,在东方和西方的冲突中,西方在各方面看起来都是胜利者"。因此,中国应当学习西方的制度和理念,但古德诺还认为:"中国只学习西方制度,熟悉西方理念,还是不足的。这种学习有其必要。但同样必要的是中国应当理解她自己。"①因此,古德诺在该文中以一种旁观者清的姿态,阐释了中国与欧洲文明之间的差异,以下是他对相关差异的一个总结:

> 中国是农业而非工业国,民众相比较而言没有社会合作的能力;是由伦理规范所统治的,而不是由一个得到承认的政治权威所颁布的法律进行统治;中国人未曾受过纪律的规训,甚少关注个人权利;至今还未能将科学理论广泛地适用于生活行动。②

对我们的讨论而言,尤其要关注的是古德诺对中西政治权力观的比较。古德诺认为,中国在历史上并未发展出欧洲出现的政治权威,"事实上,政治权力在中国从未如今日欧洲那样延伸得如此广泛。中国可谓是自由放任的故乡",在中国,"那种干预生活日常事务的政治权力不曾存在。中国是由道德训令和习惯而非法律

---

① Frank Goodnow, "Reform in China," *The American Political Science Review*, vol. ix, no. 2, May 1915, pp. 209-211.
② Frank Goodnow, "Reform in China," *The American Political Science Review*, vol. ix, no. 2, May 1915, p.217.

153

和敕令所统治的"。① 一个世纪后再看古德诺对中国传统国家形态的表述,在概念和理论上都是粗糙的,但回到当时,古德诺这位来自欧美传统的公法权威却捕捉到了中国宪制建设的根本:宪制建设在古氏看来不只是行宪法、开议院和申民权这些大而化之的口号,也不可能是推行当时仅有美国一家的违宪审查制度,而首先并且主要是现代国家建设。也正因此,在古德诺这位宪法顾问为中国政府开出的五条改革建议中,首要的第一条就是要强化中央政府组织,从而对外"保家卫国",对内"培育中国民众对政治权威的尊重"。因此,古德诺认为,"政治学中所说的总统制政府,要比迄今为止发展出的任何形式的议会制政府,更适合中国的需要。中国的政府制度应当效仿德国或美国政体,而不是英国或法国"。②

而之所以一个强有力的中央政府有其必要,古德诺的论证同样是以最坏政体为方法的:"除非一个强有力的中央政府得以确立,政治上的分裂就很有可能出现,而许多的小专制者(petty-tyrants)将因此登场,他们一旦出现,则个体的私权观念的发展将是完全不可能的。"③而在此后,古德诺建议要通过代议机构的建设来培育民众的社会合作精神,在此实际上再一次点出了中国面临的前途选择,世袭君主制已是历史翻过的篇章,中国要么就要继续着共和制下代表制和政治参与的建设,要么就有可能出现最坏政体:

---

① Frank Goodnow, "Reform in China", *The American Political Science Review*, vol. ix, no. 2, May 1915, pp. 214-215.
② Frank Goodnow, "Reform in China," *The American Political Science Review*, vol. ix, no. 2, May 1915, p. 210.
③ Frank Goodnow, "Reform in China," *The American Political Science Review*, vol. ix, no. 2, May 1915, pp. 217-218.

"只要一国无法通过某特定家族内的继承来解决权力交接问题",绝对主义"将很可能产生迄今为止出现的最坏政体——军人独裁"。①

总结本部分的讨论:本部分通过对古德诺多个文本的互证,发掘并且组织起隐匿在显白命题之下的最坏政体论。行文至此,我们对最坏政体论可以做如下两点的概括。首先,军人独裁、小专制者林立、走马灯似的短暂专制,这是古德诺多次明确讲到的最坏政体。这种政体意味着政治失去了中枢,军阀以枪杆子来决定谁来坐庄,会导致古德诺在备忘录内反复提到的"失序"、"混乱"和"无政府",因此宪法设计者不可不考虑最坏政体的问题。其次,哪一种政体更适合中国,古德诺对此类政体比较问题的答复,从来都取决于对一个前置问题的回答,这就是所要比较的政体中,哪一个更有可能避免最坏政体的出现,例如,古德诺之所以认为君主制/总统制(分别较之于共和制/议会制)更适合中国,就是因为前者有更多的资源去解决政权交接班的难题,因此不太可能衰败为最坏政体。

四、古德诺可以教给我们什么

由最坏政体论呈现出的古德诺,我相信是一个更真实的古德诺,而这个古德诺在事后看来非但不是失败者,反而更像是一个学术先知。这并不是说古德诺的最坏政体命题作为一种理论没有任

---

① Frank Goodnow, "Reform in China," *The American Political Science Review*, vol. ix, no. 2, May 1915, p. 220.

何瑕疵,而是说最坏政体论确实预判到中国宪制建设在当时的两难困境,要重返君主制事实上已不可能,而继续共和制却很快面临着袁世凯之后怎么办的问题。历史也为古德诺验证了他的最坏政体论,袁世凯在皇帝梦破灭后撒手人寰,中国在后袁时代的政治格局就正是古德诺所说的最坏政体。古德诺在1926年的《解析中国》中就回顾了这段历史:

> 中国最近这一段时间的政治充满着动荡,国无宁日,一个接一个的军阀上台,但又在他们的反对者的进攻下倒台,而靠武力上台的新的继任者们不久后又要遭受同样的命运⋯⋯
> 目前中国的真实状况就是它是一个被军事独裁者们统治着的国家,在企图实现西方式民主政治的革命之后,产生的却是一批军阀,他们才是这个本来是和平主义的国家的最高统治者⋯⋯
> 不管怎么样,至少从目前来看,辛亥革命及其之后所发生这种动荡的政治局面,显然是对自从秦始皇开始就一直在中国实行的中央集权的政治制度的抛弃,政治权力从北京分散到了各个地方,目前的情况与秦始皇之前诸侯各霸一方的局面有些类似,各地的军阀各行其是,纷争不休。①

古德诺在这时有理由重申多年前为世人误解的洞见:"在这种军阀各霸一方,各行其是,征战不息的混乱状态下,中国人的生活该是

---

① [美]古德诺:《解析中国》,蔡向阳等译,北京:国际文化出版公司,1998年,第126—127页。

一番多么痛苦而悲惨的景象呢?"①但本部分并非意在塑造一个先知古德诺的偶像,而是在为古德诺正名之后,思考古德诺的最坏政体论对当下的宪法研究能否有所启发和助益,而且以下的反思仅仅是初步的,仅作抛砖引玉之用。

1.普适的宪法学,还是本土宪法学

古德诺的最坏政体论告诉我们,中国的共和试验很可能是"种下龙种,收获跳蚤",因为共和制在当时的中国并没有适宜的土壤。而这就要回到古德诺政体论的第一原则:一个国家的政体,并非来自民众或精英的自觉选择,而取决于历史传统、实力政治和社会经济条件。由此,我们可以推出古氏政体论的第二原则:不可能有一种放之四海而皆准的政体形式,也没有什么普适性的政体原则,所有的只是(根据古德诺另一篇文章的题目)"调适宪法以适应一个民族的需要"。② 同样的道理,古德诺在其经典《比较行政法》内也曾讲过,每个国家的政府权力的适当范围,"应当由该国的历史和政治需要加以决定,如果将任何由先验推理或他国经验之归纳总结所得出的硬性规则施加于某个国家,实际上更可能会遭遇失败,而非成功"。③

因此,古德诺认为,中国人不应该在意识形态上闭关锁国,而

---

① [美]古德诺:《解析中国》,蔡向阳等译,北京:国际文化出版公司,1998年,第145页。
② Frank Goodnow, "The Adaptation of a Constitution to the Needs of a People," *Proceedings of the Academy of Political Science in the City of New York*, vol. 5, No.1, 1914, pp. 27-38.
③ Frank Goodnow, "Comparative Administrative Law," 2 vols, *New York*, 1893, Part I, p. 22.

157

要学习西方制度和理念,但更重要的是,不能迷信西方,中国人"同样必要的是要理解自己"。这对古德诺这位洋顾问而言是难能可贵的,因为他并非以中国问题专家的身份受聘此职。古德诺在来华之初就在写给巴特勒的信中称,中国在他这位学院派眼中是一个"奇异的国度"。[1] 而我相信,即便是在1926年出版经典的《解析中国》后,中国在古德诺眼中恐怕还是"不可思议的"东方。[2] 因此,政体的设计必须综合考虑其普遍性原理和本土资源,如果自家的土壤里移植某种不适宜的政体,水土不服就会造成政体衰变。

也就是说,古德诺并不认为有所谓普适宪法学,宪法学思考在一定程度上都是本土性的,古德诺在《中国的改革》中有一段话讲得尤其精彩:"中国的问题是一种中国问题。它的解决方案不应当是简单地复制欧洲,而应如下,虽然可能受到欧洲理念的影响,中国问题的解决却必须基于中国的传统和历史而得到审慎和缓慢的推进,其方式应当符合中国生活的特殊性。"[3]

根据古德诺为《立宪政府原则》所写的序言,古德诺曾在北大讲堂上讲授过"什么是立宪政府的本质?"这一基础问题,同时也正是因为其北大讲座讨论了这些具有一般学理意义的问题,古德诺才在美国整理出版了此次课程讲义。在古德诺看来,立宪政府首

---

[1] 转引自 Noel Pugach,"Embarrassed Monarchist: Frank J. Goodnow and Constitutional Development in China, 1913-1915," *Pacific Historical Review*, vol. 42, no. 4, p. 509, 1973。

[2] William Alford,"The Inscrutable Occidental: Implications of Robert Unger's Uses and Abuses of the Chinese Past," *Texas Law Review*, vol. 64, no. 5, 1986, pp. 915-972.

[3] Frank Goodnow,"Reform in China," *The American Political Science Review*, vol. ix, no. 2, May 1915, p. 218.

先是一种"法治政府",而非"人治政府",更能反映古氏宪法思想的是,古德诺主张立宪政府所要守的法来自先例、习惯和惯例,而这些习惯性规范则根源于一国历史上政治斗争的解决,包括诸如内战或革命这类暴力斗争。① 我们由此可以得出古氏政体论的第三原则,一国宪制都是随着历史生长起来的,而宪法规范既要有控制现实政治的功能,同时在很大程度上也是由实力政治所塑造的。

也是这本教科书的序言内,古德诺讲到了他在中国的观察,中国的政治和知识精英对宪制有一知半解的理论认识,但他们的结论基本上照搬了外国宪法的研究,而问题在于,中国和欧美国家的"传统"和"条件"却是迥然相异的。正因此,古德诺对1912年南京政府制定的临时约法向来评价不高,他曾讲过,该部宪法是建立在如下理论上的,"宪法文本自身就可以对政治行为施加一种控制性的力量,而无论该宪法所适用民族的传统和现实条件"。② 古德诺由此提出的是一个规范性宪法理论很少去思考的问题,简单说起来就是羊皮卷如何可能约束枪杆子的问题。他在1913年写给巴特勒的信中也指出:"如果在不远的将来要通过任何宪法,那它必将是本国当下政治力量的冲突的产物,而并不是来自外国意见的影响力。"③同样,古德诺在其宪法讲义内讲过一个来自美国的比喻:

---

① Frank Goodnow, *Principles of Constitutional Government*, Harper & Brothers Publishers, 1916, pp. 2-3.
② Frank Goodnow, "The Adaptation of a Constitution to the Needs of a People," *Proceedings of the Academy of Political Science in the City of New York*, vol. 5, No.1, 1914, p. 31.
③ 转引自 Noel Pugach, "Embarrassed Monarchist: Frank J. Goodnow and Constitutional Development in China, 1913-1915," *Pacific Historical Review*, vol. 42, no. 4, p. 510, 1973。

"据说有位美国总统曾评论过,美国宪法对于美国而言就好比一件太小的上衣,如果他从前面将扣子扣上,后面就会开裂。"①因此,一部基于本国实力政治的宪法如要真正发挥约束现实政治的功能,则制宪者必须有妥协的精神,以及因势利导、以小谋大的政治智慧。

而与以上古氏政体论的三原则均有关联的是第四原则,古德诺非常重视"纸面宪法"和"实在宪法"之间的区别。早在《政治与行政》这部公共行政开山之作中,古德诺开篇就指出,大多数美国政府问题的研究者,其研究方法都是从宪法起,也以宪法终,很少可以超越法定政府组织,而去考察人民真正的政治生活,只是"再没有什么研究方法比这种方法更能把在判断一个国家真正的政治生活的学者们引入歧途了"。② 在《立宪政府原则》这本书中,古德诺一方面承认成文宪法的意义,任何有关不成文宪法的讨论不应直接用以否定成文宪法的约束力,但另一方面则更为强调不成文宪法的正当性:

> 一部成文宪法只是陈列在一部文件内的政府拟议计划,它并不必然展示一国政府的实际形式。成文宪法好比游戏的规则,如果游戏的进行实际上并非根据书面规则,那么所列举的规则就无法准确反映实际进行的游戏。因此,如果那些生

---

① Frank Goodnow, *Principles of Constitutional Government*, Harper & Brothers Publishers, 1916, p. 11.
② [美]古德诺:《政治与行政:一个对政府的研究》,王元译,上海:复旦大学出版社,2011年,第1页。

活在成文宪法之下的人们根据规则来进行政治游戏,事实上他们不太可能长期如此,那么成文宪法也许可以在相当程度上反映出现实的政府体制。但是,如果他们并不如此进行政治游戏,政府研究者如要了解政治系统,则必须发现政治游戏事实上是如何进行的。①

2.国家统一的宪法意义

最坏政体论认为,宪制设计及改革始终要以避免最坏政体为出发点,而这个否定性表达的学术命题,如果翻译成肯定性的表达,那么就是国家统一是一国宪法体制的最高价值。美国宪法学内有句名言,"宪法并不是一部自杀契约"②,说的就是紧急状态下的主权者不应保护敌人的基本权利,而必须时刻以维护共同体的统一为己任,当然这并非意味着执政者可以以国家统一或国家安全的名义,任意破坏宪法规范,剥夺私人权利。古德诺的最坏政体论,也就是中国在革命之后、共和初造、"皇统解纽"后如何维系前帝制格局的大一统局面的问题。在《立宪政府原则》内,古德诺也对国家统一的宪法价值进行了中美之间的比较评述:

> 中国在历史上所发展出的精彩文明,很大程度要归功于中国在过去有着一个伟大国家的事实。中国形成后,对外战

---

① Frank Goodnow, *Principles of Constitutional Government*, Harper & Brothers Publishers, 1916, p.11.
② 相关的宪法理论解读,可参见[美]理查德·波斯纳《并非自杀契约:国家紧急状态时期的宪法》,苏力译,北京:北京大学出版社,2009年。

争基本上停止了,中国人民的能量可以安全地转向内部条件的改造,而不必浪费在反对外部民族的战争上。中国更为晚近的历史也已表明,每当她边境处存在着敌对的政治强权时,就会形成巨大的不利。中国过去的事实更是美利坚合众国的事实。美国在国境的东西两侧都有浩瀚海洋的保卫,同时占据着一块可在最大范围内进行内部商业交流的广袤疆域,因此美国非常生动地展示出政治统一的积极意义。正是认识到统一的意义,才使得北方的人民在南北战争期间付出巨大的牺牲,以维持已经存在着的政治统一。"保卫联邦"成为一句战斗口号,其势不可挡。[①]

古德诺是在美国内战爆发前夕出生在纽约市的,这一成长背景决定了他在分析宪法问题时,不可能不带入林肯关于"分裂之屋不可站立"的著名论断。造化弄人的是,古德诺也是在宋教仁遇刺、孙中山二次革命、袁世凯南下"削藩"的当口到达中国的,因此,孙中山及南中国踢开1912年《临时约法》而起二次革命,袁世凯及北中国作为政治正统而平息地方脱离势力之乱,这在古德诺眼中很难不是美国南北战争在中国的重演。也因此,南北问题始终是古德诺思考中国内部多元性的主要甚至是唯一的角度:"中国从气候、地理和种族的角度看都分为两大部分,北方和南方中国。"[②]直

[①] Frank Goodnow, *Principles of Constitutional Government*, Harper & Brothers Publishers, 1916, p. 19.

[②] Frank Goodnow, "The Adaptation of a Constitution to the Needs of a People," *Proceedings of the Academy of Political Science in the City of New York*, vol. 5, No.1, 1914, p. 29.

至1926年的《解析中国》,古德诺虽然一带而过地提到了"中国本部"和"亚洲内陆边疆"的区分,但还是用更多篇幅专门讨论了中国的"南北差异"。①

古德诺由始至终未改对袁世凯的支持,原因归根到底在于他在备忘录事件后离开中国前所说的,袁"是将共和国维持在一起的第一人"。一方面,古德诺对袁世凯不乏褒奖,例如,他认为袁是"清王朝末期最有能力的人",也曾讲过"我说他是保守派,但他的保守只是相对而言的。在革命之前,袁从来都被认为是在中国高级官员中最进步的一位"。另一方面,古德诺对袁也有清醒的认识,袁"既是一位政治家,也是一位政客……不如此的话,他不会有今时今日的地位"。但古德诺总体上之所以始终挺袁,就在于他看到袁世凯自身在共和宪制内承担着事实君主(区别于法定君主)的政治功能:"如果我们回头去看这些年,我们可以发现,袁世凯可以防止中国的分崩离析,在当前的欧战爆发之时,他几乎成功地重建了中国的财政,他正在从失序中造就秩序(bringing order out of disorder)。"②

如果说袁世凯的北方在中国宪制格局内代表着一种"保守的进步势力",那么在古德诺看来,南方的"年轻中国"(Young China)及一批激进的海归学生(returned students)必定是破坏有余而建设不足的。已如前述,古德诺从来就对1912年《临时约法》评价不

---

① [美]古德诺:《解析中国》,蔡向阳等译,北京:国际文化出版公司,1998年,第4—5页。
② Frank Goodnow, "The Adaptation of a Constitution to the Needs of a People," *Proceedings of the Academy of Political Science in the City of New York*, vol. 5, No.1, 1914, p. 31, 37.

高,而基本上肯定 1914 年的"袁记约法",其所持的理据就是徒法不足以自行,前者根本无视中国的传统,后者却更契合中国的现实。古德诺不仅在理论上反对"海归学生"在 1912 年约法内所写入的议会制政体,而且也对民国议会在现实中的运作极尽嘲讽,"这一由选举而产生的国会可以说并未构成中国任何重要利益的代表,唯一的例外可能就是海归学生",在袁世凯于 1914 年初解散国会前,这届国会的最主要立法就是将议员的高薪合法化,虽然古德诺承认袁解散国会的行为是"恣意"的,但他也认为因为国会并未代表中国本土的任何重要利益,所以无人哀叹国会的死亡。①

古德诺对海归学生的认识还影响到他对中国教育改革的论述。中国的未来在教育,但教育的根本却不在于推动留学,而在于发展本土的公立教育,"对中国而言,与其将一少部分人送到海外留学,不如在国内教育大众的年轻人"。但留学和"非留学"之间的差异,主要尚不在受教人数的寡与多,而在于留学本身是"不智的",留学是将"一少部分年轻人在最易受外界影响的年龄送出去",而不是在广大中国人生于斯长于斯的环境内去教育他们,留学会"让那些有可能成为中国未来生活领袖的年轻人面对着去民族化(denationalized)的危险,因为他们会经常不加分辨地盲崇他们所见到的新文明,因为该文明在当下的权势和效率而臣服于其魔咒,最终失去他们对中国一切美好事物的敬意和尊重"。②

---

① Frank Goodnow, The Adaptation of a Constitution to the Needs of a People, *Proceedings of the Academy of Political Science in the City of New York*, vol. 5, No.1, 1914, p, 34.
② Frank Goodnow, Reform in China, *The American Political Science Review*, vol. ix, no. 2, May 1915, pp. 218-219.

3.宪制建设为体,国家建设为用

古德诺对中国留学运动的批判,所讨论的已不再只是宪制建设的问题,而是由表及里深入国家建设和民族建构,至少在古德诺看来,中国近代的宪制建设和国家建设原本就是一体两面的,或者说宪制建设为体,国家建设为用。虽然古德诺没有使用现代政治科学的概念,但他的最坏政体论实际上已经超越了政体决定论的思维,没有哪种政府形式是一试就灵的。而在现当代的政治学家中,亨廷顿就曾对此题目给出影响力深远的判断:"各国之间最重要的政治分野,不在于它们政府的形式,而在于它们政府的有效程度。"①因此,近代中国宪制建设的关键功夫不在于共和制还是君主制这样的"面子工程",而是如何多快好省地推进现代国家建设。事实上,古德诺在其备忘录的最后特别强调,中国要从共和复归君主制,一定是要在立宪政府形式下的君主制,至于为何如此,古氏有一小段的说明:"中国如要在民族之林中获得其适当地位,则其民众必须发展出更大的爱国心,政府必须增强其力量,以对抗外国侵略。但如果中国人民没有被赋予更多的参与政治的机会,那么人民不会发展出所需的爱国心。如果政府没有来自人民的真心支持,政府也不会获得必要的力量。"②

古德诺讲过,中国在过去曾有"一个伟大的国家",也因此诞生

---

① [美]塞缪尔·亨廷顿:《变化社会中的政治秩序》,王冠华等译,上海:上海世纪出版集团,2008年,第1页。
② Dr. Goodnow's Memorandum to the President, in U.S. Dept. of State, *Papers Relating to the Foreign Relations of the United States, 1915* (Washington, 1924), p. 58.

了灿烂的文明,但这个国家显然不是政治学中所说的现代民族国家。关于这一点,他在《解析中国》中有过论述:"我们经常谈到1894—1895年的甲午中日战争,然而事实上,除了中国的直隶省、福建省与日本发生了正面冲突之外,其他省份的中国人当时几乎不知道已经与日本发生了战争,这场战争实际上是在日本与两三个中国省份之间进行的。在这种各自为政的政治体制下,事实上不可能发展出全国观念这样的东西。""欧洲人的到来,反倒使中国这种各地各自为政的体制逐渐得到改变,让他们更加觉得自己是一个统一的国家。"①而这正是古德诺这位研究欧洲国家行政法历史和制度的学者的洞见所在,只是在他所处阶段尚未发展出现代政治学用以表达这一现象的概念。

因此,古德诺在《中国的改革》一文中,所做的五条建议基本上并不涉及面子工程,而均指向了实质性的国家建设。第一,已如前述,是要强化中央政府的组织,对外"保家卫国",对内"培育中国民众对政治权威的尊重"。第二,要开发国家的自然资源,由农业生活进步到工业生活。第三,要尽所有可能手段,培育在政治和工业组织内的社会合作精神,对有政治自觉的阶级扩大政治参与,首先在中央和省建立起咨询性的立法机构。第四,逐渐推进对私权利的保护,个人的生命、自由和财产权应得到更好的保护。第五,重构中国的教育制度,让中国人可以将科学方法运用于日常生活。②

---

① [美]古德诺:《解析中国》,蔡向阳等译,北京:国际文化出版公司,1998年,第96、99页。
② Frank Goodnow, "Reform in China," *The American Political Science Review*, vol. ix, no. 2, May 1915, pp. 219–222.

我们知道,古德诺的最坏政体论思考的是,在共和革命瓦解中央政府权威的伦理基础后,如何重建政治权威的问题。因此在总结他的五项改革建议时,古德诺特别指出:"政府重组可能构成中国未来政策的主要部分,因为政治制度的改进将有助于国家的重建","还要记住,在势必将要进行的政府重组中,近期更重要的任务在于权力,而不是自由,在于培育对政治权威的尊重,而不是对私人权利的关切,在于政府效能,而不是民众的代表"。而这些写给中国人民的建议仍是以防止最坏政体为出发点的,古德诺在此段内也写道:"铁路和汽船将把中国更紧密地联系在一起,因此将减少国家分裂的危险。"[1]

也应看到,古德诺主张改革在近期的重点在于培育权威,并不意味着古德诺在北京不认真对待人权。首先在一般意义上,古德诺从来不是在一个权力和权利彼此处于零和关系的尺度上来分析宪制问题,并非简单地认为国家权力是矛,而公民权利为盾。其次,也更重要的是,如果中央政府无法确立起在民众中间的权威,那么就有可能在代际政治交接过程中衰变为最坏政体,而国家的失败并不意味着地方自治、公民社会或私人权利的登场,反而是地方割据、豪强统治,以及最终是公民权利的朝不保夕。

五、写在最后的一点说明

我们为古德诺正名,但并不是为其翻案。以上所有的论述都

---

[1] Frank Goodnow, "Reform in China," *The American Political Science Review*, vol. ix, no. 2, May 1915, p. 223.

是为了呈现出一个更真实的古德诺,而最坏政体作为隐匿命题的提出,实际上是说沿着这个逻辑和思路,我们能够重新组织起真正自圆其说的古氏论述。但是,无论是更真实,还是可以自圆其说,都并不意味着古德诺以上的论述是绝对正确的,正相反,古德诺在备忘录及其他文献内关于中国问题的论述,始终是有许多技术瑕疵的,也不乏自相矛盾之处。一部分是因为中国对他而言始终是一个不可思议的神秘东方,另一部分是因为他关于中国宪制的论述始终都基于宪法顾问的官方身份,而非他的学术权威地位,换言之,都不可以归类为严格意义上的学术论述。

古德诺由最坏政体论所展开的中国宪制论述,虽然并非绝对正确,但不正确不意味着不重要。在有关宪制的学术论述中,很多论述反而因为太正确,正确得四海皆准,反而导致其在实践中全无用武之地。因为宪制建设从来都不可能由理论标准来检验成败与否,正如古德诺本人也始终反对"一般政治原则的普遍适用",而古德诺在中国宪制的一个关键时刻来华,100年前,顾而不问的他不应为中国宪制的失败承担责任,100年后,我们也不必期待他的论述可以为我们的宪制建设及宪法学理论提供现成的结论,重要的永远都是"启示",我希望以上的论述可以展示出古德诺思想的学术意义。

现实中的宪制从来都不是理性对话谈出来的,如果说费城是美国宪法的奇迹,那也绝对不是什么"民主的奇迹",但宪法学的进步却需要学者在学术场域内展开持续不断的理性对话。在美国本土,古德诺的思想最近已成为启发美国新行政法史论述的理论资源,①也希望以上对古德诺去粗取精、去伪存真的解读,可以成为一种新的理论资源,丰富当下的宪法学讨论。

---

① 参见 Jerry Mashaw,*Creating the Administrative Constitution:The Lost One Hundred Years of American Administrative Law*,Yale University Press,2012。

微山湖上静悄悄?
——论中央集权的简约治理①

在中国,国家权威的理念或许总是单一的、超越的和普遍的,但统治的现实,却总是多样的、实在的和特殊的。

——许慧文

总要双方照顾,过得去针也要过得去线才行。

——崔乃夫

微山湖,又称南四湖,位于山东、江苏两省的交界,由北向南分别由南阳、独山、昭阳、微山四湖连接而成。② 抗日战争期间,这里曾是八路军苏鲁支队沿铁道线打击日本侵略者的游击战场,新中

---

① 本章原刊于《历史社会法学:中国的实践法史与法理》,北京:法律出版社,2014年。
② 微山湖有广义狭义两种用法,狭义上的微山湖仅指南四湖之中最南边的湖。随着微山县的成立,微山湖开始指代整个南四湖,除非特别指出,文中的微山湖是指整个南四湖。

国成立后,小说《铁道游击队》及同名电影在20世纪50年代出版发行,电影插曲更是传唱至今:"西边的太阳快要落山了,微山湖上静悄悄,弹起我心爱的土琵琶,唱起那动听的歌谣。"但自1959年开始,微山湖地区却失去了渔歌唱晚的安静景象,数十年中,山东、江苏两省在微山湖地区的省界纠纷及附着在边界纠纷上的湖田湖产、水利和矿产资源的纠纷,曾一度打破湖区和谐的画面。

现代国家,对外勘定本国的国境线,对内勘定各级地方的辖区界线,是国家治理的最基本要求。《周礼》开篇就记载"惟王建国,辨方正位,体国经野,设官分职,以为民极",《礼记》中也载有"量地以制邑,度地以居民"。传统政治是如此,现代国家的治理更是不可缺少法定的行政区划图。美国建国者之所以召开1787年费城制宪会议,任务之一就是要解决各邦的边界纠纷及对西部土地的权属争议。[①] 而在中国现代国家的建设历程中,国民党政权已认识到"厘定疆界,为国家根本要政",曾在1930年出台《省市县勘界条例》,但在国家尚未能真正统一时,中央政府的勘界规划不可能付诸实施。[②] 新中国的头三十年,各地方政府保持着社会主义大家庭内的手足情谊,持续性的省际边界纠纷并不多见。省际边界纠纷是在改革开放后逐渐抬头的,也是在此背景下,国务院在1981年出台并于1989年修订《行政区域边界争议处理办法》,1995年启动全国勘界工程,七年后出版了有"千年第一图"之称的《中华人民共和

[①] 例如参见 David Stewart, *The Summer of 1787: The Men Who Invented the Constitution*, Simon & Schuster, 2007。
[②] 靳尔刚、苏华:《职方边地:中国勘界报告书》,北京:商务印书馆,2000年,第23—27页。

国行政区划图》。① 应当交代的是,此次全国勘界最终遗留三处省界未能勘定,其中之一就是苏鲁两省在微山湖地区的区划界线,"因特殊原因尚未勘定……为权益画法"。②

本书所说的微山湖问题,指山东、江苏两省在微山湖地区的边界纠纷,也包括中央政府对这场省际纠纷的调处。这场纠纷从1959年开始,2000年前后始得结束,其中又以1980年至1985年冲突最激烈,伤亡人员最多,解决规格也最高。本章基于微山湖纠纷的地方档案材料,讲述这段"掐头去尾"的故事。下文共分为四个部分,第一部分做必要的背景交代,概括微山湖问题的缘起及主要争议所在。第二部分讨论国务院在1980年至1981年调处微山湖问题的过程,在此阶段,中央工作组提出了以湖中心线为界的方案,虽然国务院拟批转此方案,并于1981年9月在徐州就此方案召开协调会议,但终因未能形成两省共识,此方案未能"炼成"正果。第三部分讲述1983年至1984年中央对微山湖纠纷的调处,同两年前相比较,再一次是微山湖问题到了非解决不可的时候,再一次是国务院工作组拟出方案,再一次是方案无法形成两省的共识,但此次由于中央政府行使了平日备而不用的"决断"权,工作组方案得

---

① 关于此次勘界过程的记录,可参见靳尔刚《边界路漫漫》,北京:商务印书馆,2011年。
② 《关于出版1:400万〈中华人民共和国行政区划图〉有关问题的通知》(2002年11月8日)。

以"炼成"中央政策,最终形成了解决微山湖问题的"三个文件"。①第四部分将发掘微山湖案例所具有的理论意义,对中央集权的简约治理这个理论模型进行初步阐释。

作为中国宪制的研究案例,微山湖问题在方法上有两点创新意义。首先,微山湖问题虽小,却是一只可供研究解剖的"麻雀"。纠纷通常起因于最基层的社队村民,但由于矛盾发生在两省间,再小的问题也是省际问题,需要提交或等待中央政府的调处,微山湖的案例包括了从中央到地方各级政府的参与。同时,这场纠纷数十年来不断扩展,其解决需要多个职能口的联合工作,不仅有民政、水利和农业部门,还有公安、财政、税务和交通等部门,微山湖问题形成了一种治理上的"多头体制"。

其次,但也更重要的是,微山湖的案例是一只"黑天鹅",现有解释中国政治的理论范式在它面前往往显得贫乏无力。理论上,微山湖问题应当不难解决,但现实却是微山湖在地方政府文件内被称为"难死湖"(南四湖)。在一个中央集权的单一制国家内,省与省之间发生边界纠纷,"官司"打到北京,请求中央就两造间的纠纷进行裁决以定纷止争,纠纷最激烈时,双方通常是"千方百计上

---

① "三个文件"分别为:(1)《中共中央、国务院批转国务院赴微山湖工作组"关于解决微山湖争议问题的报告"的通知》(1984年4月30日),中共中央(84)11号文件;(2)《国务院转批国务院赴微山湖工作组关于解决微山湖争议问题的第二次报告的通知》(1984年8月27日),国务院(84)109号文件;(3)《国务院办公厅转发民政部关于解决微山湖南北两段湖田、湖产经营范围问题的报告的通知》(1985年9月5日),国务院办公厅(85)61号文件。

京城",并未出现封锁信息、欺下瞒上的政府间共谋。① 从法律形式上看,微山湖问题是一个统一国家内的省际问题,中央政府有权根据自己的意志裁判地方政府间的纠纷,而地方政府则有义务执行中央的裁决,否则"国将不国"。

微山湖问题要求中央政府作为裁判者来调处省际纠纷,实质上呈现为一种"诉讼式"的权力体制和治理结构。长期以来,中央和地方反复在讲"微山湖问题到了非解决不可的地步":基层官员在向中央工作组汇报时这样讲:"沛微纠纷何时休,干群苦等白了头,他们心念眼望,盼望有朝一日,党中央、国务院能做出决断,从根本上解决区划问题。"②国务院的领导也曾表示:"如果我们对微山湖争议问题都解决不了,党中央、国务院还有什么权威?还谈什么整党?还谈什么治国?"③在微山湖问题上,中央完全有能力根据自己的意志和判断为苏鲁两省进行划界,但在中央有权力、能力、意愿和决心去解决微山湖问题时,却并没有选择"裁决",而是选择了"调解",在并不存在相互否决权的格局内,中央不是单方面"拍板",而是在保留"拍板"作为最后手段的前提下,作为调解人去调处两者之间的纠纷,由此呈现出了一种行政问题司法化,司法问题调解化的治理方式。中央政府历次调处的决策结构更接近谢淑丽所说的"共识型的向下分权"(delegation by consensus):"如果下级

---

① 关于政府间共谋,可参见周雪光《基层政府间的"共谋现象":一个政府行为的制度逻辑》,《开放时代》2009年第12期。
② 《关于沛县、微山县边界矛盾情况向杨静仁副总理的汇报提纲(沛县县委书记徐振东)》(1981年9月)。
③ 《国务院副总理田纪云同志关于解决微山湖争议问题的讲话(根据记录整理)》(1984年4月18日)。

官员同意,则上级官员会自动批准政策。如果有些下级官员拒绝同意,这就有效地否决了政策,政策就被提交给上级官员作出决定;或者无限期地搁置下去。"①

为什么在科层制的等级关系内会出现行政问题司法化,司法问题调解化的治理结构呢?答案在于中国实践着的"中央集权的简约治理"模式。黄宗智教授曾基于对晚清、民国和社会主义中国的地方治理研究,提炼出"集权的简约治理"概念,表达从中华帝国贯通至国民党时代、毛泽东时代和改革时代的治理策略。集权的简约治理,如黄宗智所言,主要适用于"政府与社会的关键性交汇点",其运转则是"半正式行政的治理方法、准官员的使用以及政府机构仅在纠纷发生时才介入的方法"。② 我们的论述将扩展此概念的适用域:集权的简约治理,不仅发生在国家与社会的关系中,也存在于国家结构内的中央地方关系中。微山湖的案例可以表明,对于地方间纠纷这种"细事",中央政府通常是"不告不理"的,而在调处纠纷时,主要不是由中央进行单方面的依法裁决,而是要进行情理法并重的调解,调解的关键正如民政部部长崔乃夫所言:"总要双方照顾,过得去针也要过得去线才行。"③在调解过程中,中央的决断通常是备而不用的,是用来激励或督导地方形成共识的手段,但在例外情况内,中央也会决断,而决断权的依据与其说是科层制内的等级关系,不如说是政党—国家体制内的组织手段,这也

---

① Susan Shirk, *The Political Logic of Economic Reform in China*, University of California Press, 1993, p. 10.
② 黄宗智:《集权的简约治理》,载黄宗智《经验与理论:中国社会、经济与法律的实践历史研究》,北京:中国人民大学出版社,2007年,第435页。
③ 《崔乃夫部长的讲话(根据记录整理)》(1985年3月20日)。

是崔乃夫在调处微山湖纠纷时所说的"尚方宝剑"。①

　　中央集权的简约治理希望表达两个并行不悖的主题,首先,中华人民共和国是一个中央集权的单一制国家,这既有形式法律的明文规定,同时也体现着国家建设进程中的法律表达功能,即白鲁恂所说的"主权需要剧场式的表演"②,而政党—国家体制的纪律和组织人事手段,则是中央在必要时得以集权的制度保障。其次,简约治理意味着:(1)中央虽集权但并非事必躬亲,而是要发挥"两个积极性",将日常性的"细事"交由地方政府进行管理;(2)回应式的不告不理,以司法方式去处理微山湖纠纷这种省际问题;(3)调解式的,即上述的"共识型的向下分权",力求将矛盾解决在基层。

一、微山湖问题:必要的背景交待

　　微山湖的故事要从1953年讲起。新中国成立前,微山湖是山东、江苏两省的界湖,由两省沿湖的八个县分管,北部的南阳、独山两湖属于山东省,而南部的昭阳、微山两湖大部隶属江苏省。当地人说,微山湖"日出斗金",是一个"万民求食"的地方。1953年,江苏省建制恢复,根据中央文件"现属山东省、安徽省原为江苏省旧辖之地区,均划回江苏省属",因此新中国成立后由山东省代管的徐州地区回归江苏省。③

---

① 山东省人民政府:《苏鲁两省解决微山湖争议会商情况》(1984年7月30日)。
② Lucian Pye, "China: Erratic State, Frustrated Society", *Foreign Affair*, 1990, pp.59-60.
③ 中央人民政府:《关于调整省、区建制的决议》(1952年11月)。

也是苏鲁两省交接徐州地区的过程中,经山东方提议并通过两省协商最终由中央政府批准,在湖区成立微山县,统管微山湖。根据政务院 1953 年 8 月的批复,"同意山东省以微山、昭阳、独山、南阳四湖湖区为基础,将湖内纯渔村及沿湖半渔村划设为微山县"。微山县的成立标志着湖区管辖体制由"分治"到"统管"的转变。湖区在历史上由两省八县分管,统管改变了苏鲁两省在湖区的传统边界。根据苏鲁两省 1953 年协议,两省"具体界线:基本上以湖田为界",山东省政府在设立微山县的政府令中也规定:"微山县与江苏省沛县、铜北之间的界线:基本上以湖田为界。"[①]微山县建立后,微山湖的湖面由山东省统管,但南部两湖的西岸土地却主要由江苏管辖,湖面及湖面以东由山东管辖。

微山湖的纠纷始于 1959 年,由于两省在湖区的边界走向迟迟无法划定,也并发了多种利益的争夺。通常说来,湖区群众关心的是湖田湖产,地方政府看重的是边界及水利问题,在改革开放后,又发展到对湖区煤炭资源、交通和税费收入的争夺。虽然微山湖问题是复杂的,在不同时期有不同的重点和表现,但归根到底是苏鲁两省在微山湖地区的边界纠纷。还应指出,基层社区为争夺田产、湖产、水利资源而发生有组织的纠纷、械斗乃至仇杀,诸如此类的情形在历史上并不罕见,就是在微山湖西岸的现江苏省辖区内,晚清年间就曾出现过江苏土民和山东团民之间的湖田纠纷,但这

[①] 分别参见中央人民政府政务院《批复》(53) 政政邓字第 136 号 (1953 年 8 月 22 日);《山东省与江苏省关于微山、昭阳两湖辖领及其具体界限之划分的协议书》(1953 年 4 月 19 日);山东省人民政府令《鲁民密二 (53) 字第 1533 号》(1953 年 10 月 6 日)。

种基层社会的集体暴力更多反映的是裴宜理所说的王朝衰微期的"地方行政管理的软弱无力",①就此而言,微山湖问题所发生的背景却已是一个现代意义的政党—国家,其纠纷的事实与上述传统的基层集体暴力看似并无二致,而其法律性质的实质却是一个现代性的省际问题。

如果承认上述的1953年协议,省界问题就取决于如何解释协议规定的"以湖田为界"。但以湖田为界,湖田会随着湖水位的涨落而变动,因此只能形成一条动态的边界线,当地人说"山东管湖面,江苏管湖底;有水山东管水,无水江苏种田"。而且,以湖田为界的规则也未定义什么是湖田及湖田属于谁,山东省在纠纷初期的一份内部报告就讲出这个道理:"湖田是面,有四边,有东、西两线;东线为界,田在沛县,西线为界,田在微山。"②在历次纠纷的调处过程中,苏鲁两方就对"以湖田为界"提出了有理有据但却相互冲突的解释。

在进入改革开放时代后,以湖田为界的规则逐渐成为老黄历,纠纷双方均开始寻求对此规则本身的挑战和突破,重新划界。在山东这一边看来,以湖田为界显然构成了统管微山湖路上的绊脚石,只有将江苏省在湖西堤以内或至少沿湖第一排村庄划入山东省,微山湖成为山东省的内湖,将两省矛盾转化为一省一县内的矛盾,才能解决湖区纠纷。在江苏这一边,微山湖原本就是界湖,本

---

① 参见裴宜理《华北的叛乱者与革命者(1845—1945)》,池子华、刘平译,北京:商务印书馆,2007年,第62—104页。
② 马巨涛:《对山东、江苏两省纠纷中几个问题的现有材料研究和意见(草)》(1961年11月14日)。

省生活在湖区的群众不可能不与之发生生产、生活关系,因此要恢复传统的省界,至少要按"山以分水岭,湖以深水处"的惯例去重新划界。苏鲁两省在微山湖区的划界主张,虽然因谈判策略的需要往往提出五花八门的方案,但归根到底,江苏方希望恢复传统的分治格局,两省对界湖可以利益均沾,而山东方则希望可以将微山湖完全统管起来,使之成为山东省的内湖。

二、中央决策是如何未炼成的

1. 工作组湖区行

1980年秋,微山湖地区纠纷再起,两省基层社队因争夺湖产屡发械斗,先后导致双方4名社员死亡。微山湖问题虽然谈不上"大",但是人命关天,性质上又属于省际问题,双方基层政府在械斗发生后又不免展开一轮"电报战",终于国务院在10月下旬派出工作组赶赴湖区。工作组由民政部、水利部官员组成,此次湖区行旨在调研两个既彼此独立又相互关联的题目,首先是边界纠纷及划界问题,其次是水利冲突及水利工程统管的问题。

淮河流域是一个"大雨大灾、小雨小灾、无雨旱灾"的区域,苏鲁两省在微山湖地区"涝时行洪、旱时争水"。[①] 沛县的西邻丰县曾因山东省在湖区筑坝建闸,两年内"向上级发电报121次,开支电报费用1736元,书面报告13次",[②] 这是旱时争水。而山东省也

[①] 钱正英:《治淮工作会议总结》(1980年12月10日)。
[②] 丰县人民政府:《关于山东省鱼台县在复新河下游建闸遭受严重损失的报告》(1981年8月5日)。

有领导讲过:"南四湖的根本矛盾,是没有排水出路",同时曾有官员在写给省委的报告中指出,如果山东省无法统管微山湖,那么就是"有上口无下口,只进不出,屁股门被人掌握",这个形象的比喻讲的是涝时行洪的问题。①

国务院工作组下到湖区现场,听到了苏鲁两省汇报的5个划界方案。江苏方有两个方案,大方案是要恢复沛县的原县制,将湖东原属沛县的夏镇区,以及昭阳湖、微山湖的大部分湖面划回沛县,基层官员在汇报时开始挑战作为微山县立县之本的1953年协议:"尽管我们努力执行协议,但实践证明总是行不通,其原因就在于行政区划不合理,协议本身有问题。"②但公允地说,大方案只是江苏方的谈判策略,供中央裁决时可以"让步"至小方案,即以湖内南北走向的深水河卫河为界,河西归江苏,河东归山东。但无论大方案还是小方案,都要求改变1953年以来山东省统管微山湖的现状。山东方则提出了三个方案,大方案是把江苏省在南四湖流域的丰县、沛县划归山东省,中方案是以微山湖西的苏北大堤为界,小方案是把江苏省沿湖第一排村庄划归山东省。山东方的这三个方案由大至小一字排开,同样意在突破1953年协议内的"以湖田为界",而将微山湖变为完全封闭在山东省界以内的内湖。③

分析上述的5个方案,双方的大方案更像是谈判策略,为的是

---

① 马巨涛:《对山东、江苏两省纠纷中几个问题的现有材料研究和意见(草)》(1961年11月14日)。
② 沛县革委会:《关于沛微两县湖区纠纷问题向民政部、水利部调查组的汇报提纲(根据两次汇报记录整理)》(1980年10月31日)。
③ 《朱奇民在主持向国务院工作组汇报微、沛纠纷问题时的发言》(1980年11月11日)。

在协商或裁决时留下让步的空间,但即便双方的小方案之间仍有相当的差距,而且都是对 1953 年协议的突破,因此中央政府如要裁决,首先涉及如何对待 1953 年两省协议,以及政务院批复的问题,其次就是要在两省的零和游戏格局内"动手术",势必一方要"割肉"。

2.民政、水利两部报告及其方案

1980 年 11 月 24 日,民政部、水利部联合向国务院提交了微山湖问题的书面报告。两部报告一开始就否定了 1953 年的协议,首先是因为该协议的有关规定,如"基本上以湖田为界","沿湖群众原以湖产为副业生产者,仍依其习惯不变","含意不清,难以执行"。更重要的是,"我们研究了多年来的经验,认为微山县的设置是当时反霸斗争的需要,过去的有关协议不完全符合经济发展的规律,划界很不明确,这是造成纠纷的一个根源"。在此基础上,报告提出了以湖中心线为界的方案:"我们比较了多种方案后,初步意见是:微山湖在二级坝以下原则上以湖中心线为界,湖中心线以东归微山县,湖中心线以西归沛县。这样划界,对解决湖田、湖产纠纷比较彻底,对解决水利矛盾也有好处。同时,为了进一步解决南四湖地区的争水矛盾,还可以考虑将现由两省分管的重要水利工程实行统一管理。"

工作组的方案没有照搬苏鲁两方的方案,但以湖中心线为界更接近江苏方以卫河为界的小方案(卫河是微山湖内南北流向的深水河,在湖中心线以东,因此以湖中心线为界会留给山东省更多的湖面)。如果该方案由国务院所转批,微山湖自湖腰二级坝以下的湖面就将由两省各管一半,这是坚守统管湖面的山东方不可能接受的。因此两部报告在最后特别建议:"为了尽早解决苏、鲁两省南四湖边界纠纷,建议趁省长会议之便,请两位副总理召集两省负责同志协商处理。"①

12月初,由杨静仁副总理主持,民政部和水利部参加,分别背靠背地就两部方案征求意见。江苏省是此方案的受益方,因此江苏省委的意见"基本上"同意两部方案。而山东省坚持本方的中方案(苏北大堤为界)或小方案(划入江苏湖西地区沿湖第一排村庄)。此次两省背靠背的意见听取,暂时搁置了以湖中心线划界的两部方案。杨静仁副总理在背靠背汇报结束时就讲:"看来分歧很大,定不下来。"②

3. 徐州会议:水利可统管,划界未定案

两部方案并未搁置太久,1981年9月,杨静仁副总理在徐州主持召开两省会议。徐州会议有两个议程,首先是审议水利部建议南四湖流域水利统管的报告,其次就是审议民政、水利两部所拟的苏鲁两省在微山湖地区的划界方案。这两项议程从一开始就关联在一起,民政部的一位副部长在去年底就两部划界方案征求意见时就透露:"钱正英同志说,国外的边界在河道湖泊水中以中心线,

---

① 两位副总理指万里、杨静仁副总理,《民政部、水利部联合报告(80)民民字第69号、(80)水计字第218号》(1980年11月24日)。
② 《杨静仁副总理、陈光、李金德、李化一副部长在听取江苏对微山湖问题的汇报以后的讲话记录》(1980年12月1日);山东省民政厅:《关于鲁苏两省南四湖边界纠纷问题向民政部、水利部的汇报提纲》(1980年12月2日)。

在陆地以分水岭划界,所以这次提了这个意见。"①

水利部部长钱正英是新中国第一代治淮人,1981年6月,她重返淮委在讲话中指出:"治淮必须做到统一规划、统一计划、统一管理、统一政策,必须要有这四个统一。"②而水利部接着在8月11日向国务院提交《关于对南四湖和沂沭河水利工程进行统一管理的请示》,报告指出,"二十多年来,苏鲁两省边界附近的南四湖和沂沭河地区,水利矛盾不断发生",建议"在治淮委员会领导下成立沂沭泗水利工程管理局","统一规划,统一计划,统一管理"。③ 对于此方案,江苏省是受益方,因为统管意味着微山湖的水利工程管理将由山东省移交给中央直属机构,因此江苏省表态支持水利统管。而山东省面对着统管方案,却是有苦说不出的,只能表示"原则上的同意"。山东省历来主张微山湖要统管,因此没有只有山东省的统管,而否定中央政府统管的道理。徐州会议结束未到一月,国务院就将水利部的统管报告转批苏鲁豫皖四省,水利统管正式定案。④

第二个议程就是要再度审议去年底曾因山东省的反对而被搁置的两部报告。8月8日,徐州会议召开前一月,民政部、水利部又联合向国务院行文《关于苏鲁两省微山湖地区划界方案的报告》。

---

① 《杨静仁副总理、陈光、李金德、李化一副部长在听取江苏对微山湖问题的汇报以后的讲话记录》(1980年12月1日)。
② 《钱正英部长在淮委全体职工大会上的讲话》(1981年6月11日)。
③ 水利部:《关于对南四湖和沂沭河水利工程进行统一管理的请示》(1981年8月11日)。
④ 《国务院转批水利部"关于对南四湖和沂沭河水利工程进行统一管理的请示"的通知》(1981年10月7日)。

报告指出,1953年的"以湖田为界""使得水面和陆面分开","隐藏了许多矛盾",因此应"适当调整边界","下级湖大体上以湖中心线为界,以西归江苏,以东归山东"。报告最后特别指出:"这个划界方案,山东划出的面积大,需要做好山东省的工作。"①

"调查就象是'十月怀胎',解决问题就象是'一朝分娩'",②徐州会议实际上推迟过两次,按照杨静仁副总理的说法,就是"为了在北京作些准备,把(水利)统一管理的方案、划界的方案搞好,推迟了",而且此次会议拿出来的不仅有两部报告,还有国务院已草拟的"批示",在目前可见的档案中,这份并未标明日期的批示称"国务院拟同意两部方案。现转发给你们,请认真考虑,并将意见报来",看起来国务院已经准备好要在徐州会议上"解决问题",所等待的只是苏鲁两省对方案的意见。对此方案,受益的江苏方表示"基本同意",而需要割肉的山东则重申微山湖要统管,论证了本方以苏北大堤为界或将沿湖第一排村庄划入山东省的方案。两部方案再次面对着江苏同意、山东反对的局面。

杨静仁的讲话结束了徐州会议,在谈到水利统管的方案时,杨副总理表示:"我们回去后准备尽快将水利统管的文件批转下来,付诸实施",而在谈到两部的划界方案问题时,杨副总理却说:"这是大问题,我不能定。我只能带回去研究,让我批,会犯错误的",并且在会议结束前要求收回印发的两部文件,以防扩散。③ 徐州会

---

① 民政部、水利部:《关于苏鲁两省微山湖地区划界方案的报告》(1981年8月8日)。
② 毛泽东:《反对本本主义》,载《毛泽东选集》(第一卷),北京:人民出版社,1991年,第110页。
③ 《杨静仁副总理在解决微山湖纠纷会议开始时的讲话和会中插话(根据记录整理)》(1981年9月10日)。

议后,江苏省曾向国务院发出电报:"扬汤止沸,不如釜底抽薪,为了从根本上解决争议,要从速划界",但两部方案虽经十月怀胎之苦,最终却还是难产。

4.一点评议

水利统管和以湖中心线划界,这两个方案从一开始就是国务院为解决微山湖问题双管齐下的"两手",一手解决水利矛盾,另一手解决边界纠纷,但这两个一路携手走来的方案最终却是两种不同的命运,我们可以在两方案在审议过程中的结构性差异中找原因。事实上这个差异并不难找,水利统管的方案得到利益相关方的同意,而划界方案却无法形成利益相关方的基本共识,因此,中央的裁决或批转取决于作为纠纷方的地方政府之间的共识,这体现了谢淑丽所说的共识型的向下分权的决策机制。[①] 事实上,1980年11月底,就在两部方案等待背靠背地征求意见时,杨静仁副总理主持召开了十六省、区负责人关于解决边界纠纷的座谈会,而杨副总理在此次会议上的讲话表达了中央调处省际边界纠纷的普遍思路,而他的讲话读起来如同对共识型向下分权模式的另一种阐释:

> 边界纠纷是个政治问题。当然,主要是因经济利益引起的,属于人民内部矛盾。应采取主动协商的办法解决,不能用别的办法。让国务院出面,还是得协商好了;不然,国务院仲裁不好办……我看涉及两省的纠纷着重两省商谈,达成协议,

---

① Susan Shirk, *The Political Logic of Economic Reform in China*, University of California Press, 1993, p. 10.

国务院批一下。当然,民委、民政部要帮助做些调查,在可能条件下帮助解决。没有基础靠上面不行。请大家谅解……让国务院表态不好办呀。①

三、中央决策是如何炼成的

1. 崔乃夫的小解决方案

两部方案只开花却未能结果,微山湖地区维持着原有的格局。1983年的收苇季节又是噩耗频传,9月份有4名社员在械斗中死亡。10月23日,国务院工作组赶赴湖区,此次工作组由民政部部长崔乃夫亲自带队,所传达出的信号是,微山湖问题确实到了非解决不可的时刻了。根据地方档案的记录,崔乃夫是一位有着高超语言天赋的中央官员,他在此时的出现让我们接下来要讲述的故事更为丰富多彩。

崔乃夫初次会见两省官员就直陈心境:"时间我不想拖,这儿谈不成,请两省同志到北京,由国务院、书记处去解决。每年都这样,打死人,我们不好向群众交待。"②而苏鲁两方接下来所拿出的5个方案,基本上还是老调重弹。江苏这边两个方案,大方案是恢复沛县原县制,小方案是以卫河为界,而本方的一位带队副省长在汇报时补充了一个缓冲:"当然,以湖中心线为界不是不可以考

---

① 《杨静仁副总理在十六省、区负责人关于解决边界纠纷座谈会上的讲话(山东省民政厅记录)》(1980年11月28日)。
② 《崔乃夫部长召集苏鲁两省负责同志商谈会议日程时的讲话》(1983年10月23日)。

虑",这正是两年前搁置的两部方案。① 而山东方的三个方案则有所微调,第一方案是以湖西历史上形成的苏北大堤为界;第二方案是将江苏省沿湖有经营湖田湖产习惯的第一排沿湖村庄划归微山县;第三方案则是以顺堤河为界来划分两省的湖田湖产。② 归根到底,江苏方要求分治,主张本省在湖区的利益应得到代表,而山东方则是要统管,将原先的省际矛盾转化为微山县内的矛盾,由此解决微山湖纠纷。

作为受命调处微山湖问题的"钦差大臣",崔乃夫自己心里也有一本账:两年前的两部方案建议调整两省区划,但只开花却不结果,有此前车之鉴,崔乃夫在会上抛出了自己的"小解决方案",即不动区划,只是在引发械斗最多的湖产处"动个小手术"。双方湖产"犬牙交错"权属不清,就会导致械斗,"我们是不是就在有争议的地方划一条线,使群众能活下去"。而湖产的分配原则并不是"依法裁决",不要纠缠1953年协议及此后历次协商的相关规定,而是要进行情理法并重的调解,维持双方基层群众的利益均衡,"划界要考虑到双方群众生活差距差不多。如果划界后一边群众天天吃肉,一边群众天天喝汤,也不容易划这个边界"。但至少在此次会议上,小解决方案未能"互谅互让,达成协议"。会议结束时,崔乃夫表示:"在这里,没有权威的人做结论。我们把各个方案

---

① 《关于沛微纠纷问题向省市领导同志的汇报提纲》(1983年10月23日);《徐州市水利局关于南四湖地区边界纠纷问题的汇报提纲》(1983年10月24日)。
② 《卢洪同志拟向国务院工作组提出的关于解决微山县与沛、铜两县沿湖边界纠纷的初步方案(电话传送稿)》(1983年10月26日);《李文同志在解决苏鲁微山湖边界争议会议上的发言》(1983年10月26日)。

的利弊都带回北京去,让中央领导同志兼听则明。我们来,没有带方案来,回去把不同的意见带回去。"①

工作组返京后不久,国务院办公厅就向两省传达了工作组所拟的小解决方案。该方案以"三个不变"(1953年政务院批准的行政区划不变;湖田、湖产和水面的管理不变;南四湖地区的水利由淮委统管不变)为基础,在此前提下,建议"对湖中发生争议的湖田、湖产按照双方群众实际使用情况和经济情况予以划分,明确双方耕耘湖田和经营湖产的使用界限"。②"三个不变,一处小调整",对于工作组来说,最大的好处是尊重现有格局,不去翻历史旧账,既没有否定山东省对微山湖湖面的统管,也没有剥夺江苏省在微山湖内的利益,也因此更有可能获得苏鲁两方的同意,而且只需要对湖田湖产"动手术",执行起来也比较便利。曾经一度,此方案有可能成为中央的裁决,两省官员在知悉方案后均曾跑"部"进京,山东省官员在返回济南后即向省委报告:"目前,中央工作组正在准备解决这一矛盾的背景材料和拟定小解决的具体方案,以便报请国务院、中央书记处审定,我们认为,这次不会久拖不决。"③

2."哪里有纠纷,哪里划给山东"

"微山湖争议问题长期没有解决。群众利益受到损失。首先是国务院没有采取断然措施,是软弱无力的表现;两省的有关领导

---

① 《民政部崔乃夫部长在解决苏鲁微山湖边界争议协商会议结束时的讲话》(1983年10月27日)。
② 《国务院办公厅有关微山湖争议问题处理方案的电话通知》(1983年11月11日)。
③ 山东省水利厅:《关于向国务院办公厅汇报我省对解决南四湖地区鲁、苏两省边界争议方案的情况汇报》(1983年11月24日)。

也是有责任的。"1984年1月20日,万里副总理在听取崔乃夫的汇报时,首先进行了批评和自我批评。而他接着提出了国务院解决微山湖问题的指导原则:"为了彻底解决好这个问题,国务院要作明确决定。现在看从各方面权衡利弊,还是把双方打架闹事多的村庄划归山东省统一管理比较好。"这句话后来在双方基层被演义为"哪里有纠纷,哪里划给山东",意味着要进行区划的调整,因此也是对工作组原拟小解决方案的否定。至于接下来的工作,万里指示国务院工作组:"由民政部研究提出具体方案,代国务院起草通知,由国务院办公厅发给山东、江苏两省征求意见。如没有意见,就按通知规定执行。如有意见,国务院开常委会,请两省领导同志参加,会上做出决定后,两省必须坚决执行。"①

"还是把双方打架闹事多的村庄划归山东省统一管理比较好",这是国务院为解决微山湖问题所定的新基调。因为这一新基调确实有利于山东,长期以来,民间流传着万里副总理偏袒家乡山东的说法,但公允地看,两省在微山湖区的纠纷原本就是零和游戏,任何裁决都意味着要动刀子割肉,而万里副总理代表国务院显然有权去"动手术"。而且,这个新基调实际上延续了1953年协议的统管原则,或者说是统管原则在新条件下的一个适用,体现了山东方历来主张的将两省矛盾化为省内矛盾去消化解决的思路。万里在讲话中指出:"全国需要安定团结,微山湖地区也需要安定团结。不能再在那里扯皮打架了。"因此虽然都是化省际矛盾为省内矛盾,万里副总理所给出的区划调整标准是"打架闹事多",而不是

---

① 《万里副总理在听取国务院工作组汇报时的讲话(根据记录整理)》(1984年1月23日)。

山东所定义的苏北大堤以东或沿湖第一排村庄,此微妙区别也恰恰反映出中央领导对微山湖问题的"统观"。

万里讲话后,工作组在2月上旬拟出了新的方案。根据新方案,国务院解决微山湖问题的原则如下:"以1953年政务院关于建立微山县的批复为基础,从现实出发,合理划分群众利益,局部调整行政区划",方案的具体意见凡五点,分别处理了湖田、水利管理、湖产及区划调整、湖区治安、思想政治工作,最关键的是第三条关于湖产和区划调整的规定:"凡近三年来,没有发生争议,由沛县群众收获的地段,应允许其继续收获,但在行政区划上仍属微山县管辖。凡近三年来发生争议和械斗地段的群众,以其居住的自然村为单位连同以湖产为生或以湖产为主要生活来源的群众和土地一并划归微山县。"①新方案所写入的正是贯彻万里副总理代表国务院所定的基调。由1981年以湖中心线为界的两部方案,到现在化省际矛盾为省内矛盾的新方案,苏鲁两省可以说是"河东变河西"。假如国务院批转了此方案,那么江苏方就要把近三年来发生过械斗的村庄划给山东,虽然具体要划多少个村庄取决于如何解释此规则,但江苏方确实输了官司,基层干群的说法就是要"割地赔款"。

山东省在2月底就向国务院发出报告,对新方案做了表态,报告称:"万里副总理关于解决微山湖争议问题的重要讲话和国务院提出的具体意见,我们同意……现在,国务院采取断然措施,解决这一争议问题,表达了湖区广大干部、群众的心愿。"对此新方案,

---

① 国务院赴微山湖工作组:《关于解决微山湖争议的意见》(1984年2月9日)。

山东省在报告中直陈"是正确的,是符合1953年政务院批复建立微山县统一管理四湖精神的。多年来的实践证明,四湖是一个整体,只有统一管理,才有利于生产的建设和发展。这个意见……把以渔湖为生的,有争议并经常发生械斗的村庄划入一县管理,矛盾集中在一方,便于统一安排,及早解决"。①

但如果1981年两部方案的失败作为一个先例可以说明什么,那就是山东省作为受益方,其表态不过是例行公事,关键取决于行将"割肉"的江苏省的态度。假如江苏方仿效两年前的山东,有理有据地直陈本省对方案的反对意见,那么是不是也会暂时甚至永久性地搁置此方案,我们在此又有了一组可供对比的案例。当年2月中旬,江苏省就由一位副省长带队到北京,国务院工作组就新拟定的方案给江苏方通了气。根据可获得的地方档案,江苏的基层政府对此方案有着强烈的反应,第一时间就向上级党委发去电报:"我们认为,解决微山湖纠纷,必须尊重历史,分清是非,从实际出发,特电请市委、省委迅速上报党中央,以求微山湖纠纷的公正解决。"②在微山湖问题的治理结构中,基层的反对意见能否表达出去,取决于省里的态度,而江苏省的态度集中体现在省委3月4日发给国务院的报告。

这份长达12页的省委报告不仅发给国务院,而且还发给当时的中央主要领导及负责调处微山湖问题的国务院领导。报告分为四个部分:"南四湖地区历史简况""南四湖地区纠纷的发生和发

---

① 《关于贯彻执行国务院解决微山湖地区鲁苏两省边界争议方案的意见》(1984年2月25日)。
② 《中共沛县县委传真电报》(1984年2月20日)。

展""对国务院微山湖工作组提出的处理方案的意见""我们的意见"。报告首先就微山湖地区的两省纠纷史进行了江苏版的叙述,在这之后,江苏省委对新方案陈述了本方的立场:"我们认为这个处理方案,实际上是使两省共有的湖泊变成山东一省的内湖,使江苏沿湖的陆地和水域截然分开,把沿湖引水的主要口门都归山东控制。"

在"分论"部分,江苏省分别陈述了其在湖产、区划和水利问题上的立场及对新方案的意见。关于湖产,也许是要以必要之妥协以换取更大的谈判余地,江苏省表示服从国务院的湖产裁决:"对有争议的湖产,服从国务院裁决。如原属沛县经营的湖产调整划给微山县的,经营这部分湖产的村庄和群众仍属沛县,由此而带来的生产生活问题由江苏自己安排",换言之,江苏省的策略是弃湖产保村庄。在区划问题上,省委文件指出:"我们认为南四湖地区的纠纷,是一个行政区划的问题。"也许是国务院裁决的压力当前,江苏省陈述的划界方案并不是此前的卫河或湖中心线为界,而是"以32.5米高程为界,大体在京杭运河以东五百至一千米左右",这在省里看来或许是个妥协,在基层政府眼中就可能就是软弱,但即便是此让步方案,也是对国务院和山东方所坚持的"统管"的突破。而在省里最看重的水利问题上,"江苏在南四湖的水资源利用和湖西大堤的管理上不能再让,南四湖的资源两省共有分享的状况不能改变",这两个"不能"说得是毫无协商退让的余地。[1]

---

[1] 中共江苏省委:《关于苏鲁边界南四湖地区问题处理意见的报告》(1984年3月4日)。

3. 中央的拍板

这次故事的进展确实不同于1981年,这一次,中央政府行使了法定的裁决权。1984年4月18日,国务院在北京召开了田纪云副总理主持、苏鲁两省参加的微山湖工作会议,国务院的一位副秘书长宣读了中共中央、国务院批转国务院赴微山湖工作组报告的通知。

田纪云副总理在会上作了讲话,一如既往,讲话是从微山湖问题到了"非解决不可的时候"开始的:"如果我们对微山湖争议问题都解决不了,党中央、国务院还有什么权威?还谈什么整党?还谈什么治国?"紧接着,讲话说明了国务院此次决策的过程:国务院经"慎重考虑","对两省报来的方案,反复研究过多次。经过权衡利弊,认为工作组的方案比较切实可行",在此基础上做出了"三个不变,一个小调整"的裁决:"一是行政区划基本不变;二是水利统一管理不变;三是群众对湖田湖产现有经营权基本不变。一个小调整就是对湖产、湖田争议最尖锐的地方,在行政区划上作些小的调整。"对于这个将要划出村庄、放弃湖产的方案,江苏省尤其是基层官员还有话要说,甚至在会前做好了汇报的准备,但据说田纪云副总理用一句话挡住了下面的举动:"民主的阶段已经过去,现在是集中。"①

4月30日,中共中央、国务院以中发(1984)11号文件批转了国务院微山湖工作组的报告。区划调整方案在定案时作了更进一

---

① 《国务院副总理田纪云同志关于解决微山湖争议问题的讲话(根据记录整理)》(1984年4月18日)。

步的细化:"凡近三年来,发生争议和械斗地段的群众,以其居住的自然村为单位,连同以湖产为主或以湖产为主要生活来源的群众和土地一并划归微山县管辖,其中有的自然村的群众不是以湖产为主要生活来源的,又不愿划归微山县管辖的也可不划,但这部分群众不准再进入湖区经营湖产。"最后定案所加入的"但书"条款,实际上是吸纳了江苏省委弃湖产、保村庄的意见。根据新加入的"但书",并非所有参与械斗的村庄都要划入山东,江苏方争取到了弃湖产以保村庄的选择,这或许可以慰藉江苏省的情绪,但正如下文所述,此规定大大增加了11号文件的执行难度。

11号文件连同微山湖报告,不仅下发至苏鲁两省,也同时下发全国各省级党委政府、国务院各部委,微山湖的案例在此意义上成为中央所树立的一个典型,批复在最后指出:"凡有边界纠纷之类问题的地区,也都必须按照整党精神,各自多作自我批评,互谅互让,加强团结,及时地把问题解决好……"同时中央以更权威的中发文件规格(而非国发文件)来批转此报告,或许可以表明,区划调整虽然是国务院主管的行政问题,但省际问题却是一个需要党中央出面才可解决的政治问题。①

4.为什么要三个文件

我们的故事只能讲到这里。微山湖问题并未因11号文件就得到一蹴而就的解决。仅就这一阶段来说,11号文件也只是一个开始,接下来还有1984年8月的国务院109号文件、1985年9月国

---

① 《中共中央、国务院批转国务院赴微山湖工作组"关于解决微山湖争议问题的报告"的通知》(1984年4月30日)。

务院办公厅的61号文件,共同构成了微山湖历史上的"三个文件"。① 三个文件本身或可表明,一个文件尚不足以解决问题,所以才要有第二个、第三个,而在这一连三道的文件序列内,后两个文件在功能上都是对11号文件在执行中的遗留问题的裁决。我们要做的并非对策研究,以下讨论的并不是为什么三个文件未能解决微山湖问题,而是为什么要"三个"文件。

我们知道,11号文件的关键是区划的小调整。公允地说,此次区划调整确实只是"小"的调整,假如1981年两部方案得到批转,其对山东的割肉就势必痛过此次江苏的割肉。但在单一制的政体内,大或小并非政策执行难与易的决定因素。微山湖历史上出现过多个划界方案,比如以1981年两部方案的以湖中心线为界、江苏方的以卫河为界、或者山东方的以苏北大堤为界或沿湖第一排村庄划入山东,上述方案对现状改变更大,但其落实起来却有可操作的技术指标,也就更容易去执行。但11号文件进行区划调整的依据是近三年来发生过"争议和械斗",最后加入的"但书"条款还设定了弃湖产保村庄的替代选项,就此而言,江苏需要划出多少村庄、具体又是哪些村庄,就是一个不确定的解释问题,取决于如何解释"争议和械斗",以及后补入的"但书"。

果不其然,在落实中发11号文件的两省协商过程中,山东方起初千方百计地对"争议和械斗"进行扩大解释,主张要落实文件,江苏应划出38个村庄,这也是沛县沿湖第一排村庄的总数;而江苏方则将11号文件内的解释空间用到最足,认为近三年来在湖产

---

① 三个文件的具体信息,参见前注。

上有争议和械斗的只有12个村庄,7个村庄属于"一般性争议",无需调整区划,另5个村庄纠纷较尖锐,但这些村庄并非以湖产为主要生活来源,因此可以"舍湖产,保村庄"。第一轮谈判后,在划村庄的数目上,双方的差距是38比0。苏鲁双方从5月的徐州谈到7月的济南,山东方退让到"划28留10"(28个村庄划归微山,10个村庄放弃湖产),江苏方退让至"划7留5",这已是双方在本省内定的不可退让的底线。而国发109号文件,即三个文件中的第二个,就是国务院对此问题的一个裁决,根据109号文件,"14个村庄划归微山县",6个村庄仍留在沛县,但这些村庄的群众不再进入湖区经营湖产,也就是最后落实为"划14留6"。

国务院的109号文件还解决了另一个重要问题。1953年微山县成立时,沛县曾将湖西地区的15个村庄划归山东,现在又多了14个湖西村庄,微山县将这些村庄组建了其在湖西地区的四个乡,在微山县于湖西地区有村庄的地方,苏鲁两省的边界走向应当以村庄为界,但在没有村庄的地方,两省的边界应该划在何处,才能既让微山县统管湖面,同时又能尊重沛县沿湖群众入湖生产的习惯。对此问题,江苏省主张应由湖西大堤东堤脚向东延伸150米,而山东认为应以西堤脚为线。109号文件对此争议作了个裁决:湖西大堤以西有微山县管辖的村庄和湖田的,应以村庄和湖田为界,没有的地段,则以湖西大堤东堤脚起向东延伸60米处为界。[1] 但后续的过程表明,即便这个精确到米的中央裁决,却因苏鲁两省在

---

[1] 《国务院转批国务院赴微山湖工作组关于解决微山湖争议问题的第二次报告的通知》(1984年8月27日)。

如何确定"东堤脚"上产生了分歧,竟然还是上通下不通的。①

为什么需要"三个"文件,原因就是崔乃夫所说的"大问题解决了,还有中问题、小问题"②,更重要的是,正是因为不停地在解决"遗留问题",最后反而导致了未能解决大问题本身。崔乃夫部长是三个文件形成的见证者,我们可以从地方档案材料内看到他在此过程中的心态变化。1984年5月,11号文件下发,苏鲁两省初次商讨文件落实时,崔乃夫的轻松心情是溢于言表的,他要求部里和省里来的同志要超脱一些,"悠哉悠哉",让市县去"叮当叮当"。③ 7月的济南会议上,崔乃夫就亮出了中央授予的"尚方宝剑",劝诫两县不要"以身试法",限期沛县和微山县达成协议,否则两县主要领导对调,如仍然无法达成协议,则就地撤职。④ 11月底,崔乃夫劝诫前来北京汇报的沛县县长:"为什么赔了夫人又折兵呢?为什么敬酒不吃吃罚酒呢?"⑤1985年3月,崔乃夫对两省代表团又是一番苦口婆心的教育:"这个事我总感到有不祥之兆,不要把事情扩大,等中央出面采取强硬措施。现在的中央不是软弱无力的中

---

① 正因此,部分为了解决"东堤脚"问题,才有了1985年9月由国务院办公厅转发的第三个文件。
② 沛县人民政府:《崔乃夫接见朱继荣的讲话》(1984年11月22日)。
③ 贯彻中央11号文件徐州小组:《关于参加苏鲁两省贯彻中央11号文件的会谈情况汇报》(1984年5月25日);山东省贯彻小组:《贯彻党中央、国务院关于解决微山湖争议问题通知会议情况的汇报提纲》(1984年5月29日)。
④ 徐州市人民政府:《关于济南会议商谈解决微山湖争议问题的情况汇报》(1984年7月31日);山东省人民政府:《苏鲁两省解决微山湖争议会商情况》(1984年7月30日)。
⑤ 沛县人民政府:《崔乃夫接见朱继荣的讲话》(1984年11月22日)。

央,还是通过协商解决好。"①而直到1986年,江苏省民政厅还准备借崔乃夫在江苏视察的时机向他汇报微山湖问题,崔乃夫的回答干脆利落:"我处理微山湖的问题有三个不满意,江苏不满意、山东不满意、我也不满意。我不能再解决了,再解决去找总理。"②

四、中央集权的简约治理

许慧文教授曾经指出:"在中国,国家权威的理念或许总是单一的、超越的和普遍的;但统治的现实,却总是多样的、实在的和特殊的。"③以上所讲述的就是一个多样、实在和特殊的故事,与此同时尝试着提炼一个我称之为"中央集权的简约治理"的理论模式。这个概念的提出得益于黄宗智教授有关集权简约治理的论述。多年来,黄宗智及其研究团队通过对地方诉讼档案的解读,对介于国家与社会之间的基层治理实践进行了一系列深描式的个案研究,由此提出了"集权的简约治理"这个概念。④而以上所述的中央集权的简约治理,是在一个新的治理领域内研讨原概念在扩展后的有效性。这种扩展首先是基于档案材料的扩展。前文叙述可以表明,微山湖的故事主要基于但并不限于地方档案,如要对这场纠纷作全景式的展现,需要来自苏鲁双方由省至县乃至中央政府的材

---

① 《崔乃夫部长的讲话》(1985年3月18日)。
② 《苏士语副市长和朱继荣县长向省政府领导同志汇报沛、微边界纠纷时的谈话记录》(1986年11月6日)。
③ 许慧文:《统治的节目单和权威的混合本质》,《开放时代》2008年2期,第88—93页。
④ 可参见黄宗智、尤陈俊主编《从诉讼档案出发:中国的法律、社会与文化》,法律出版社,2009年。

料。此外,微山湖纠纷及其调处由始至终是一场没有法院参与的"官司"。就此而言,我所基于的档案不同于黄宗智团队所用的地方诉讼档案,微山湖治理所展示出的最丰富、最有趣、同时也最有理论空间的方向,并不是国家作为铁板一块是如何治理多元社会的,也不是位于国家科层制之末梢的基层官僚是如何借用"第三领域"的资源去进行简约治理的,而是展示出单一制国家这个在法律表达上一元化的组织体在统治实践中是如何分化和组合的,尤其是在中央和省之间的"关键性交汇点"如何进行治理的。

1. 中央集权的权力结构

微山湖的案例,看起来反映的是中央政府的"软弱无力"。万里副总理曾讲过:"微山湖争议问题长期没有解决……首先是国务院没有采取断然措施,是软弱无力的表现。"① 田纪云副总理也有类似的表述。如果我们对比中央调处的实践和中央文件的话语,似乎更能洞察出中央政府的软弱。微山湖问题的地方档案内可以找到一份1964年的中央文件,是对冀鲁豫皖苏边界水利问题的协商意见的批文,文件这样写道:

> 这个地区水利纠纷之所以多,是有其自然和历史原因。但是我们是共产党人,我们的政府是革命的、统一的、人民的政权,我们对国际问题都有能力解决,有什么理由还要保留这些国内的地区性的水利纠纷呢?中央和国务院要求各级党委

---

① 《万里副总理在听取国务院工作组汇报时的讲话(根据记录整理)》(1984年1月23日)。

和政府,从全局出发,以共产主义的精神,坚决、严肃、认真、彻底地解决这些问题……中央和国务院的有关规定,省与省间的有关协议,应当在边界地区的干部和群众中宣读,做到家喻户晓。①

从上面的话来看,一个现成的结论似乎是,中央政府在表达中总是无所不能的,而在实践中却往往是软弱无力的。但正如黄宗智所指出的,法律的形式表达不仅是一种话语,其本身也是一种现实,一种与客观性现实相对的表达性现实,因此我们的探索不仅要听其言,观其行,更重要的是要考察言与行或说与做之间的复杂关系。② 正因此,"软弱无力"的话语表达并不足以否定中国的中央集权政体,却能启发研究者,中国的中央集权并非主流理论所想象的集权模式,而是另一种有中国特色的中央集权。

首先,每当中央强调"全国一盘棋",反而更可能是地方主义抬头的时候,微山湖的故事正可表明,凡是中央自我批判"软弱无力"时,反而是要重拳出击的决断时刻,因此真正建立面向实践的理论叙述,不是简单地以客观性现实去否定表达性现实,而是要综合两者成其一统。

其次,中央三个文件并未让微山湖问题药到病除,但政策在实效上的成或败与政权结构的集权或分权,在逻辑上是两个不同的

---

① 《中共中央、国务院对解决冀鲁豫皖苏有关边界水利问题的协商意见的批示》(1964年8月15日)。
② 黄宗智:《经验与理论:中国社会、经济和法律的实践历史研究》,北京:中国人民大学出版社,2007年,第3页。

问题。中央调处微山湖问题的决策过程,所采取的是共识型的调解模式,来自省级政府的反对意见通常可以搁置中央的决策。但同样不能否认的是,中央作为主权者始终保留着"决断"的权力,而且11号文件的出台过程即可表明,中央政府如决定要决断,是不以地方意志为转移的。正如江苏省基层官员在1984年省委上书中央后所说:"如果国务院要裁决,我们也没有办法,但我们尽到了最大努力。"[1]因此,研究者不可因为中央对决断权的备而不用,或仅作审慎使用,就忘记了决断权在法律上的存在。事实上,正是有这么个兼具能力和意志的中央,才使得微山湖问题始终维持为一个省际问题,而没有恶化为局部性的"内部战争"。

再次,中央之所以始终保持其决断权,一方面不可脱离现代民族国家在法律形式上的科层制结构,另一方面也更为重要的要归功于中国的政党—国家体制。田纪云副总理在传达11号文件时就曾讲过:"对于'通知'不再讨论了,因为已经征求过多次意见。两省和有关市、县如仍有意见,可以提、可以保留、也可以上书,但必须按'通知'办,行动上不能违背。这要用党性来保证,要提高到是否和中央在政治上保持一致的高度来看待。"[2]由此可见,中央在将地方意见统一到中央政策上时,所用的资源并不是形式法律的论证(国法),而是中国共产党的领导、组织和纪律体制,也就是田纪云所说的"要用党性来保证"。而在两省落实11号文件迟迟未见进展之际,崔乃夫部长也曾请出他的"尚方宝剑",要求两省基层

---

[1] 《沛县四个机构负责人联席会议记录》(1984年3月5日)。
[2] 《国务院副总理田纪云同志关于解决微山湖争议问题的讲话(根据记录整理)》(1984年4月18日)。

政府限时达成协议,否则就将主要干部对调乃至撤职,这也是基于"党管干部"的政党—国家组织体制。

2.简约治理的日常模式

既然是中央集权,既然保留着决断权,既然在必要时可以动用党纪和组织手段的规训,为什么中央会表现得如此"软弱无力",为什么在可单方面裁决的前提下却要协调和协商呢?微山湖问题是可以用科层制内的行政手段去解决的行政问题,但为什么却在日常治理中转化为由中央作为调解人介入的"司法问题",为什么微山湖的治理实践会出现行政问题司法化、司法问题调解化的现象呢?如果进行由表及里的分析,原因在于在中央集权的政体结构下,在中央地方关系的纵向分权领域内,日常所实践的却是一种新的"简约治理"。

首先是中央集权政体系统内地方的结构功能。根据通常的理论叙述,中央集权之下实际上是无"地方"可言的,地方政府只不过是政治中枢延伸到四方的"触角",它在法律形式上没有也不应有自己独立的意志,所要做的仅限于忠实执行中央所下发的指令,至多在一定限度内具有因地制宜式的变通执行权。与此理论叙述形成对比的是,中国政治向来都有诸如"政令不出中南海"此类的难题,而在前述的理论范式内,此类现象都被认为是集权政体在现实中的"衰变"。但微山湖的案例却告诉我们,地方在中国政治系统内是一种双头机制,一头由上至下地代表中央的意志,另一头由下至上地代表辖区利益。

大多数情形内,地方政治的双重代表可以实现和谐共存,但微山湖案例的特殊性就在于这种双重代表发生了非此即彼的断裂。1985年初,民政部官员下到湖区检查中央文件的落实进度,沛县县长在汇报时就讲道:"不是我叫苦,你看我这个县官有多难当,上面有中央文件我要执行,下面有群众利益不能违背。"这句话生动地展示出地方政府在政治系统内的双重代表性,即便是中央文件当前,地方政府仍可用地方利益的话语修辞进行"软性"抵制,在此次谈话中,沛县县长在回应民政部官员的裁决建议时讲道:"万里同志说,国务院的权威再大,也不能损害群众利益。"①正是因为微山湖的案例最大限度地收紧了两个方向上的张力,我们才能清晰地看到这种双重代表性。万里副总理在1986年也曾讲过:"我不认为部门和地方不应该重视和讲求本部门、本地方的利害得失。这是他们肩负的一种责任。"②

其次,政策在形成时应考虑执行的成本,在中国的多级政府体制内,简约治理以调解手段去建构共识,而不是以命令强制手段解决科层制内的行政问题,这或许会增加决策的成本,但同时也在降低政策落实的成本。崔乃夫曾讲过:"为什么采取协商的办法不拍板?担心拍板有问题,最后没有办法也要拍板。"③而为什么中央的拍板会"有问题",问题往往出在"执行"上。中国是一个区域差异极大的共同体,中央政策有时会出现一种"上通下不通"的局面,导致行政资源都消耗在不断出现的"遗留问题"的后续解决上。简约

---

① 《朱继荣县长向李司长汇报的几个问题》(1985年1月31日)。
② 万里:《决策民主化和科学化是政治体制改革的一个重要课题》,《人民日报》1986年8月15日。
③ 《崔乃夫部长的讲话》(1985年3月18日)。

治理运用司法调解的技艺,也是因为共识型的决策更能得到忠实、便利和有效的执行。

微山湖问题最初之所以出现,就是因为1953年协议的"以湖田为界"是一个"上通下不通"的规则,一遇纠纷就会出现一项规则,双方各自表述的局面。而前文对11号文件的分析也可表明,11号文件之所以未能一蹴而就,反而要有后续的两个文件去解决自身的"遗留问题",原因也在于其所规定的区划调整的依据,也是一个上通下不通的标准。简约治理以司法手段去解决行政问题,就可以最大程度上避免中央政策在科层制执行过程中的遗留问题。

最后,"八二宪法"在总纲第三条中规定:"中华人民共和国的国家机构实行民主集中制的原则。"关于中央与地方关系,也在第三条有如下规定:"中央和地方的国家机构职权的划分,遵循在中央的统一领导下,充分发挥地方的主动性、积极性的原则。"微山湖的案例可以表明,民主集中制及两个积极性的宪法原则正在中央与地方关系的领域内实践着。但民主如何可能集中,两个积极性如何可以相得益彰,而不会陷入"一抓就死、一放就乱"的循环,就要回到简约治理中所包括的"商量办事"的工作作风。毛泽东在《论十大关系》中就曾指出:"党中央办事,总是同地方商量,不同地方商量从来不冒下命令。在这方面,希望中央各部好好注意,凡是同地方有关的事情,都要先同地方商量,商量好了再下命令。"①强世功教授在讨论中国的"不成文宪法"时,留意到"商量办事"作为解决中央与地方之间分歧的"宪制原则",区分了不成文宪法中的

---

① 毛泽东:《论"十大关系"》,载《毛泽东文集》(第七卷),北京:人民出版社,1999年,第32页。

党的民主集中制原则和成文宪法内的政府官僚制原则,指出商量办事"恰恰是为了将不成文宪法中的民主政治原则,带入到成文宪法确立的官僚制原则之中,从而使成文宪法和不成文宪法紧密结合起来,能够更好地发挥'两个积极性'"。[1]

回顾前文所讲述的微山湖故事,对比1981年的水利统管方案和两部划界方案的不同命运,以及1984年11号文件的决策过程,商量办事可以说是在中央集权下进行简约治理的基本方式。从1980年国务院工作组初赴湖区到1984年的11号文件,中央政府反复多次征求苏鲁两省的意见,而两省也反复多次以各种途径上报本方意见,关于微山湖问题的决策信息在中央与地方之间反复交流着,中央下命令需要和地方商量,也就意味着中央的命令通常需要地方的同意,而地方的否决也会搁置中央原定的议程。但简约治理还是在中央集权下的治理,因此中央政府在必要情况下的决断就构成了对地方政府的否定之否定,而且一旦生成决议,决策阶段的畅所欲言就要让位于执行过程中的令行禁止。就此而言,虽然以上的讨论区分了中央集权和简约治理,但它们在实践中却是相辅相成的。

这里讲述的微山湖故事,是一个不断暴露现有理论之局限的案例,而中央集权的简约治理,在现有理论的系统内,也是一个包含着理论紧张的表述:既然是中央集权,为何又要简约治理,反过来说,简约治理为什么还能保持着中央集权。中央集权和简约治理原本是分属于两种不同理论脉络的元素,将它们组合在一起,其

---

[1] 强世功:《中国宪法中的不成文宪法——理解中国宪法的新视角》,《开放时代》2009年第12期,第30页。

表达方式就如同政治理论中的"自由家长主义"或宪法理论中的"活原旨主义"。① 而微山湖的案例却正可说明,在理论层面充斥着紧张的元素,在实践中恰恰是相互交融的。而我也深信,只有这种本身内含张力的理论模式,才能忠实地反映微山湖故事这个不寻常的案例,同时表明现有的框架性理论叙述有其适用限度,就此而言,微山湖的故事到此结束,眼下的微山湖区早已恢复往日的平静,但面向中国实践的理论探索却是永无止境的。

---

① 例如参见 Cass Sunstein, "Libertarian Paternalism Is Not an Oxymoron," *The University of Chicago Law Review*, vol. 70, no. 4, pp. 1159−1202, (2003); Jack Balkin, *Living Originalism*, Harvard University Press, 2011。

"五十年不变"的三种面孔
——并论香港基本法的时间观①

> 1997年过去了,我很怀念它。
> ——电影《甲方乙方》

往事并不如烟。1984年12月19日,中英两国政府在北京签署关于香港问题的联合声明,结束了长达两年的双边谈判,基本法的起草随即提上日程。虽然有邓小平同志定下宜粗不宜细的指导方针②,但起草工作仍是"字斟句酌",③历时五年才在1990年初拿

---

① 本章原刊于《中外法学》2018年第3期。
② 邓小平:"过去我曾经讲过,基本法不宜太细",载《邓小平文选》(第三卷),北京:人民出版社,1993年,第220页。
③ "字斟句酌",出自《姬鹏飞主任委员在中华人民共和国香港特别行政区基本法起草委员会第七次全体会议上的讲话》,载全国人大常委会香港基本法委员会办公室编《中华人民共和国香港特别行政区基本法起草委员会文件汇编》,北京:中国民主法制出版社,2011年,第202页。

出最终草案,交全国人大审议表决。1990年4月4日,《中华人民共和国香港特别行政区基本法》(以下简称"基本法")由全国人大通过,对于这部将"一国两制"法律化的宪制文件,邓小平同志予以高度评价,认为是"一部具有历史意义和国际意义的法律"。[①]

本章所要讨论的"五十年不变",出自基本法第五条:"香港特别行政区不实行社会主义制度和政策,保持原有的资本主义制度和生活方式,五十年不变。""五十年不变"看起来平淡无奇,实乃一只可以解剖的麻雀。研究"五十年不变",不只因为这五个字出现在基本法第五条,也不只因为邓小平在20世纪80年代曾对这五个字不厌其烦地详加论述——香港城虽小,但事是大事,如何让深圳河以南的同胞相信九七之后马照跑、舞照跳,原有的生活方式保持不变,香港继续稳定与繁荣,是邓小平在改革开放之初的"小城大事",更是因为,"五十年不变"生动地展示出基本法这部宪制性文件的规范属性。为什么要制定基本法,为什么要制定一部"管长远"的宪制文件,甚至自我宣布"五十年不变",只有思考这些问题,我们才能深刻理解"一国两制"作为宪制安排的历史意义,它是如何贯通过去、现在和未来的。

"五十年不变",在"一国两制"的历史和实践中是如此重要,但同这一条之历史地位形成鲜明对比的是,现有的研究却近乎空白。即便是就事论事,死抠"五十年不变"五个字的文章也检索而不可得,也许按照某种宪法学的研究范式,"五十年不变"被遗忘是合乎情理的,毕竟,这一条在基本法实施以来并未被"司法化",即便有

[①]《邓小平文选》(第三卷),第352页。

"五十年不变"的三种面孔——并论香港基本法的时间观

朝一日需要司法解释,这五个字想必也不构成教义学上的难题——"五十年不变"就是50年不变,白纸黑字写在第五条。但问题是,只要突破这种宪法学路径的限定,"五十年不变"的学术缺失就是一个问题。君不见,在基本法实施的第二个十年,香港政治出现了我们在1997年、甚至2007年都不曾想见的变动:一小撮极端"港独"分子粉墨登场,挟裹激进的政治诉求,挑战由基本法设定的香港政治框架和民主路线。为了给这种邪恶的派性学说包裹上糖衣,"港独"分子不得不围绕着基本法做文章,但问题在于,若要论"初心",他们意在颠覆"一国"这一法定的政治底线,这就决定了他们基于法律的论证往往万变不离其宗,难以自圆其说。以近年一度颇有市场的"香港城邦论"为例,这种学说以香港作为"非国非市"之城邦为立论前提,寄望以此瞒天过海,将基本法授予的"高度自治"置换为"完全自治"或"本土自决",但只要迈出这一步,就未免是在同基本法序言和第一条的白纸黑字强词夺理。还有一种常见的论证,所谓的"二次前途论",在鼓吹独立时就借"五十年不变"为桥,其基本策略是,从"五十年不变"直接推出50年后的大变,基于此主张,50年大限一到,当时钟指向2047年6月30日晚12点,香港政治就进入了一个新宪法时刻,可由"香港城邦自决"以择定未来向何处去——是为"二次前途"。而以下将证明,这种简单粗暴的解读是对"五十年不变"的曲解,妄图通过变戏法的方法来改变基本法,为法理所不容!

为完成这个理论和现实意义兼具的课题,下文分三个部分来进行论证。第一部分从文意上解读"五十年不变",什么是"五十年",又如何理解"不变"。第二部分为文章的主体,从三个层面来分析"五十年不变",分别是:(1)作为宪法规范的"五十年不变";(2)作为政治承诺的"五十年不变";(3)作为国家战略的"五十年不变"。第三部分的讨论建立在前两部分的基础上,每一部宪法都有它的政治时间,香港基本法也不例外,从"五十年不变"看香港政治,基本法所设定的,不是一种50年后重新出发的断裂时态,而是包容着一种在连续性轨道上追求与时俱进的民主政治。不理解这一点,就会从字面意义上无限拔高"港人治港"或"高度自治",无意识甚或有意地忘记基本法之存在就构成对高度自治的限定,这种脱离基本法空谈自治政治的做派,实乃香港政治种种乱象此起彼伏的社会心理根源。

一、"五十年不变"的语义解析

基本法第五条规定:"香港特别行政区不实行社会主义制度和政策,保持原有的资本主义制度和生活方式,五十年不变。"这一部分,我们将"五十年不变"这五个字抠出来,只是就这五个字做文章。从语义上解读,并不意味着只要手边有字典,"五十年不变"的问题就能迎刃而解。对"五十年不变"做语义的解读,只是我们思考的起点而已。

1."五十年"

先看"五十年"。五十年是多久,在时间轴上占据多长的位格,往简单了说这甚至不成其为问题,科学的答案是50个365天。但在"五十年不变"这一表述中,确定了"五十年"有多长,只是第一步,紧接着还要明确两个问题:(1)不变的起算点从何时起;(2)"五十年"究竟是个确数,也即上述自然时间的50年,还是个概数,即"五十年"是指一个相当长的历史时期,因此不仅50年,还包括了50年及其以后。到了这一步,死抠字眼已经无益,我们必须回到基本法起草的历史语境及其篇章结构去寻找线索。

"五十年不变"的起算点,应定在何时?虽然"五十年不变"的提法在上世纪80年代初就已经基本定型,《中英联合声明》签署当日,邓小平就对撒切尔夫人谈到为什么是"五十年"的问题,[1]但我们不能因此就断定"五十年"的起算点是联合声明签署时。归根到底,"五十年不变"是面向未来的,那么这个"未来"应始于1997年7月1日中国恢复对香港行使主权之时。这是因为,"不变",无论是作为宪制规范,还是政治承诺,其启动之前提恰恰要求更根本的宪制之变。换言之,如果不是接续某个宪制之变,不变的承诺既毫无意义,也无从理解。继续咬文嚼字,基本法规定的是"保持原有的资本主义制度和生活方式",既然资本主义制度已经成为"原有的",一种没有基本法保驾护航就无从继续保持的社会制度,这就隐含着一种政治时间之断裂,只有香港历史掀开新的一页,才能让资本主义成为"原有的",这样看,"不变"的起算点就一定是在1997年7月1日,即五星红旗在香港升起的历史时刻。[2]

最后,"五十年"到底是确数,还是概数?既然已确认"五十年"

---

[1] 《邓小平文选》(第三卷),第101—103页。
[2] 陈端洪教授将这一历史性时刻称为理解香港政治的"元点",即"缔造时刻","元点的意义是不能通过历史考证来发现的,而要借助理论想象来诠释",参见陈端洪《理解香港政治》,《中外法学》2016年第5期,第1127页。

的起算点是1997年7月1日,如果这"五十年"就是简单的50个年头,2047年6月30日午夜就构成基本法时间的断点——当然,断点并不必然意味着断裂,也可能会有接续,即便单从逻辑上讲,也绝非如前述"港独"所鼓吹的:只要50年大限一过,香港就可以抛弃基本法之规约,无任何历史负担地自主决定香港向何处去。基本法没有任何条款表示它只管50年。若"五十年"只是不多不少的50年,语义的明确反而会导致现实政治的混乱,这么讲,"五十年"就很可能是一个概数,究其所指就是自香港回归起算的一段相当长的历史时期。

而且,这不仅是由逻辑上反推可以支持的结论,至少还有如下三项理据来加持。第一,"五十年不变"的首次官方表述,见于《中英联合声明》时,还是"在五十年内不变",[①]如果同之后在基本法内定型的"五十年不变"相比,很显然,前一种表述"在……内"是把不变的时段限定在2047年以内的,而"五十年不变"至少在语义上更开放,没有直接交待50年过后要怎么办,仅从这一线索做语义推演,五十年之后变还是不变,在基本法的文意上就没有说死,是一个面向未来保持开放的问题。考虑到基本法的表述是从"在五十年内不变"的基础上调整而来,这就是立法者当年的有意之举,代表着对"以内"的否定。第二,在中英双方就香港前途问题展开会谈前,中央政府在1982年初曾形成对香港的"十二条政策",酝酿时,一个需予以明确的问题就是中央对港政策"长期不变",这个

[①] "关于中华人民共和国对香港的上述基本方针政策……中华人民共和国全国人民代表大会将以中华人民共和国香港特别行政区基本法规定之,并在五十年内不变。"参见《中英联合声明》第三条第十二项。

长期究竟有多长。"开始时,有的人提出'30年不变',大家觉得30年还太短,主张50年。于是在新修改的十二条政策中,增加了很重要的一条规定:中国政府对香港的方针政策'至少50年不改变'。"[1]这段往事也透露出一点,"五十年"从一开始就不是个确数,也不可能是个确数,只是30年太短,所以增加至"至少50年"。由是观之,从"长期不变"到"至少50年不改变",再到"五十年不变",虽然语言始终在微调,但其用心一也,"至少50年"作为桥梁,一方面是对长期有多长的现身说法,另一方面也能说明基本法内的"五十年"是个概数。最重要的是第三个线索,来自邓小平的论述。在什么是"五十年"这个问题上,邓小平同志的讲话并不隐微,在1988年6月的一次谈话中,他就指出:"五十年只是一个形象的讲法,五十年后也不会变。前五十年是不能变,五十年之后是不需要变。"[2]虽然有学者始终认为邓小平此处话中有话,不然为什么要在一句话里区分"不能变"和"不需要变",但就我们这里所议,即如何理解"五十年",这句话讲得再清楚不过了,无论是"不能变"还是"不需要变",总之是50年过去后也不会变。"五十年"在基本法内是一个概数,包括了50年及其以后。2047年6月30日,只是基本法所预设的长期不变之时间进程内的普通节点而已,绝非如"港独"分子所鼓吹,"五十年不变"可以反推出50年之后的大变。

---

[1] 李后:《百年屈辱史的终结——香港问题始末》,北京:中央文献出版社,1997年,第70页。
[2] 《邓小平文选》(第三卷),第267页。

2."不变"

"不变"指什么？在琢磨这两个字的含义时，不妨从最基本的前提开始思考，"没有什么会永垂不朽"——任何一部法律都要有与时俱进的能力，如果完全封闭僵化，这样的法律反而不可能长久存在，在此意义上，立法者必须注意在稳定性（不变）和调适力（变）之间的平衡。由此即可推断，诚然"五十年不变"意味着原有的资本主义制度和生活方式要予以保持，但"不变"不可能是完全的不变，况且人类也不可能通过写在纸面上的法条就锁死变动不居的现实政治，真要管得太死，不仅过度限定了中央政府基于"一国"而对香港的管治权，同时也和港人之"高度自治"有所冲突，因此不可能是完全不变，不是在香港回归那一刻就对现状完全"冻结"，且在冻结期内，抵御一切来自北京或香港本地的变革要求。完全不变，在逻辑上不可能，在现实中无法做到，也不符合基本法设定的民主框架。

不是完全不变，可不可能是绝对不变？也就是说，无论未来发生什么变动，"五十年不变"本身都不可变？说得再直接点，假设一个思维试验，如香港在未来发生了我们都不愿看到的动乱，"五十年不变"的承诺是否有可能提前收回？这个问题，在现实政治中复杂且敏感，但并不因此排除我们在此做严肃而审慎的探讨。在1987年4月会见基本法起草委员会时，邓小平同志就讲过："如果变成行动，要把香港变成一个在'民主'的幌子下反对大陆的基地，怎么办？那就非干预不行。干预首先是香港行政机构要干预，并不一定要大陆的驻军出动。只有发生动乱、大动乱，驻军才会出动。但是总得干预嘛!"①"干预",是一个动词/动作,作为在香港发生"动乱"甚至"大动乱"时的回应手段,从邓小平同志的表述可以看出,干预不仅是中央的权力,也是中央的职责("非干预不行")。当然,中央出手干预,哪怕是出动驻军的大干预,也不等于收回"五十年不变"的承诺,只要香港社会恢复稳定常态,干预也就随之中止,并不造成基本宪制的变动。但宪制设计必须考虑到最坏情况的发生,如邓小平所问,"特别行政区是不是也会发生危害国家根本利益的事情呢?难道就不会出现吗?那个时候,北京过问不过问?"②

归根到底,基本法的基石在于"一国",一国构成了基本法存续和实施的政治前提,这个前提不仅是不言自明的——基本法第一条就规定"香港特别行政区是中华人民共和国不可分离的部分"。既然如此,假若某种"大动乱"威胁到"一国",是不是还要继续保持"井水不犯河水,河水不犯井水",③显然不可能如此僵化。林肯就讲过,现在也已成为美国宪法学的共识,宪法并不是一部"自杀契约"。④ 共同体的存续,无论从历史上还是逻辑上,都先于宪法文本的存在。基本法序言提到在香港设立特别行政区,第一个目的就是"为了维护国家的统一和领土完整"。假若某种"大动乱"威胁到国家统一,中央政府保留着对基本法宪制进行变动的主权,这是不

---

① 《邓小平文选》(第三卷),第221页。
② 《邓小平文选》(第三卷),第221页。
③ 关于"井水不犯河水",参见《江泽民文选》(第一卷),北京:人民出版社,2006年,第81页。
④ [美]理查德·波斯纳:《并非自杀契约:国家紧急状态时期的宪法》,苏力译,北京:北京大学出版社,2009年。

言而喻的。当然,在什么条件下才可动手干预,这是一个政治判断问题,但无论如何,这种"干预"权是内在于基本法之结构的,它无需来自某个具体条款的明文授权,而是架构性的宪制权力。只要这一权力是正当存在的,那么"五十年不变"也就不会是绝对的不变。

总结本部分的讨论:首先,"五十年"是个概数,它所指的是自香港回归祖国、基本法实施之后的相当长的历史时期,并不以自然时间的 50 年为限,因此并不意味着,当时间到达 2047 月 6 月 30 日,香港政治就进入某种自然状态,港人可以无历史负担地为香港未来进行"立宪"——这是对港人治港的恶意曲解,不是没头脑,就是不高兴!其次,"不变"是相对而言的,既不可能是完全的不变,也不是绝对的不变,基本法在文本、结构和立法意图上都规定了一种在连续性轨道上循序渐进的民主过程。

二、"五十年不变"的三种面孔

本部分在三重语境内分析"五十年不变":首先是基于基本法的文本来解释"五十年不变",在文本结构的语境内,"五十年不变"是作为宪法规范而存在的;其次是根据基本法起草前的历史文献来阐释"五十年不变",在此历史语境内,这五个字是作为政治承诺而存在的;最终则回到中国宪制全局来把握"五十年不变",也就是作为国家发展战略的"五十年不变"。三重语境在以下的行文逻辑中是前后相继的,但它们彼此之间并非相互孤立,而始终表现为同一个实践的不同面向及其学理呈现。在此意义上,本部分的分析结构是三位一体的,三重语境和视角透视出"五十年不变"的三种面孔,由此最大程度地促进我们理解"一国两制"这种宪制安排的意义。

1. 作为宪法规范

"五十年不变"出现在基本法第五条,是一个副词加动词的表达结构,什么是它所讲的"不变",当然是香港在回归前"原有的资本主义制度和生活方式"。民间曾用"马照跑、舞照跳"这种活色生香的表达概括社会生活在九七后的延续,但无论这种通俗易懂的讲法在回归预备阶段有多大的安定人心之功,用"跑马"和"跳舞"来概括资本主义制度和生活始终是肤浅的。但问题是,无论是第五条,还是整部基本法,都并未对什么是"资本主义"下具体定义。仅从基本法第五条,我们所能知道的就是,以深圳河为界,资本主义和社会主义作为两种不同的制度和生活方式,井水河水,互不侵犯,两制将在相当长的历史时期于一国之内"对峙"并共存。

但这仍未回答问题,只是原地踏步!我们应当根据基本法的文本来追问一个问题:既然不可能是完全不变,不变若要有现实之规范力,那就必须确定到底什么是不能变的,即"不变"这两个字在基本法内控制了哪些条款,或者说,哪些内容属于长期不变的范围?在隔离出"不变"之后,余下的就是可由政治轨道加以改变的——以权力之根据来划分,可变的又分为两种路径和机制,一种是港人治港的自治政治,另一种是中央在一国框架内所固有的宪制性权力。而中央权力又可做进一步的细分,包括:(1)根据基本法第一百五十九条修改基本法的权力;(2)中央政府在授权高度自治后仍保留的主权权力,其中既有具体特指的国防和外交权,但又不限于此,比如说,根据基本法第十八条,全国人大常委会可依法对列入附件三的法律作出增减——列入附件三,就意味着这部全国性法律也要在香港实施,两制要让位于一国;(3)全国人大常委会根据基本法第一百五十八条所享有的解释权,只要释法机制运转起来,则即便文本不易一字,基本法仍可做到与时俱进,解释就包含着决定,这一点没必要避讳。而对于我们而言,需要回答的问题是"不变"的范围,至于可变的又是因何及如何变,究竟是授予港人的自治权,还是中央保留的宪制权,暂且搁置不论。

回答"不变"的问题,要将基本法全部条款贯通起来解读。在整体视野内,第一百五十九条同第五条的关联就显示出来。该条共四款,是对基本法修改权和修改程序的规定。有趣的是,该条在第一款至第三款规定了基本法的修改权及程序后,还在第四款规定了修改权的限度,"本法的任何修改,均不得同中华人民共和国对香港既定的基本方针政策相抵触"。如果考虑到宪法作为基本法的规范根据,①并未承认修宪权的限度(按照宪法第六十四条对修宪的规定,符合程序,任何条款都是可以修改的,至少没有明文列举不可修改之条款),那么这里的第四款就更有匠心独具之处了,可以说是基本法有别于国家宪制传统的伏笔,是对全国人大依法修改基本法之权力所设定的内容限度。根据这一款,"中华人民共和国对香港既定的基本方针政策"是不可改的,也就是说,如果对基本法的修改同这些方针政策相抵触,那么修正案即便程序正

---

① 我国宪法第三十一条,"国家在必要时得设立特别行政区。在特别行政区内实行的制度按照具体情况由全国人民代表大会以法律规定",是基本法的规范依据。

当,也不可生效。

到此为止,我们可以得出一个判断,在将第五条和第一百五十九条放在一起解读后,在相当长历史时期不可改变的,甚至是通过基本法修改程序也无权改变的,是"对香港既定的基本方针政策"。那么此条所指的"基本方针政策"到底是什么?既然基本法文本用了"既定的",这些被称为基本的方针政策,当然就是先于基本法起草即已得到确定的,甚至可以说,基本法之制定,正是为了确保这些方针政策在香港回归后可以不走样,不变形,得到忠实执行。这一判断,不只是我们在这里的逻辑推演,基本法序言也是如此宣告的:特制定基本法……"以保障国家对香港的基本方针政策的实施"。于是又回到这个问题,到哪里去寻找这些在基本法中被称为"既定的",先于基本法而成型的基本方针政策呢?好在基本法序言接着就有明文指引,"国家对香港的基本方针政策,已由中国政府在中英联合声明中予以阐明"。

现在要将《中英联合声明》纳入视野了,翻看这份文件,这些由我国政府所声明的对港基本方针政策,是列举在第三条的。该条共十二项,而且联合声明另附"附件一",即《中华人民共和国对香港的基本方针政策的具体说明》。这就非常清楚了,由联合声明第三条所载的各项基本方针政策,就是基本法第一百五十九条所指称的"对香港既定的基本方针政策",因为这些方针政策先于基本法而成型,故而是"既定的"。

不止这些文本结构的论证,还有一处细节也能确证上面的论断。《中英联合声明》第三条,在前十一项列举了对港的基本方针政策后,第十二项作为执行条款声明如下:"关于中华人民共和国对香港的上述基本方针政策和本联合声明附件一对上述基本方针政策的具体说明,中华人民共和国全国人民代表大会将以中华人民共和国香港特别行政区基本法规定之,并在五十年内不变。"这是"五十年"在联合声明中仅有的一次出现,连同这三个字若干年后在基本法第五条再次现身,无论基本法起草者是否自觉意识到这一点,文本之间的勾连至少隐含地表明,只有"保障国家对香港的基本方针政策的实施",才能"保持原有的资本主义制度和生活方式"。在此意义上,"五十年"这三个字就像是隐形的桥梁,勾连起联合声明所载的"国家对香港的基本方针政策"和基本法所指的"资本主义制度和生活方式"。

综上,我们可以探知"五十年不变"作为宪法规范的意义所在,它很大程度上构成了对全国人大基本法修改权的限定。理解这一点需要我们把基本法作为一个整体来看待,勾连起第五条和第一百五十九条及序言,再从外部引入《中英联合声明》的相关条款,最终"五十年不变"这个表达所控制的范围就是"国家对香港的基本方针政策",而"不变"的规范意义就是要限制全国人大对基本法的修改权。换言之,"国家对香港的基本方针政策",在相当长的历史时期内,是不能变的,不可通过修改基本法来改变这些方针政策。这种历时而不变的政治,很大程度上构成了起草基本法的初心和原旨,而所有变的政治,无论是来自北京的常规性管治(甚至包括邓小平设想的"动乱"发生时的"干预"),还是生发于香港本土的自治,都是接续在这种不变的政治之后的,否则即为无本之木。

2.作为政治承诺

1984年12月19日,《中英联合声明》签署当日,邓小平会见撒切尔夫人的谈话收入《邓小平文选》,标题就是《中国是信守诺言的》。① 直至1988年,邓小平在会见海外友人时还在强调:"对香港的政策,我们承诺了一九九七年以后五十年不变,这个承诺是郑重的……这不是信口开河。"②解读邓小平这一时期的谈话,可以看到,作为党的第二代领导集体的核心,邓小平同志所传达出的信息就是"五十年不变"是一项"承诺"——郑重的承诺,不是信口开河!

什么是"承诺"?人生意义上的承诺,最为我们所熟悉的莫过于一句电影台词:"如果要给这份爱加一个期限,我希望是一万年。"③这告诉我们,要在时间流动的维度内理解承诺。首先,承诺是事先做出的,是在时点A做出针对未来时段B的意思表示,是预先确定的对未来行为的约束;也因此,承诺是面向未来的,如西方政治理论中老生常谈的"尤利西斯的自缚",尤利西斯预见到自己在经过女妖塞壬的海域时会受到歌声的诱惑,因此提前让船员将他绑在桅杆上,用蜜蜡封住他的耳朵,也就是在自己尚且理性的清醒时分,自缚手脚,以避免未来的自我毁灭;最后,承诺,至少是人世间的承诺,往往都是附有期限的,不可能是此恨绵绵"无绝期",而是要给爱加一个期限,即便是"一万年",也是"有时尽"的天长地久。但问题是,虽然邓小平同志已经开诚布公,将"五十年不变"界

---

① 《邓小平文选》(第三卷),第101—103页。
② 《邓小平文选》(第三卷),第267页。
③ 周星驰电影《大话西游之大圣娶亲》,刘镇伟导演,1995年。

定为郑重的承诺,但"承诺"是不是宪法学的概念,能不能成为宪法分析的工具,尤其是在研讨基本法时得心应手的学术概念,仍有待讨论。

关于"承诺"作为一个宪法概念,鲁本菲尔德教授进行了系统的论述。① 以美国宪法的历史和实践为材料,鲁本菲尔德搭建起了宪法承诺的分析框架:立法,尤其是民主的立宪,就是要将人民的承诺写入宪法内,而所谓立宪政治,就是要求政治生活遵循在历史上凝聚成文的政治承诺,即便当下多数人的意愿和这些先定承诺有所冲突。在此框架内,宪制承诺犹如历史编织出的紧身衣,束缚着民众意愿的即时表达,要更替或否定历史上人民登场所订立的承诺,只有呼唤人民重新出场,而在此之前,宪法承诺就构成了政治生活的规矩。立宪政治在此意义上是反当下的,通过这种对众意波动的制约,它要构筑起一种历时而自治的政治过程。"美国的宪制,就是人民做主的政治民族的自治实践,它首先订立本民族历时不变的承诺,并在之后加以遵循",在鲁本菲尔德看来,基于历史上形成的承诺来安排一个民族的政治生活,而不是以随时随波逐流的民众意见为治理指标,这才是真实的自治,它要求以"过往自我订立的承诺"(self-given commitments laid down in the past)作为"面向未来的法律"(law for the future)。② 那么在这种宪法承诺理论的框架内,我们应当怎么来理解"五十年不变"呢?

首先,为什么要提出"五十年不变"的承诺,尤其是在面对来自

---

① Jed Rubenfeld, *Revolution by Judiciary: The Structure of American Constitutional Law*, Harvard University Press, 2005.
② Rubenfeld,见上注,pp. 96-98。

国境外的宾客及香港人士时要反复强调,"我们说这个话是算数的";①"泱泱大国"、"作为一个大国有自己的尊严"、要"讲信义";②"中国是信守自己的诺言的"?③ 如邓小平同志亲口所言,当然是"为了安定香港的人心"。④ 在谈到"不变"之承诺及其所保证的制度延续性时,我们不可忘记,在不变之承诺生效前埋伏着一个更大的"变"。1984年国庆,邓小平同志告诫前来观礼的港澳同胞不要盲目怕变:"中国收回香港不就是一种变吗。"⑤确实,中国对香港恢复行使主权,本身就是宪制之变,是对延续百年的政治格局的否定。所谓"硬币上那尊荣,变烈士铜像",唱的就是主权移交的旋律。当然,值得思考的是,这一场宪制之变首先是用保守主义的话语表达出来的:是香港回归祖国,中国对香港恢复行使主权。在这种叙事中,自1840年开始的英占状态,只是中国香港的一页终究要掀篇的黑暗历史——甚至英国人也认为香港只是"借来的时间,借来的空间",既然是借,就总有交还出去的一天。⑥ 但即便是在这种以恢复为基调的叙事内,当五星红旗在香港会展中心升起时,历史显然翻开新的一页,基本法开始实施,香港的新宪制秩序也自此开启。深圳河以北,内地也有一首曾家喻户晓的歌曲,"一九九七

---

① 《邓小平文选》(第三卷),第58页。
② 《邓小平文选》(第三卷),第72—73页。
③ 《邓小平文选》(第三卷),第102页。
④ 《邓小平文选》(第三卷),第267页。
⑤ 《邓小平文选》(第三卷),第73页。
⑥ 例如参见 Richard Hughes, *Borrowed Place, Borrowed Time: Hong Kong and Its Many Faces*, Andre Deutsch Ltd, 1968。

快点到吧,我就可以去香港",①这是中国生活在社会主义制度内的十亿人口对 1997 年的期盼,唱出了对资本主义"花花世界"的想象。这种以 1997 年作为香港乃至中华民族历史之新起点的社会心态,由此可见一斑。

"'一国两制'就是大变",②面对着 1997 年的宪制之变,回到香港前途悬而未定的 20 世纪 80 年代初,九七问题成为香港民众心里的头等大事。"灯光里飞驰,失意的孩子,请看一眼这个光辉都市;再奔驰,心里猜疑,恐怕这个璀璨都市,光辉到此",这种九七情结的歌曲当年比比皆是。此一时彼一时,回到中英双方就香港问题进行谈判的历史时期,深圳河一水之隔,内地和香港的社会经济发展水平不可同日而语,在政治制度和生活方式上的差异也泾渭分明,香港人当时的惶恐可想而知。某些历史细节也能证明这一点,20 世纪 70 年代末,随着九七大限迫近,是英国人首先到北京"投石问路"。③ 1982 年 9 月,面对前来试探中方底线的撒切尔夫人,邓小平从容不迫地给出一个不容置疑的判断:"关于主权问题,中国在这个问题上没有回旋余地。坦率地讲,主权问题不是一个可以讨论的问题。"④更有戏剧性的一幕发生在此次会谈结束之后,撒切尔夫人走出人民大会堂,回答香港记者提问时一时出神,竟跌倒在台阶上,膝盖着地——这个镜头在香港电视上反复播出。

---

① 《我的一九九七》,艾敬作词作曲,1992 年。
② 《邓小平文选》(第三卷),第 73 页。
③ 关于麦理浩爵士访问北京,可参见[美]傅高义《邓小平时代》,冯克利译,北京:生活·读书·新知三联书店,2013 年,第 17 页。
④ 《邓小平文选》(第三卷),第 12 页。

"五十年不变"的三种面孔——并论香港基本法的时间观

"五十年不变"作为郑重的政治承诺,出发点是要安定港人之心,也正因人心大过天,是最大的政治,我们才能理解为什么邓小平作为最高领导人要三番五次地对这五个字详加阐释。做出"五十年不变"之承诺,并用基本法将国家对港的基本方针政策固定下来,让香港人相信九七之后马照跑,舞照跳,香港可以保持繁荣和稳定,这就是"五十年不变"在 20 世纪 80 年代的政治意义。有了"五十年不变"的承诺,就是在回归后将资本主义制度和生活方式保护起来,既防止内地社会主义的河水冲决了香港资本主义的井水,同时也限定了港人高度自治的范围——凡是承诺不变的,都不可以因一时冲动所纠集起的民众意见而更替。桑斯坦曾这样概括宪法承诺的功能:"宪法写入先定承诺,用意就是要去克服集体的短视或意志脆弱。"①

站在原旨主义的立场,宪法就是要通过先定承诺去拒腐防变,用立宪者的决断去克服子孙后代的"腐"和"变"。② 这样看,凡属宪制承诺,就不可能仅限于某个短促的历史阶段,必须能历时而存续,"五十年"从语义上就鲜活地表达出承诺必须要长远。但多长才算长,永远是相对而言的,50 年的时间,在一个人的生命历程中可以说是走过漫长岁月,但在地球往事的历史中却不过短暂一瞬。在宪法意义上,承诺如要成立,就要有能力超越立宪者个人的政治生命,表现为立宪者这一代对子孙后世的立法约束。也就是说,宪

---

① Cass Sunstein, "Constitutionalism and Secession", 58 *University of Chicago Law Review*, p. 641,(1991).
② 相关的论述,可参见田雷《宪法穿越时间:为什么? 如何可能? 来自美国的经验》,《中外法学》2015 年第 2 期,第 398—399 页。

制承诺在时间维度上是要能跨越代际的。绝非巧合的是,邓小平同志也是从跨代际的角度来阐释"五十年不变"的。

邓小平最频繁解释何为及为何"五十年不变",是在1984年。那年国庆,在会见港澳同胞国庆观礼团时,素有"钢铁公司"之称的邓小平显得有些儿女情长:"就我个人来说,我愿意活到一九九七年,亲眼看到中国对香港恢复行使主权。"①邓小平同志最终还是未能实现这个愿望,他在香港回归祖国的半年前逝世,但在此我们要追问的是,即便只按字面意思来理解,"五十年不变"的承诺也要管到2047年,远远超出了邓小平及当时党和国家领导人的生命周期,因此当承诺"五十年不变"时,邓小平同志不只是代表活着的这代人立誓,还要为子孙后世确立不可轻易逾越的法度。就在表达了活到香港回归的意愿后,邓小平同志随即对这种承诺的跨代际做了具体阐释:

> 现在有些人就是担心我们这些人不在了,政策会变。感谢大家对我们这些老头子的信任。今天我要告诉大家,我们的政策不会变,谁也变不了……我们在协议中说五十年不变,就是五十年不变。我们这一代不会变,下一代也不会变。到了五十年以后,大陆发展起来了,那时还会小里小气地处理这些问题吗? 所以不要担心变,变不了。②

---

① 《邓小平文选》(第三卷),第72页;四年后,邓小平同志这样讲过,"我的最大愿望是活到一九九七年,因为那时将收回香港,我还想去那里看看"。《邓小平文选》(第三卷),第273页。

② 《邓小平文选》(第三卷),第72—73页。

"五十年不变"的三种面孔——并论香港基本法的时间观

在这段谈话中,邓小平始终是在跨代际的视域内来承诺"五十年不变"的,如他所讲,即便"我们这些老头子"不在了,政策也不会变,"我们这一代不会变,下一代也不会变"。从舶来西方的宪法承诺概念到中国领导人的政治言行,其中的契合显然不是巧合。邓小平同志做出这些极具宪制意义的判断,是为了做事,做成大事,香港问题在他手中是不容有失的,有失就会成为"李鸿章"。① 这种西方理论和中国政治实践之间的"暗合"应该让宪法学者有所警醒,必须在本国政治领导人的言与行中去发现共同体的宪制,而且任何长期存在的大型共同体,其宪制运转在各美其美的基础上必定存在着美美与共之处。伟大的立宪者都怀有开阔且纵深的历史感及由此而生的政治责任感,②同样是在香港问题上,毛泽东晚年在会见英国前首相时也讲过:"都成了历史了。你们剩下一个香港问题。我们现在也不谈。到时候怎么办,我们再商量吧。是年轻一代人的事情了。"③

立宪政治的复杂也就在这里,一方面,立宪当然是为子孙后世订立他们不可逾越的法度,但另一方面,立宪也不能搞"两个凡

---

① "如果不收回,就意味着中国政府是晚清政府,中国领导人是李鸿章。"《邓小平文选》(第三卷),第12页。
② 更悠长的政治责任感往往并不来自选举中的许诺,而根源于对历史负责,伟大的政治家更追求历史的评价,而未必那么在乎一时的得失,以及誉与谤。在这个问题上,古今中西皆然,"没有哪个法庭在处理这样的问题时不会深深感到到它的重要性,因此要敬畏其手握的决策责任",这出自马歇尔首席大法官在1819年美国银行案中的判词,McCulloch v. Maryland, 17 U.S. (4 Wheat.) 316 (1819)。
③ 中华人民共和国外交部、中共中央文献研究室编:《毛泽东外交文选》,北京:中央文献出版社、世界知识出版社,1994年,第606页。

是",要充分相信后来人有他们自己的智慧、意志和运气,要让每一代人在宪制承诺构筑起来的政治框架内有充分的自治权,如毛泽东所言"是年轻一代人的事情了",也如邓小平在1984年谈到钓鱼岛问题时所讲的,"这个问题可以把它放一下,也许下一代人比我们更聪明些"。① 别忘记邓小平倡导的"不争论",如果我们意识到"不争论"的实践智慧仍是在坚持四项基本原则及我国宪法的政治前提之下,那么这种在不变的根本法和变动的政治之间的复杂辩证关系,可以说是理解共和国宪制的关键所在。

回到"五十年不变"作为一种宪制承诺,还有两个问题要追问。首先是基于政治实效的发问:为什么邓小平可以做出管"五十年"的承诺?为什么香港人、全体中国人乃至全世界都相信这位及这些"老头子"的话?50年之后,"我们这些人不在了",为什么他们所做出的承诺及由此所构筑的政治保险仍有现实的约束力?其次是基于政治正当性的追问:无可否认,"五十年不变"是对港人之高度自治权的高度限制,那么这种对自治的设限为什么会被认为是民主且正当的呢?接下来首先回答第一个问题,第二个问题留给文章第三部分。

"五十年不变"何以可能,对于这一首先见于领导人口头、之后才由基本法予以确认的承诺,为何利益相关方始终报以最大程度的信任?当邓小平说两制并存要"五十年"不变时,没有人质疑他的话,不仅相信他说话算数,不会"刚刚听到望到便更改",②而且断定他的话能算数,哪怕他不可能活到2047年。说到底,我们必须

---

① 《邓小平文选》(第三卷),第87页。
② 陈百强歌曲《一生何求》,潘伟源作词,王文清作曲,1989年。

追问"一国两制"这种宪制安排何以长存。也许有人会认为这么思考只是庸人自扰,为什么不能长存呢? 但如此发问只能表明观察者还是事后诸葛亮,我们不能因为"一国两制"成功运转了20年,也势必能延续更久,就忘记这种宪制安排不仅来自慎思和选择,还根源于偶然与强力,是在一个时间当口从逼仄现实中找到的出路。邓小平在1984年讲,"一国两制""不是一时的感情冲动,也不是玩弄手法,完全是从实际出发,是充分照顾到香港的历史和现实情况的",①这里的"从实际出发"及"充分照顾"历史和现实,只不过是不得不然(law of necessities)的另一种表达而已,邓小平同志自己也在不经意之间讲过,"总要从死胡同里找个出路"。② 当然逼出来的出路未必就走不通,未必就是崎岖的羊肠小道,也有可能具有历史意义和国际意义。但无论怎么讲,"一国两制"都是实践中的宪制难题。如何在一国之内包容两制,不光是井水不犯河水式的并存,两制之间到底要维系什么样的关系才能长期共存,站在1984年,即便是邓小平这样的伟人也无法给出完整的答案。

"一国两制"之难,如果同美国早期宪法实践加以对比,顿时可以看得更真切。"'自我分裂的房屋,不可能站立起来',我相信,这个政府不可能永远一半奴隶制,另一半自由制地持续下去……它将会变成要么全部是奴隶制,要么全部是自由制",③这是林肯在1858年经典演讲《分裂之屋》中的核心判断,短短几句话概括出了

---

① 《邓小平文选》(第三卷),第60页。
② 《邓小平文选》(第三卷),第49页。
③ 转引自[美]麦克弗森《林肯传》,田雷译,北京:中国政法大学出版社,2016年,第28页。

美国面对的宪制难题。1787年的立宪者,为他们的子孙后代确立了"一国两制"的宪制安排:北方自由制,南方奴隶制。到林肯发表《分裂之屋》演说时,这种在一国内两制相杀的局面已延续了70年,为什么到了1858年,林肯会认为这种"一国两制"的政治不可能长存,最终——可能就在不远的将来,不是北方吞并南方,就是南方压倒北方,"自我分裂的房屋,不可能站立起来"?这就是问题:比较林肯和邓小平的政治判断,为什么美国的"一国两制"最终要定于一,而我们的"一国两制"构架却能维持长期不变呢?应当承认,如此简单地进行中美之间的比较,遮蔽了真实的历史语境,甚至连问题都算不上严肃的学术设问,所以以下的讨论不是为了探求答案,只是接入美国宪法的某些背景,打开此前被忽视的某些面向,拓展我们对本国宪制问题的思考。

两相比较首先可看出,美国的"两制"在一国之内始终是等量齐观的,大致归结为南北问题;不仅如此,在美国建国宪法秩序内,甚至连国家的存续都取决于两制之间的势力均衡可否得到维系。而我国宪法框架内的"两制",是九个指头和一个指头的关系。香港在回归后保留资本主义制度,但只是特别行政区。既然有特别,当然就有一般。这个相较于香港特区的"一般",就是有着十亿人口、实行社会主义制度的内地。面对撒切尔夫人,邓小平同志就阐释过这种主流和支流之间的关系:

> "一国两制"除了资本主义,还有社会主义,就是中国的主体、十亿人口的地区坚定不移地实行社会主义。主体地区是十亿人口,台湾是近两千万,香港是五百五十万,这就有个十

亿同两千万和五百五十万的关系问题。主体是很大的主体,社会主义是在十亿人口地区的社会主义,这是个前提,没有这个前提不行。在这个前提下,可以容许在自己身边,在小地区和小范围内实行资本主义。①

这段话很清楚地表明了两制在一国内的关系:在法律上未必有等差,但在现实政治和国家发展战略中却有主次之分。两制之间虽然"和平共处",②但借用著名的井水河水论,③资本主义始终是"小地区"和"小范围"内的存在,无论香港抑或澳门,都是特别行政区之"井水",而中国的主体,也即十亿人口的内地是实行社会主义的,是为"河水"。两制在一国内的实力差异,是中美宪制的第一个重大区别。

进一步观察,第二个区别也不难发现。美国的两制,即自由制和奴隶制,是相互敌对的,奴隶制作为一种社会制度,完全站在现代性的对立面。这两种正邪立判的社会制度,又以南北之间的地域分割共存在一个政治民族内,整个共同体的存续甚至也要指望着动辄就会倾覆的势力均衡,最终的结局也只能如林肯所言,两制迟早要并为一制。而在我国宪法的框架内,两制之间诚然有区别,否则"五十年不变"的承诺也就不需要了,但即便有别,社会主义和资本主义仍是走向现代化的不同发展道路。也是在1984年,邓小

---

① 《邓小平文选》(第三卷),第103页。
② "我们提出'一个国家,两种制度'的办法来解决中国的统一问题,这也是一种和平共处",《邓小平文选》(第三卷),第96—97页。
③ 《江泽民文选》(第一卷),第81页。

平在另一场合指出:"社会主义的优越性归根到底要体现在它的生产力比资本主义发展得更快一些、更高一些。"①同国家计委负责同志的谈话时,邓小平给出了更有所指的判断:"社会主义同资本主义比较,它的优越性就在于能做到全国一盘棋,集中力量,保证重点。"②从以上这些论断可以看到,至少在20世纪80年代国内国际局势背景下,邓小平同志的基调是两种制度在对立中的统一。

事实上,没有这种战略思维及对和平和发展作为时代主题的判断,也不会有"一国两制"构想的落地。1984年是农历鼠年,邓小平在春节前后视察深圳经济特区,返京后特别提到蛇口工业区令他印象深刻的口号"时间就是金钱,效率就是生命"。③ 也是在这次南方视察后,中央迅速做出开放大连等14个沿海港口城市的决策。不夸张的说,在社会主义现代化建设中,如何取资本主义之所长同时避其所短,是邓小平在1984年前后思考的重大问题。正是在这个特定的时间关头,香港问题摆在邓小平面前,才因此有了"一国两制"这一发端于台湾问题的设想首先被运用在香港的创举。也正是因为香港当时相对于社会主义一盘棋所具有的空前历史地位,才有了邓小平"五十年不变"的承诺,以及这句现在经常为我们忽略的判断:"我们相信,在小范围内允许资本主义存在,更有利于发展社会主义。"

不仅是两制之间实力有差,性质有别,还有基于此所造成的如

---

① 《邓小平文选》(第三卷),第63页。
② 《邓小平文选》(第三卷),第16—17页。
③ "这次我到深圳一看,给我的印象是一片兴旺发达……深圳的蛇口工业区更快……他们的口号是'时间就是金钱,效率就是生命'。"《邓小平文选》(第三卷),第51页。

何处理两制之间关系的宪制架构问题。在美国内战前,如何控制南北之间的制度冲突,构成了美国宪制的根本问题,说得更准确些,南北之间围绕着奴隶制问题在主权归属上的斗争构成了美国早期宪制。如林肯就职总统后的历史进程所表明,南北之间一旦因两制的冲突而决裂,那个由宪法所聚合的国家也就分裂了,真正让美国重新统一的,是战场上的血与火。如此说来,在美国的"一国两制"时代,是两制构建并构成了一国——这个自号为"合众国"的国家。但在我国宪法框架内,社会主义和资本主义这两制却并非如此,无论基本法、还是香港特别行政区的建制、甚至连同"一国两制"的构架,其正当性都来自1982年宪法的普通一条,也即第三十一条,"国家在必要时得设立特别行政区。在特别行政区内实行的制度按照具体情况由全国人民代表大会以法律规定"。在我国宪制架构中,一国是两制的前提,无一国,两制也就无从谈起。按照邓小平同志所言,资本主义制度在香港是"五十年不变",而社会主义制度在国家主体部分则是"最大的不变",是十亿人口大陆的"永远不会改变"。[①] 就此而言,香港问题再大,也只是中国香港的问题。不可能超越一国来谈两制,只要国家整体的宪制保持不变并维系正常运转,则两制之间的具体关系怎么安排,都可以回到宪法及基本法找寻答案,并不需要打破宪法斗到底。

3.作为国家发展战略

1979年3月,港督麦理浩爵士访问北京,并出乎意料地得到邓

[①]《邓小平文选》(第三卷),第67页。

小平的接见,据说双方会谈结束后,邓小平对这位超过一米八的访客讲过一句话:"你如果觉得统治香港不容易,那就来统治中国试试。"①从这个充满戏剧性的场景可以想见,"一国两制"学说之提出,是为了解决台湾,以及香港问题,但并不因此就降格为一种局部的地区性学说,仅覆盖五百多万人口的香港,究其根本,它是一种出现在20世纪80年代语境内的国家学说,事关十多亿人口的全局。要真正理解"一国两制",我们应站在邓小平的立足点来想问题,对于邓小平同志来说,"一国两制"之所以重要,主要不是它可以保证深圳河以南那方水土继续繁荣稳定——当然这一点也很重要,而是因为两制中的另一制即社会主义的建设问题。学者从概念出发,仅由深圳河以南的视角来解读"一国两制"学说,但邓小平却首先并主要是站在全国一盘棋的现代化建设语境内来构想"一国两制"的。历史留下一处其实不难发现的线索:邓小平在谈"一国两制"时往往内外有别,面对外来的宾客,他把谈话重点落在两制的"一方面",即小范围内存在的资本主义,但在对自家人关门讲话时,他从来都不忘甚至很多时候更加强调两制的"另一方面",比如1987年会见基本法起草委员会时,邓小平同志就特别指出:"'一国两制'也要讲两个方面……另一方面,也要确定整个国家的主体是社会主义。否则怎么能说是'两制'呢?"②

要理解"五十年不变"何以是国家发展战略,我们不妨回到《中英联合声明》签署的1984年。那年10月,在中顾委全体会议上,邓小平这样总结自己的1984:"今年做了两件事:一件是进一步开放

---

① [美]傅高义:《邓小平时代》,第17页。
② 《邓小平文选》(第三卷),第219页。

沿海十四个城市,还有一件是用'一国两制'的方式解决香港问题。其他事都是别人做的。"①读《邓小平年谱》的1984年条目,这位80岁的老人整年不辞劳苦,几乎没有间断地会见来自五大洲的外宾。在这些外事谈话中,邓小平不厌其烦地对外表达一个中心思想,②就是我们所讲的两步走战略:第一步,到世纪末,国民生产总值翻两番,人均达800美元,把中国建成小康社会,"这个目标看来很渺小,但对中国这样一个大国来说却是一个雄心壮志的目标"。③第二步,建立在第一步的基础上,再用三十年乃至五十年的时间,赶上西方发达国家的水平。"一心一意搞建设",可以说是理解"一国两制"最初得以提出的时代背景,也只有回到这个语境,我们才能理解"五十年不变"不仅是对港人的郑重承诺,对于中国主体部分而言,它是作为一种发展战略而存在的。为什么邓小平把开放沿海14个城市同解决香港问题相提并论为1984年的两件大事,很大程度上是要在中国主体内再造几个社会主义的"香港","现在有一个香港,我们在内地还要造几个'香港'"。④

回到20世纪80年代,一个繁荣和稳定的香港,对于社会主义现代化建设的全国一盘棋,有着不可替代的意义。在此没有必要详述香港当时的经济成就及在国际上的地位,只要看一下《中英联合声明》第三条的第七项,"香港特别行政区将保持国际金融中心的地位",就能察觉香港当年对内地经济建设的意义所在。之所以

---

① 《邓小平文选》(第三卷),第84页。
② 参见中共中央文献研究室编《邓小平年谱(一九七五—一九九七)》(下),北京:中央文献出版社,2004年,第953—1022页。
③ 同上,第973页。
④ 《邓小平文选》(第三卷),第267页。

拿这一项来说事,是因为仅从文本表述上来读,它不是一种规范性的表达,如香港"应保持国际金融中心的地位",而用了一个现状必定会延续至未来的事实性判断。这一点推敲起来并不寻常,因为我们可以对未来承诺,但无人有能力规定并书写历史——到了基本法第一百零九条,这项对港政策在文字表达上就被调整为一种规范性的法言法语,"香港特别行政区政府提供适当的经济和法律环境,以保持香港的国际金融中心地位"。从"将"到"以",一字之别,就折射出繁荣且稳定的香港不仅是必需的,而且是必须的。

香港这个资本主义的特区,对于中国主体部分进行社会主义建设的意义,不仅是我们今天回头看时做出的推断,也见于当年主事人的言行举止。在同撒切尔夫人的谈话中,邓小平在论述为什么五十年时就这样讲过:"我们讲'五十年',不是随随便便、感情冲动而讲的,是考虑到中国的现实和发展的需要。"请注意,在论述为什么"五十年"两制并存时,邓小平至少在这个语境内是把落脚点放在"中国的现实和发展的需要"上的。《中英联合声明》已正式签署,在香港问题阶段性尘埃落定的历史时刻,邓小平是将国家对港政策同中国的对外开放政策连在一起讲的:"如果开放政策在下一世纪前五十年不变,那末到了后五十年,我们同国际上的经济交往更加频繁,更加相互依赖,更不可分,开放政策就更不会变了。"邓小平显然意识到,要让外人相信"五十年不变",最好是要展示出这一政策是事关全局的,它源起于香港问题,却以整个中国为背景,"如果懂得了这点,知道我们的基本观点,知道我们从什么出发提

"五十年不变"的三种面孔——并论香港基本法的时间观

出这个口号、制定这个政策,就会相信我们不会变"。① 也只有基于这个中国背景,我们才能发现并且进一步理解为什么香港问题和国家现代化建设的三步走战略保持着某种神奇的同步:首先是到1997年的世纪末,在香港回归祖国之后,内地应建成小康社会,然后在此基础上,到了"五十年不变"的一个关键时间节点,即2047年时,赶上西方发达国家水平。如果说孤证不立,那么我们还能看到,邓小平曾多次阐释过"五十年"的根据在于中国背景,"为什么说五十年不变? 这是有根据的,不只是为了安定香港的人心,而是考虑到香港的繁荣和稳定同中国的发展战略有着密切的关联"。②

以上旨在论证:"五十年不变"不仅是写在基本法内的宪制规范,也不仅是安定香港人心的政治承诺,同时也是作为国家发展战略而存在的。回到改革开放之初,贫穷的社会主义大国需要一个繁荣且稳定的香港,而香港问题也恰在这个历史阶段摆到政治议程上,如此才有了"一国两制"的政治保险期——"五十年不变"。作为国家发展战略的"五十年不变",所关切主要是香港对于中国的价值,尤其是对中国经济起飞和社会发展的意义,当然,这个问题一旦摆出来,容易造成三种误解,有必要加以简要澄清。

首先,中国的发展需要香港,在当时的历史条件下也离不开香港,但这并不意味着香港对中国主体部分仅有工具性的价值。纵深地看,周恩来总理在1957年也曾指示"使香港为我所用"。③ 在

---

① 以上三处直接引文,出自《邓小平文选》(第三卷),第103页。
② 《邓小平文选》(第三卷),第267页。
③ 中共中央统一战线工作部、中共中央文献研究室编:《周恩来统一战线文选》,北京:人民出版社,1984年,第353页。

九七大限将香港问题摆上政治议程之前,"长期打算、充分利用"一直是国家对港的基本政策。但这并不意味着香港对于国家来说就只是下金蛋的鸡。回到20世纪80年代初,如果邓小平所算的只是经济账,也许继续"暂时不动香港"的政策才是合乎理性的。英国人一开始也是企图通过打经济算盘来引导双方谈判,包括"以主权换治权"的抛出,背后盘算的也是经济账。但在香港问题上,我们首先要讲的是政治账,邓小平在1982年9月会见撒切尔夫人时就已划定了谈判的底线:"主权问题不是一个可以讨论的问题",中英双方外交磋商"前提是一九九七年中国收回香港"。

其次,香港再重要,甚至没有香港就不行,并不意味着有了香港就能行,十亿人口的社会主义现代化建设,不可能指望着只有500万人的东方之珠。关于这一点,邓小平在初见撒切尔夫人时也讲得很清楚:"现在人们议论最多的是,如果香港不能继续保持繁荣,就会影响中国的四化建设……如果中国把四化建设能否实现放在香港是否繁荣上,那末这个决策本身就是不正确的。"[①]邓小平同志当时这么讲,首先当然是要打破英国人的幻想,不要妄图用香港的繁荣稳定来顽固地要求维持现状;不仅如此,还要相信港人有管好香港的能力,没有这点信念还谈何高度自治?![②] 但听其言而观其行:既然"人们议论最多的是"香港的繁荣有助于中国的四化建设,甚至四化建设之成败取决于香港,我们今天回头看,也不能对这种错误一笑了之,而要意识到,这种观点在当时之所以出现,绝不是有关人士很傻很天真,它恰恰反映出一种并非自轻自贱的

[①]《邓小平文选》(第三卷),第13—14页。
[②] 参见《邓小平文选》(第三卷),第74页。

社会心理和认知,背后还是其时香港和内地真切实在的发展差距。

最终,我们要用发展变化的眼光看问题。此前之所以未能意识到"五十年不变"是基于国家全局的决策,很可能就是因为我们用今时今日的两制来理解那个距今已有历史间距的 20 世纪 80 年代,只能雾里看花。但反过来说,我们也不能认为"五十年不变"就真的可以冻结现实,这个承诺之做出,就是为了深圳河南北的两个部分都能有更好的发展,不仅内地要一心一意搞建设,也包括"香港明天更好"。时间到了 1998 年 7 月 1 日,在国家的强力支持下,香港面对亚洲金融风暴袭击而能保持大局稳定,江泽民主席在回归周年庆典上是这样讲的:"香港的命运从来就是同祖国的命运紧密相连的。祖国内地的改革开放和现代化建设,为香港的经济发展创造了前所未有的机遇,注入了蓬勃的生机和活力……这有力地证明,伟大的祖国是香港的坚强后盾。"①十多年后话语上显而易见的差异,所表明的不是"五十年不变"作为政治承诺未落到实处,而是"五十年不变"作为国家发展战略取得了为实践所证明的成功,但也正是这个成功,使得坐享成功果实的我们忘记了历史的另一面。

三、基本法的政治时间观

每一部宪法都有自己的时间观,基本法作为香港特别行政区的宪制性文件,也不例外。阅读基本法,序言开篇就是一段在时间

---

① 江泽民:《在香港回归祖国一周年庆祝大会上的讲话》,《人民日报》1998 年 7 月 2 日,第一版。

维度上组织起来的历史叙事:

> 香港自古以来就是中国的领土,一八四〇年鸦片战争以后被英国占领。一九八四年十二月十九日,中英两国政府签署了关于香港问题的联合声明,确认中华人民共和国政府于一九九七年七月一日恢复对香港行使主权,从而实现了长期以来中国人民收回香港的共同愿望。

短短两句话,密集分布着5个表示时间点或段的词语,叠加在一起构成了开启基本法的历史叙事。正是有了这个从"自古以来……"、到"一八四〇年……以后……"、再到"一九九七年七月一日……"的时光三部曲,"一国两制"的宪制安排才能得到恰当的安放,也才能顺理成章地引出基本法的规范体系。一旦为基本法所记取,那么如"一九九七年七月一日"这样的时间点,就不再是流水带走的光阴故事,而上升为历史的和政治的时刻或阶段。

前文已做提示,"五十年不变"要面对基于民主理据的正当性追问,不是说好要高度自治吗,为什么又讲"五十年不变"呢?将某些制度和生活方式事前规定为长期不可变,难道不是对高度自治权的高度限制吗?这种追问从民主逻辑的融贯出发,可以说是合理的,但如果说我们的讨论至今为止表明了什么,那就是在现实政治中,从来没有哪股政治力量用民主的理论武器来批判"五十年不变"的承诺,甚至连逢中必反的"港独"分子,也没有嫌"五十年"太久,只争朝夕,自觉也可能是不自觉地要把未来之变寄托在50年之后,这难道不比任何学术论证更能说明问题吗?!就此而言,仅

"五十年不变"的三种面孔——并论香港基本法的时间观

从书斋里的学术逻辑来论证"五十年不变"是或不是民主正当的，这种路数看似合理，却不合乎情理，我们必须同时思考为什么无人从民主理论上质疑并在现实政治中挑战"五十年不变"，这种政治现象说明了什么？站在宪法教义学的立场上，既然"高度自治"和"五十年不变"是同时写入基本法的（第二条规定，"全国人民代表大会授权香港特别行政区依照本法的规定实行高度自治"），我们也不能无视文本规定，而仅凭概念逻辑来放大这个看似互搏的矛盾，而应该思考"高度自治"和"五十年不变"在基本法秩序内是如何在对立中统一的。

归根到底，我们要从基本法的文本、结构和历史出发，把握并表述出一种内在于这部宪制性文件及"一国两制"构架的政治时间观。[1] 要在这一思路上有所突破，就不应老调重弹：很多研究逗留在港人治港这个"谁的民主"的问题，但学术的越辩越明有时反而会制造现实政治的身份分歧，在基本法实施20周年后，我们的思考也许要从追问"谁的民主"演进至"何种民主"了，即基于基本法文本和历史，探索这部宪制文件为香港政治规定了什么样的民主架构。当然，我的思考只是初步的，也是局部的，抛砖引玉绝非自谦的姿态，而是一种自我壮胆和打气，"不是划得漂亮，而是向前划，水手们！"[2]

---

[1] 关于这个问题，也可参见陈端洪《理解香港政治》，该文提出"迟延决断"这个概念，由此指出香港政治的特点是立宪政治和常态政治的并存和缠绕，这一命题也是对基本法政治时间观的讨论，第1135页。
[2] 苏力：《大国宪制：历史中国的制度构成》，北京：北京大学出版社，2017年，第6页。

1.简单的比较:美国宪法的政治时间观

先以美国宪法做简单的比较,之所以舍近求远,首先是因为美国宪法之"超稳定",为我们提供了一个理解宪法时间的典范案例。既然本部分的论证仅限于展示出一种具体的宪法时间结构,不放任抽象的论题继续抽象下去,以美国宪法的历史为观察对象也亦无不可,只是要长话短说。

美国宪法,制定于1787年费城会议,在自此后两个半世纪内,仅增修27条修正案,至今仍是美国政治的根本法。考虑到美国立国后两百多年天翻地覆,一部起草于马车油灯时代的宪法竟然管到了人工智能的新纪元,可谓是"细思恐极"的政治奇迹。想一想,即便是再有革命壮志的制宪代表恐怕也不敢奢望,他们写在羊皮卷上的法典可以跨越两个半世纪之久,毕竟严格推敲起来,这些革命者在费城的所作所为就是废除了本国第一部"宪法"——1781年的《邦联条款》,谁能保证子孙后代不会从行为上效法他们,主张时移世异,新法当立呢?正如那位因出使法兰西而未在费城会议上登场的杰斐逊所言,每19年应当重新立宪,任何超出这个时段的宪法,都将成为祖宗成法的统治。① 但即便如此,读美国宪法之序言,穿越由一连串"为了(in order to)……"制造的文本迷雾,序言的主干就是"我们人民……制定并确立了这部宪法……",以保证"我们自己以及我们的子孙后代(ourselves and our posterity)"得享自由之恩赐。仅从这句序言来看,美国立宪的时间结构就是,建国

---

① 详细的论述,可参见田雷《宪法穿越时间:为什么?如何可能?来自美国的经验》,《中外法学》2015年第2期,第391—416页。

时刻的立宪者为子孙后代确立不可轻易变革的根本法。

在这种革命者立宪建国的历史场景中,政治时间起始于立宪时刻,在宪法生成后,立宪之前的所有历史都会被重新编入一种为了立宪的历史叙事,所有的政治生活和经验都是预备立宪的历史。[①] 而在新宪法确立后,这部根本法就成为建国一代人与子孙后世同在共享的自由典章。美国这个政治民族之所以由这部写在羊皮卷上的宪法凝聚起来,就是因为宪法设置了一种沟通过去、现在和未来的历史叙事。关于这一点,青年林肯在 1838 年的一次演讲中做了最精彩的阐释。两年前,宪法之父麦迪逊的辞世标志着立宪一代人悉数离场,站在立宪者已逝的历史新起点,林肯将宪法比作美利坚民族的政治宗教(political religion),"让每一个美国人记住,违反法律,就是践踏父辈的鲜血,就是撕裂他自己的人格以及子女的自由"。[②] 显而易见,美国宪法要成为政治的宗教,就要将生活在过去、现在和未来的世世代代的美国人凝聚成一个共同体。也正是基于这种现实之必需,美国宪法并未走上不断革命的杰斐逊道路,而是如林肯以他的言与行所示,尊重并遵守宪法,守护立宪者所留下的政治制度,永世长存。

当然,一部宪法历时久远岁月,势必会制造基于民主理论的诘问,杰斐逊的幽灵并没有消散,宪法越古老,问题也就愈加严重。为什么活在今天的美国人要遵守一部由 18 世纪白人男性有产者(其中许多是奴隶主)制定的宪法?尤其是这部宪法所规划的政体

[①] Paul Kahn, "Political Time: Sovereignty and the Trans-temporal Community," 28 *Cardozo Law Review*, p. 271, (2006).
[②] [美]麦克弗森:《林肯传》,第 106—107 页。

早已不堪当代政治学之一击,为什么还要遵守这么一部带着历史重负甚至原罪的宪法呢?为什么按祖宗成法办事在美国政治文化内被认为是民主正当的呢?甚至为什么那种主张要按立宪者之原意来解释宪法的原旨主义,在近年来洗脑赢心,以至于"我们都是原旨主义者"了?上述这些问题,有一些是美国所特有的,还有一些则似曾相识,是立宪政治本身所提出的难题。数十年来,美国宪法学者热衷于在司法审查问题域内扎堆,但关于司法审查的种种论述,最终还是要追溯至立宪政治的民主正当问题,也因此往往涉及宪法时间观的论述。阿克曼在《我们人民》系列里提出的二元民主论就是经典示例。[①] 二元民主论究其根本是将政治时间一分为二:首先是高级法政治或称宪法时刻,人民在这时登上政治舞台,发出宪法变革的声音,确立或修改根本法;而在两次宪法时刻之间,则夹着更为久长的常规政治,进入常规政治后,人民退到私人生活,由民选政客按照此前宪法时刻所确立的根本法来进行日常统治。这种"宪法时刻—常规政治—宪法时刻"的二元阶分,就构成了一种特定的政治时间结构,以及存在于其间的民主学说。生活在常规政治的历史阶段,当代人就有义务服从历史上宪法时刻所订立的根本法,无论这立法历时多久远,都谈不上民主正当的难题,因为这里面存在位阶之别,历史上的人民声音高于当下的多元政治。我们今天动辄就谈宪法时刻,却未必清楚阿克曼的整套理论说到底是对美国宪法之时间结构的一种阐释——它是属于美国宪法这一政治文化实践的,并且只是在多元学术市场上的一种学说而已。

---

① 阿克曼的二元民主论,可参见[美]布鲁斯·阿克曼《我们人民:奠基》,汪庆华译,北京:中国政法大学出版社,2013年。

2.基本法的时间框架

要以"五十年不变"为起点勾勒出基本法的时间框架,不妨设想两种时间维度上的向量:"五十年不变"的"不变"代表着第一种时间向量,如基本法第五条所规定的,在这种时间向量内,政治所要求的是"保持原有的……"。如果某项制度被认为特别重要,就用基本法的形式将它们固定下来,使之不会因九七之后的政治变动而变动,这种要将某些制度固定下来的保守政治正是立宪主义的要旨。与之相反相成的是第二种时间向量,它规定的不是历史对当下的控制,而是着眼当下的意志自治及通过这种自治所达致的与时俱进。在这种时间向量上所展开的政治过程,在基本法文本中也多处有迹可觅,比如第四十五条和第六十八条,这两条在规定行政长官和立法会的产生办法时,都提到要根据香港的"实际情况和循序渐进的原则"而规定,最终达致普选。根据基本法,我们可以勾勒出由"不变"与"变"的两种力量交织而成的时间结构。

首先看规定"不变"的基本法条款。阅读整部基本法,第五条之后,还有第八、十八、十九、四十、六十五、八十一、八十六、八十七、九十一、九十四、一百零三、一百零八、一百二十二、一百二十四、一百二十九、一百三十六、一百四十一、一百四十二、一百四十四、一百四十五、一百六十等诸条,都规定了一种"不变"的政治。在以上所列条文中,最常见的立法例是第八条"香港原有法律……予以保留",还有第八十一条"原在香港实行的司法体制……予以保留",以及第一百二十四条"香港特别行政区保持原在香港实行的航运经营和管理体制……"。在此没有必要一一列举,这些条款

245

都好比"五十年不变"适用于各个领域的分则。无论是"原有……予以保留"还是"保持原在……"抑或其他文字表述,所指向的都是一种"不变"的政治,在这种政治过程中,时间仿佛在回归那一刻就凝固了,五星红旗在香港升起,但天地并未因此更换,仍是"照买照卖楼花,处处有单位",某些被认为是资本主义所要求的制度和生活方式在历史进程中被冻结了。

但绝不是转瞬之间全部冻结,在对"五十年不变"做语义解读时,前文论证了"不变"不可能是完全不变。基本法不仅规定了"不变"的政治,也有多项指向因时而变的条款,不止前述第四十五条和第六十八条,还有第七、一百一十八、一百一十九、一百三十六、一百三十八、一百四十二、一百四十三、一百四十五、一百四十九、一百五十一等诸条。同样从文本角度对上述条款的立法例加以简单分析,典型的表达,比如第一百一十九条"香港特别行政区政府制定适当政策,促进和协调制造业……等各行业的发展……",第一百四十五条"香港特别行政区政府在原有社会福利制度的基础上,根据经济条件和社会需要,自行制定其发展、改进的政策"。连同第四十五和六十八条的"循序渐进",这些规定"自行制定……发展、改进"的条款都指向"变"的政治,也就是说,香港回归后只保持现状还是不够的,社会和经济发展好比逆水行舟,如要"香港明天更好",就不能故步自封,而要求基本法所指向的"发展"和"改进"。在这种"变"的时间向量内,历史当然不能停留也不可能终结在1997年。更进一步分析,"变"的规范大都以香港特别行政区为主语,授权特区政府"自行制定……",由此可见,"变"的政治对应着高度自治的授权。

以上将基本法诸条款一分为二,标签为"不变"和"变"的规范,这种做法是为了分析之便。事实上,就基本法对现实政治的规范而言,我们很难对香港社会一分为二:这边是不可变的社会领域,那边则是可变的社会领域。考诸前文出现的条款,其中多个同时落入了"不变"和"变"的类型之中,比如第一百四十五条,"香港特别行政区政府在原有社会福利制度的基础上,根据经济条件和社会需要,自行制定其发展、改进的政策"。将这一条单列出来,其最值得琢磨之处就在于它将"不变"和"变"辩证地融为一体,结合在一个条款内。"原有"的要予以保留,要以之为基础,这讲的是不变;在此基础上,"自行制定",讲的是自治,自治要以"发展"和"改进"为导向,这讲的是"变",由是观之,自治政治如何治,就是要以"不变"为基础来促进"变",或者说要寓"变"于"不变"之中。把这个问题讲清楚,也就廓定了基本法的政治时间结构。

3.从"谁的民主"到"何种民主"

任何追求长治久安的政治共同体,首先要从源头处建章立制,现代国家在立国之初的通行选择就是起草一部宪法,用根本法的形式把国家的根本制度和根本任务规定下来,且在建政之后,以成文但也有可能不成文的宪法作为政治纲领和规矩,让这些规范不只是写在纸面上的条款,还镌刻在公民和政治家的心中。在守法的前提下,政治体也应当具有某种变法机制,要有因时而变并与时俱进的调适能力,因为变则通,通则久。缺少守法和变法的任何一方面,政治都不可能做到历时而存续。

谈及回归后的香港政治,"不变"是在三个层次上依次展开的。

最高级的层次是绝对的不变,天不变道亦不变。这个不变的政道只有一个,就是"一国",它明文写在基本法第一条,香港是中国"不可分离的部分"。下一级的层次才是我们关注的"五十年不变"。这个不变,从第五条所言,是指"原有的资本主义制度和生活方式";基于基本法的整体结构来解释,则是指国家"对香港既定的基本方针政策",这层不变,在教义学上就是即使依照基本法规定的修改程序也不可修改。第三个层次是不可轻易改变,反过来说就是,只可依据基本法第一百五十九条规定的修改程序加以依法修改。这个不变覆盖了整部基本法,凡是写入基本法的,某种意义上都是"死"的条款,落入了港人之不可自治的范围,只有全国人大才可以依法而变。既然凡事要按照基本法来办,港人基于本地民主过程所表达的意志就不可突破基本法的法度。而上述的三重不变就对应着序言内的三个时间尺度:绝对不变发生在基本法序言内所讲的"自古以来";"五十年不变"则对应着中英两国签署联合声明的1984年以来;而不可轻易改变则连接着中国恢复对香港行使主权的1997年以来。

只有在确立这三重不变之后,我们才可能讨论什么是香港的自治政治。长久以来,我们惯于重复港人治港、高度自治的公式,把基本法所确立的香港政治框架讲成了仅仅基于某种西方民主理论的政治教条,却未能意识到:自治从来都不是原生性的,只有在某些事项已经由政治决断下了既定结论后,自治才得以发生,甚至哪些事务应当属于自治之范围,哪些应排除在外,也都是由先在的政治决定区分开来的。只要看基本法第二条:"全国人民代表大会授权香港特别行政区依照本法的规定实行高度自治",就很清楚了,也许原本就不需如此复杂:首先,高度自治来自国家的授权,其次,高度自治必须依法实行,自治也要按照基本法。因此,不可能脱离基本法及其所构设的政治框架来谈自治,高度自治不是完全的自治,而是由全国人大授权的依法自治。

前述"自古以来"、1984年以来、1997年以来这三种政治时间的套嵌,就构成了理解香港高度自治的政治时间观。"五十年不变"起算于1997年7月1日,中国在这一刻恢复对香港行使主权,是为一变,"中国收回香港不就是一种变吗?"[①]这一变,虽然开启了政治新纪元,但并非政治时间的开天辟地,"恢复行使"当然是对原状的一种回归,因此要在"香港自古以来就是中国的领土"这个表述中的"自古以来"时间轴上来界定九七的。在这种坐标系内,1997年香港回归,并不意味着香港在这一时刻向历史告别,如果说有告别,那么告别的只是百年殖民沧桑,一段中华民族的屈辱史,由此回归到"自古以来"的以大一统为基调的中华民族史。那么"五十年不变"会有终点吗?邓小平同志当年没有直接作答。但没有什么会永垂不朽,"不变"的宪制承诺及整部基本法也不可能垂范千古,只要是人类设计的政治架构,都逃脱不了历史周期律。但前文至少确证了如下观点:"五十年不变"并非终结于2047年6月30日,在基本法的时间轴内,那一刻只不过是历史进程中的普通节点而已,绝非构成某些别有用心的人士所鼓吹的"宪制时刻"——仿佛到了那一刻,基本法就可以悬置起来,港人进入无政治的自然状态,就香港未来向何处去,有权进行一种基于所谓城邦民主的决

[①]《邓小平文选》(第三卷),第73页。

策。明天,只不过是又一个普通的一天。

简言之,从1997年7月1日至2047年6月30日这50个年头,它前有过去,后有未来,镶嵌在"自古以来"的时间框架和历史叙事内,而这50年的香港政治,最根本的特征就是内在于连续性政治框架的高度自治实践。如何把握以上反复强调的连续性,一言以蔽之,就是要按照基本法办,最终形成一种内在于前述历史叙事的、以中国宪法及基本法为宪制框架的、因此最终是有限度的高度自治。而香港政治之发展,归根到底,不在于谋求某时某刻的革命式狂飙突进(那种通过切割历史来谋求"独立"的异端诉求,恐怕是连始作俑者自己都不相信的政治忽悠而已);而是要构建并最终走出一种"循序渐进"的民主政治发展道路,这里的"序"既要按照基本法,同时又要考虑到历史之行程。

四、结语

"每当变幻时,便知时光去。"①

当我们还在感慨一直以为10年前是1997年时,香港回归祖国已迈入第三个10年。在香港回归20周年的庆典大会上,习近平主席发表重要讲话,特别指出中央贯彻"一国两制"要坚持两点,首先是"坚定不移,不会变、不动摇",其次是"全面准确,确保'一国两制'在香港的实践不走样、不变形"。习主席在讲话中还专门论述了基本法:"基本法是根据宪法制定的基本法律,规定了在香港特

---

① 《每当变幻时》,卢国沾作词,周蓝萍作曲;香港回归10周年前夕,一部同名电影公映,由罗永昌执导,杨千嬅、陈奕迅主演,并由杨千嬅演唱同名主题曲,2007年。

别行政区实行的制度和政策,是'一国两制'方针的法律化、制度化,为'一国两制'在香港特别行政区的实践提供了法律保障。"①本章对"五十年不变"的学术研讨,呼应同时也印证了习主席对"一国两制"和基本法的重要论断。

"五十年不变",形成于20世纪80年代初这个特定并且特殊的历史时期,是一国两制国家学说的重要组成部分。本章围绕"五十年不变"做文章,从宪法规范、政治承诺和国家战略三个层面,对基本法内的五个字进行了全面分析,不仅小题大做,更希望做到由小见大,既然基本法是"一国两制"方针的法律化和制度化,那么宪法学者在研究基本法时,关键就是要从学理上将"一国两制"这种国家宪制安排讲清楚。万涓成水,终究汇流成河,如何从宪法理论上系统表达"一国两制"在香港的实践,是基本法研究在当下必须留住的根。

"五十年不变"就言词而言是在追求"不变",而同时它又是为回应九七之"变"所做出的承诺,因此,如何妥当处理"不变"和"变"的关系,从基本法20世纪80年代中期开始起草,到如今实施20周年整,始终是香港政治发展的关键所在。要从宪法学理上表述"一国两制"之宪制安排,"五十年不变"也是一个极精微却也至深远的切入点,以上所说的,只是在这一问题意识下的初步探索。如何在宪制不变的前提下建设一种自治的进步政治,如何将变寓于不变之内,在"一国两制"这个题目上,没有人比邓小平同志站得更高,想得更远,讲得更透彻。1984年12月20日,《中英联合声

---

① 习近平:《在庆祝香港回归祖国20周年大会暨香港特别行政区第五届政府就职典礼上的讲话》,《人民日报》2017年7月2日,第二版。

明》签署次日,邓小平会见香港的世界船王包玉刚,既然联合声明已经落定,邓小平同志特别谈到了关于基本法起草的关键问题:这部法律是要搞得简要些,还是详细些。根据年谱记载,邓小平同志是这么论述的:

> 现在香港人老要求基本法订得细一些,越细越好。搞得越细,将来就非变不行。他们不是怕变吗?搞得那么细,规定得那么死,情况发生变化后,哪能不变?①

这段表述,后来被提炼为"宜粗不宜细"的方针,指导着香港基本法五年的起草过程。立宪之道,如何构建并实践一种长治久安的政治,道理正存乎其中。

---

① 中共中央文献研究室编:《邓小平年谱(一九七五——一九九七)》(下),第1020页。

后　记

一

最近几年,在本科生的宪法课堂上,我一开始总会抛出一个问题:如果让你给宪法打个比喻,那么你愿意把宪法比作什么,请先填空,然后作答。年轻学生的思考虽难免稚嫩,但好在想象力没有受到教条的束缚,我把作业布置下去,经常能收获一些奇思妙想,有时候也让我很受启发。今年上半年因为新冠肺炎疫情,宪法课改到了网上,期中前,我收到了25份作业,读到他们关于宪法的25个比喻,仿佛又置身于课堂,与他们面对面讨论这个问题。

就在刚才,我翻出了上个学期的作业,25份作业,25个答案,想法五花八门,我粗略地分为如下三类:

第一类:基础、地基、恒星、轮轴、灯塔、一面旗帜、万有引力、国际千克原器。

第二类:树(两次)、水、活水、火苗、种子、钟表、非牛顿流体。

第三类:字典、圆规、氧气、契约、兵权、老座钟、糖葫芦、无冕之王、短篇小说选集。

我之所以在宪法课上形成了布置这份作业的传统,是希望刚入法学院不久的学生能打开他们的想象力,在头脑里还没有堆满概念的时候,直接面对"宪法",包括进入我国现行宪法的文本,把他所理解的"宪法"更具象地表达出来——在你眼中,宪法最显著的特征是什么?也因此,它像是什么?以上答案分为三类,第一类如"地基"、"恒星"和"轮轴",所要表达的是宪法作为国之根本的特征。宪法课老师一开场就会定调,宪法是母法、是根本大法,是法律体系的基石。比方说,有位同学把"宪法"比作了"万有引力",他在作业中这么写道:

> 无论如何,宪法对人类而言是意义重大的,尽管它的影响如同地心引力一般令我们难以觉察,可一旦失去了宪法(包括无形的宪法),我们面临的会是道德的失重、社会运行的失序和伦理的真空。

我想这句话的意思如果归纳为一点,就是失去宪法,就会失去一切,因为宪法是基础的基础,若是没有了成文或者不成文的宪法,那么一个政治共同体就会进入秩序的黑洞——无法无天。宪法作为根本大法,如我在本书中所一贯要论证的,就要求宪法规范能够历时而不变,具有不因常规政治的变化而变化的稳定性。

而第二类,如"活水"、"火苗"和"种子",在我看来,答题者捕捉到的是宪法的另一面。这另一面,就是宪法在保持稳定的同时,又要有与时俱进的能力,唯有如此,宪法才能"活"起来。在一篇题名为《宪法像活水》的作业中,有位同学很生动地描述了宪法的"活":

即使进行宪法修改的程序复杂或者是宪法的修改滞后于社会的发展,但它仍是在变化和进步的。宪法就像是速度很慢的溪水,无论岸上的风景再如何变幻,水还是缓慢地向前流着,即使横腰拦断,它被迫停留在原地,水面也是有波澜的。

回到学生的作业,无论答案是"活水",还是"火苗",水和火在刻画宪法时恰恰是相容的,它们交叠在宪法要有能动的生命力这个命题上。换言之,一部宪法若没有内生的变革机制,这样的宪法迟早会为历史所抛弃。我们也能看到,在宪法史上,成功的制宪者往往懂得如何留白,他们相信时间会解决某些当下看来无解的问题,相信子孙后代的勇气、智慧和运气。

如此看来,第一类和第二类的答案,作为比喻,它们各执一端,虽片面却深刻。一类思路强调宪法作为"圆规"或"旗帜",只要宪法不变,则政治活动就必须按既定规则办,不可改旗易帜;另一类思路把宪法比作"种子"或"钟表",只要社会在变,宪法也在必要时必须做出文本的调适,不能封闭僵化。也就是说,逻辑上相反的特征,放回到历史和现实的实践中却是相成的。为什么现代国家要有一部成文宪法,要将国家的根本制度和政治生活的构成规范写下来,就在于要把宪法作为治国理政的总章程,立宪政治的关键,就在于能否实现"不变"与"变"之间的动态平衡。

在这个问题上,每个长期存在的政治秩序,都在历史的行程中探索出自己的方法和技艺,古今中外,不同的宪制之道,一方面各美其美,另一方面又美美与共,构成了宪法学者要去观察并思考的课题。

二

至于第三类的答案,在确立了从"不变"到"变"的维度后,就成了被余下的一类,很难找出一个关键词来概括其中的思路。但这并不是说这些作业不好,恰恰相反,看一下我数月前的评分,这个无法归类的一类反而有好几个高分,原因可能正在于这批学生不满足于单一维度内的抽象,而努力尝试把他们眼里"宪法"的复杂表达出来。从"圆规"、"糖葫芦"到"老座钟",都可见挖空心思的思考。

有同学告诉我,宪法像是个圆规,"圆规是由不同零件组成的,当我们讨论圆规时,肯定是指完整的圆规,而不是其中的单个零件;宪法是由一条条法律条文构成的,它也是一个整体"。由这句朴素无华的话,我们可以推出一条颠扑不破的解释规则——正如我在课上会反复强调的,宪法解释的第一规则就是要把宪法视为一个整体,以我国现行的"八二宪法"为例,在开篇序言所构筑的历史叙事的笼罩下,从总纲到后三章"分则",各个条款相互交织在一起,形成的是一个融贯的意义系统,故而宪法解释最朴素的方法就是条款之间的互释。在另一篇我也打了高分的作业中,"糖葫芦"的作者就告诉我,"宪法的这串'糖葫芦',是以人民的意志为芯,序言为糖衣,四章内容为山楂的",简言之,宪法不是"平的",而是一个有机的、立面的复合体。从"圆规"说做引申,我们可以进入一部宪法的内部,解释者在不同条款之间做并联串联,归纳出宪法文本的意思,而"糖葫芦"说则更像是站在宪法的外部,像个好奇的孩子一样去观察它并描述它,站在法学教育阶梯的起点处,大一学生还有脑洞可开,因为他们的头脑此时还未被填塞太多,某些似是而非的学说,比如宪法序言不是规范,总纲里充斥着政策性的宣告,比例原则大法好,还没有成为金科玉律,他们还能好奇地直接去面对宪法本身,像魔方一样去摸索它,"横看成岭侧成峰"的效果也就出来了。所以,我才能读到"非牛顿流体"这样的怪诞但奇妙的答案,按照我对这篇作业的理解,宪法的一个特性就在于它是"测不准"的,因此是抗拒比喻的。

此刻,若是有学生反过来问我,老师,你怎么回答这道题,你想把宪法比作什么?大概是读书越多越僵化,所谓学会 think like a lawyer,反过来说也就是让许多条条框框塑造思维定势的过程。最近几年,我给学生出题目,自己也示范过如何回答,然而思来想去,在我脑海中冒出的答案,不是一棵树,从树根、树干到树枝、树叶,既扎根于泥土深处,又朝天空中生长着;就像一艘船,每经过一个港口,它就要进行补给和必要的修缮,所以等终点又回到起点,航船归来,它在不断的自我修整中完成了它的航程。因为在理解一部宪法及其所展开的政治秩序时,我的思维定势就是要在"不变"和"变"的维度内去讨论宪制问题,这是我现在最根本的问题意识所在。

不过即便在自己的"保留曲目"上,我还是能从大一学生的作业里学到很多,个别同学的想象力和表达能力让我吃惊,我在这里再分享三篇作业里的思考。第一篇作业把宪法比作"轮轴",用他的话来说,"我认为宪法就像汽车的轮轴,而国家就是整台汽车",宪法轮轴不可更替,而国家这台汽车则在高速运转,那么怎么处理

其中的冲突呢,作业里有段话写得很妙:

> 轮轴需要润滑,宪法也应得到新的解释。频繁修订宪法就如频繁更换轮轴一般是不可行的,我们只好去润滑它与时代之间的摩擦。对宪法的解释就是在不伤及根本的前提下对其的润滑、维修。

好一个"润滑它与时代之间的摩擦",这不正是一国宪制所必须解决及宪法学者所必须思考的关键问题吗?对此,这位同学给出的答案是"宪法解释"。第二篇作业把宪法比作"短篇小说选集",我猜想这位学生很可能是误入法学院的文学爱好者,笔下对宪法修改的描述形象又贴切:

> 宪法像经典短篇小说选集,隔几年会再版,也许因为市场需要增或减了两篇文章,也许因为政治缘故删去或修改了一句话。原作者可能早已不在,修宪人如同出版社编辑部人员,经过层层筛选、层层决议,其中或许有读者来信,或者咨询文化界名人建议,走过层层程序,还努力保有稳定性,经典的篇目要保留,经典的句子能不改就不改。

我想分享的最后一篇作业开篇就写道,"宪法像古城里面的一座老座钟",然而古城老钟遇到了新问题,用作者的表述是,上了年头后,旧的时刻表就不适应了,"给这座古城里面新生的人们带来了困扰",如果借用"轮轴"说,这就是宪法与时代产生了摩擦,于是

后　记

古城民众必须要修理宪法这座老钟,看看这位学生是怎么说的:

> 由于老座钟的内部结构非常复杂,必须由受过专业培训、手艺精湛的老师傅来着手准备它的修理。为此,古城管理人员挑选了一些德高望重的老师傅参会讨论,钟体的整体框架只能接受抛光、打磨等微小变动,而一个零件的重新摆弄甚至舍弃重造则需要细细敲定、反复推敲,稍有不慎便会带来全城范围内日常维系、生活继续越发困难的后果。老师傅们来自不同家庭、不同地区,甚至修理技艺各不相同,对于老钟时间的重新推定有着不同的看法,这时就需要老师傅们投票决定。

最后的结果,"经过几个月的修理,老座钟重新整点报时,悠扬的钟声再次传遍了古城的大小街道。34 个街道工作人员校正了街口的那座钟,古城的人们不约而同地校正了自己的手表……"再补充说明一点,也来自作业正文后的"注释",为什么是 34 个街道呢,因为"宪法影响着全国 34 个省级行政区和普通人的生活"。

写得很好,很用心,对不对?①

在他们的启发下,我再补充一个自己的比喻,尤其是最近翻阅一些"八二宪法"的历史文献和材料,让我有此感悟。我愿把我国现行宪法比作一幅卷轴、一幅大卷轴。我没有什么艺术细胞,卷轴

---

① 前文所引的全部文字,均来自我在 2020 年春季学期宪法课上的第二次作业,学生基本上是华东师范大学法学院 2019 级本科生,因为是网课,至今为止,我没有见过班上的同学。除了修改作业中因打字出现的错别字,我未做其他任何文字修改或润色。

在我的想象中就是12年前发生的一幕场景——在2008年北京奥运会的开幕式上,李宁在点燃圣火之前飞天漫步,而作为背景,在我们眼前缓缓展开的正是一幅大卷轴。随着卷轴的展开,对于李宁这位漫步者来说,过去舒展为现在,现在延伸至未来,而对于我们观察者来说,则看到未来不断过渡至现在,现在又凝结成过去——过去、现在和未来,在卷轴上,构成了一种"非牛顿流体"。

这不就正像是我们的"八二宪法"吗?它作为我国现行宪法的诞生,脱胎于一次"伟大的历史转折",十一届三中全会拨乱反正,"八二宪法"就奠基于改革开放作为共和国一个历史阶段的起始,新路在历史决议做出后打开,"八二宪法"也就成为我国"新宪法"。随后,它由一部新的宪法慢慢成长,在根本法的卷轴上,改革和开放也就内卷在它的展开中,就好像我们看到,在三分钟的飞天漫步中,李宁举着圣火,他的步伐一度超出了卷轴所照亮的区域,以领先两三步的距离走在了前面的"黑暗"区,跑到了历史的前面,但不久,卷轴又把李宁带回到画面里。我想,"八二宪法"随着改革开放的历史行程而缓缓舒展,论及这部宪法同改革和开放的关系,其间的"摩擦"也大体如此。

对于宪法学者来说,研究本国现行的宪法,方法论上的难题就是要去捕捉一种"活"的东西,如卷轴般正在打开的——在急剧变动的时候,说时迟、那时快,按下快门只要一瞬间,但等拿到拍到的照片时,上面的风景也有可能是俱往矣了。正是因为这个顾虑,我才在序言的最后指出,研究现行的"八二宪法"时,改革开放的四十年历史,构成了宪法学者所能扎根的"祖国大地"。在此,我还想补充一点,即便是研究现行宪法已经过往的"历史",也要自觉意识到,只有在线性时间观的史学范式内,这段宪法史才可能是凝固的,对于一位法学者来说,他始终要面对现行宪法的"未来"对其过往的某种修正,只要现行宪法还在如卷轴一样徐徐展开,那么它的过往也都是活的历史。"八二宪法"研究的"烧脑"之处,从法学角度看就在这里。

这也就回到了本书的题目,在一部宪法的时序内,凡是过往,皆为序章。

三

为人父母者,方知父母恩。同样,也只有在自己成为一位老师后,回首过往,才真正理解老师对自己的塑造,不仅是学术的,还包括人生。任教已整十年,《继往以为序章》是我的第一本书。能成为一本书的作者,无论如何,都是幸运的。此刻,对我来说,这本书作为重新出发的一个"序章",也有它的漫长学术过往。

我要感谢张千帆教授、王绍光教授、布鲁斯·阿克曼教授(Bruce Ackerman),当我还是一名学生时,在求学的不同阶段先后遇到三位恩师,是我人生的幸运。没有丝毫夸张,他们的身教和言传,塑造了今天的我,让我成为一名老师,一名有用的人,一名在大多数时候都很快乐的人。作为一位学者,在这本讨论宪法问题的书里,我要感谢甘阳教授、冯象教授、苏力教授、王希教授、强世功教授、阿基亚·阿玛教授(Akhil Amar),我研究宪法的一招一式,都有他们的指导,受益于他们的授课、私教,或者就是读他们的书和文章,与他们"讨论",他们的著述为我这个后辈学者构筑了沉浸于其中的"田野"。作为一本书的作者,我要感谢黄宗智教授、汪晖教授、王绍光教授、苏力教授,在这本书还只是一份 pdf 格式的论文自编集时,他们就愿意推荐这本仍待打磨的书,他们是我打心底敬重的思想者,是远远注目,但又不愿多打扰的榜样,我把他们对此书的肯定当作善意的鼓励和鞭策。

在我求学和执教的不同阶段,赵娟教授、於兴中教授、李连江教授、李本教授(Benjamin Liebman)、强世功教授、郑戈教授都曾在关键时施以援手,他们的帮助是无私的,他们在我心里树立起好老师该有的样子。本书主体部分的写作完成于我在重庆大学高研院和华东师范大学法学院工作期间。我要感谢重庆大学杨丹副校长、蔡珍红处长、高研院曾佐伶书记、张旭东院长、姚飞副院长、甘阳老师对我的信任,以及对我的选择的理解,感谢高研院多位学术委员对我延续至今的爱护——当年凭借理想就能凝聚起一个学术的共同体,其间的缘分是我从来没有忘怀的。我还要特别感谢华东师范大学童世骏教授、法学院张志铭院长、张惠虹书记,以及法学院这个大家庭,能在上海安居乐业,离不开他们的支持和帮助,还有法学院所提供的项目资助,让本书的出版少了一些困难。

在这个社交媒体的时代,学者可以没有群,但不能没有朋友,可以少些礼貌式的点赞或复制粘贴的祝贺,但要多些真诚的在意和关心。说到这里,要感谢刘诚、刘晗、欧树军、乔仕彤、阎天、于明、章永乐、左亦鲁,以及很多我在这里无法一一列明的朋友,是你们让"友谊"这个词从未脱去它源于生活的质感。赵晓力教授最近的一次"怒斥",也让我警醒,以经营朋友圈作为大学的成功之道,是可怜的,愿每一代的学子都能结成他们的"无形的学院"。还要

后 记

感谢在法学界曾给我无私帮助的许多师友:李秀清教授、聂鑫教授、桑本谦教授、陈柏峰教授、刘忠教授、吴泽勇教授、宋华琳教授、支振锋教授、姜峰教授、李忠夏教授、陈颀老师、魏磊杰老师、袁方老师、李洁老师、岑峨老师、王美舒老师。还有常安、李振、尤陈俊、李晟、萧武、汪卫华等许多朋友,你们经常在朋友圈对我喊话,请你们继续——开涮,是一种礼遇。

特别要感谢刘隆进编辑和王佳睿编辑——本书能够出版,离开他们的努力及看不见的种种付出,是不可想象的。一如既往,也要感谢刘海光编辑和张阳编辑,为了他们为本书所曾付出的努力。

感谢我的家人,我把这本其实迟到许久的书献给他们。

2020 年 10 月 1 日